저자 **고경아**

우리는 지금 예전에 비해 문화적으로나 정신적으로
너무나 빠르게 변화되는 시대에 살고 있습니다.
매일 달라지는 이러한 흐름 속에서
나 자신을 지키며 사는 것은 혼자만의 노력도 책임도 아닙니다.
사람 人 글자는 기대어 사는 우리들의 모습을 말해줍니다.
사람은 사람끼리의 대화에서 위로받고 해결책을 찾아갑니다.

이에 타로카드는 단순히 미래만을 예측하는 것이 아니라
사람들의 닫힌 마음의 문을 열고 미지의 시간에 대한 두려움을 완화시키며
서로에게 용기를 주는 가장 인간적인 소통 방법이 될 수 있을 것입니다.
저 역시 오랜 세월 손님들의 애환을 상담해 오면서
보다 더 효과적인 상담방법이 있을지 늘 고민해왔습니다.

소박하게 시작한 타로카드를 많은 분들이 사랑해 주신 덕분에
그 힘을 바탕으로 다양하고 폭넓은 K-타로의 영역을 넓혀가고자 합니다.
현재는 세계 인류의 시원(始原)인 마고의 정신을 기리고
오늘날에 되살리는 '국제마고선도회'를 운영하고 있으며
좋은 인연으로 맺어진 여러분들과 함께 활동하고 있습니다.

Manshin

대한민국 샤머니즘 오라클

만신 타로카드 참고서

저자	고경아
초판 3쇄	2024년 4월 16일
출판사	황금시대
주소	서울특별시 강남구 논현로 164길 18 지하1층
출판등록	2016년 12월 8일(제2016-000372호)
공식판매처	프라임뮤즈
대표전화	070-7764-7070
강의문의	010-7141-8794
홈페이지	www.primemuse.com
E-mail	support@primemuse.com

ISBN : 979-11-91632-15-6

Manshin

대한민국 샤머니즘 오라클

만신 타로카드

참 고 서

목차

머릿말

안녕하세요.

만신 타로카드는 우리의 전통인 무속이 지켜지기는커녕 오히려 외면당하고 잊혀져가고 있는 부분이 많았기에 이를 되살려 많은 분들이 실생활에서 활용하셨으면 하는 바람에서 시작되었습니다.

구매해 주신 여러분들께서 설명서 만으로 이해가 어렵고 보다 더 자세한 안내서가 있었으면 한다는 요청이 쇄도하여 고심 끝에 '한 권으로 끝내는 만신 타로카드 배우기'를 제작했습니다. 타로카드 안에 소책자로 있던 설명글과 제작하게 된 동기와 재미난 이야기, 혼자 리딩을 연습해 보는 페이지도 함께 실어 보았습니다.

우리의 것이 세계적이라는 것은 점술 분야에서도 마찬가지라고 생각합니다. 전통은 지키는 것도 중요하지만 더 새롭게 발견하고 가꾸어 감으로써 미래에 물려줄 유산이 되리라고 희망합니다.

이제 이 책을 통해서 만신 타로카드 리딩에 대해 더 쉽고 친근하게 다가서는 계기가 되셨으면 합니다. 독자 여러분의 애정 어린 관심과 함께 이제 천천히 걸음마를 시작하고 있습니다.

감사합니다.

2021년 봄 어느날 고경아

Manshin

대한민국 샤머니즘 오라클 만신 타로카드 참고서

01   마고 [Mago]   ⋮   Supreme Goddess

1. 마고

우리나라 신화의 시작인 위대한 여신이다. 만물을 만들고 길러낸 신으로 인류를 창조하고 그에 맞는 법도 함께 만들었다. 마고지나(麻姑之那)는 마고가 세운 나라이다. 최초로 존재했던 신이며 단군의 시대는 그보다 훨씬 뒤에 시작되었다. 마고의 뒤로 마고성이 허달성과 나란히 실달성 위의 하늘에 떠 있다.

Keyword

모든 일의 시작이자 결과이다. 원대한 계획이 있으나 아직 드러나 있지 않으니 첫 단추를 잘 끼워야 한다. 큰어머니, 나이 드신 여자분의 도움을 받는다. 나이가 같더라도 어른스러운 분위기를 풍기는 여자 귀인을 만나는 것이 좋다. 위대하고 장엄한 일에 매우 적합하다.

 돋보기

마고신의 거처에서는 파랑새가 시중을 들며 전령의 역할을 하기도 한다. 작고 예쁜 파랑새는 동화에도 등장하는데, 먼 길을 떠나 파랑새를 찾았지만 정작 자기 집에 있더라는 내용으로, 행복은 가장 가까운 곳, 평범한 것에 있다는 지혜를 가르쳐준다.

뒤에 떠 있는 성들은 전설 속에 마고께서 계셨던 마고성, 실달성, 허달성을 묘사하였는데, 유명 만화에 등장하는 공중에 떠 있는 성의 원형이 아닌가 하는 상상도 해본다. 중세유럽의 판화에서는 하늘을 나는 거대한 배에 대한 기록 등이 남아있다.

01

 작가의 의도

마고신은 외국의 여신인 가이아와 비슷한 점이 많다. 지모신(地母神)이기도 하며 지구 전체의 신을 이야기하기도 한다. 고대의 오랜 시기가 여성 본위, 모계 사회였던 점을 돌이켜 보건대 그 자취가 오늘날까지 여신의 전설로 남아있지 않나 하는 생각이 든다. 마고신은 더 나아가서 우주를 창조하고, 모든 생명 있는 것들 중의 최고인 인류의 시작점에 유일무이하게 등장하는, 즉 인류를 만들어 낸 근본 신으로 부도지에서 설명되고 있다. 그렇기에 그 이후에 인류의 문명과 더불어 나타난 여러 신의 계보에서 마고신이 어느 정도의 위치를 차지하고 있는지는 굳이 말로 설명할 필요가 없을 것이다. 신 중의 신이며 모든 존재의 출발에 있는 분이다.

참고하기

카드의 주된 해석은 이미 정해진 거대한 운명을 받아들여라, 우리의 예상과 판단을 뛰어넘는 일이 일어난다고 볼 수 있다. 마고 카드가 나왔을 때는 자기주장을 믿고 밀고 나가는 것으로도 볼 수 있다. 지금 나의 결정이 바로 운명을 상징하는 것이다. 그러므로 스스로 확신이 없다고 미적대고 있을 것이 아니라 적극적으로 대처하라고 격려를 해야 할 것이다. 가끔 비관주의자들이 "어차피 안 될 거 하면 뭐 하겠냐?"는 식으로 카드를 해석하려고 하는데 그럴 것 같으면 땅이 꺼질까 봐 어떻게 걸어가겠는가? 매사 긍정적으로 생각하는 가운데 행운도 따라 올 것이다.

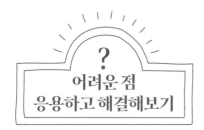

어려운 점 응용하고 해결해보기

Q 새로운 계약을 하고 프로젝트를 진행하려고 하는데 무리가 없을까요?

A 약간의 기다림은 있지만, 계약이 성사됩니다. 일을 이끌어 감에 있어서 리더의 역할을 해야 할 수 있으니 단단한 마음의 준비가 필요합니다. 작은 일보다는 큰 사업에 두각을 나타냅니다.

Q 서로 오해가 있던 사람과 화해할 수 있을까요?

A 화해까지 가기에는 시간이 걸립니다. 서로 무엇 때문에 화해가 안 되는지 이유를 알고 있기도 합니다. 자존심 싸움일 수도 있습니다. 화해가 늦어진다면 마음을 정리하기를 권해드립니다.

• • • • •

포인트 마고신은 우주의 원리를 만드신 신이므로 얄팍한 접근보다는 근원을 따져 봄이 좋다.

유의점 작은 일에서는 성취가 오히려 늦을 수 있으니 너무 조급해하지 않아야 길하다.

전래이야기

마고성은 지상에서 가장 높은 성이다. 천부를 받들어 지켜 선천을 계승하였다. 성 가운데 사방에 네 명의 천인이 있어 대롱을 쌓아놓고 음을 조율하니 첫째는 황궁씨요, 둘째는 백소씨요, 셋째는 청궁씨요, 넷째는 흑소씨였다. 두 궁씨의 어머니는 궁희요, 두 소씨의 어머니는 소희씨였다. 궁희와 소희는 모두 마고의 딸이었다. 마고는 짐세에 태어나 희노의 감정이 없으니 선천을 남자로 삼고, 후천을 여자로 삼아 배우자 없이 궁희와 소희를 낳았다. 궁희 역시 그 정을 받아 배우자 없이 두 천인과 두 천녀를 낳았다. 합하여 네 천인과 네 천녀였다. 선천시대에 마고대성은 실달성 위에 허달성과 함께 나란히 있었다. 뜨거운 태양이 따뜻하게 비출 뿐 물체라고는 없었다. 오직 팔려의 음만이 하늘로부터 들려오니 실달성과 허달성이 모두 이 음에서 나왔으며 마고대성과 마고 역시 이 소리에서 나왔다. 이것이 짐세다. 짐세 이전에 율려가 몇 번 반복하여 별들이 이미 나타났다. 짐세가 몇 번 종말을 맞을 때 마고가 궁희와 소희를 낳아 오음칠조의 음절을 맡아보게 하였다. 성에서 땅젖이 처음으로 나오니 궁희 소희가 또 네 천인과 네 천녀를 낳아 땅젖을 먹어 그들을 기르고 네 천녀에게는 려, 네 천인에게는 율을 맡아보게 하였다.

마고신
참고 이미지

02

03

■ 출처 참고: 290p

비미호 [Himiko] : Queen of Yamataikoku

2. 비미호

신녀(神女)이면서 정치를 겸한 고대 일본의 여왕, 후대에는 여신으로 추존되었다. 일본의 최초 여신인 아마테라스와 동일시되기도 한다. 남성들이 왕이 되자 반란이 연속으로 일어났으나 비미호가 여왕이 되자 세상에 평화가 도래하였다.

Keyword

복잡한 문제를 해결하는 탁월한 역량의 소유자. 사건을 해결하는 열쇠는 여성이 쥐고 있다. 다른 이들과는 차별화된 전략을 구사한다. 독보적인 존재이며 개성 넘치고 비밀스럽다. 개인적인 영역보다는 공적인 면에 더 강하다. 중구난방인 의견을 조율하고 하나로 통합한다.

돋보기

여신의 뒤로 세워져 있는 것은 '도리이'라고 하는 나무 기둥인데 신들의 성역을 알리는 표상이다. 하늘 천(天)을 닮은 것 같기도 하고 '도리이'라는 말 속에 토리(일본어로 새)라는 뜻도 함께 생각해 볼 수 있는데 새는 하늘에 지상의 뜻을 연결하는 신성한 동물로 여겨졌었다. 우리나라의 솟대와도 비슷하다. '도리이'는 짚으로 꼬아 만든 금줄인 시메나와에 번개 모양의 시데(흰 종이)를 걸어서 신들의 영역을 더욱 확실히 표현했는데 현대 일본인들이 명절에 집 앞 장식이나 건물의 입구에도 장식하는데서 그 전통이 이어지고 있다. 또한 비미호 여신의 허리띠를 자세히 보면 우리나라 경주의 황남대총에서 발견된 금제 허리띠와 매우 유사한 것을 알 수 있고 특히 거울이 같이 매달려 있는데 무속에서 거울은 '동경' 또는 '명두'라고 하여 신의 얼굴이라 여기는 매우 신성한 상징물이다. 이 점에 주목.

01 02 03 04

작가의 의도

우리나라 전통의 만신카드에 왜 일본의 신인 비미호(히미코)가 등장하는지 궁금해 하는 분들이 많은 것으로 안다. 만약 과거로 조금만 시간을 거슬러 올라간다면 신들의 세계는 하나로 이어져 있으며 최초의 신이었던 마고의 씨앗은 중국과 일본에 오래전부터 뿌리 내려 있음을 알게 될 것이다. 하늘을 향

해 올린 두 손은 신을 받드는 사제로서 본연의 모습이다. 오랜 역사를 거슬러 올라가서 이웃 나라에까지 전파된 마고신의 위상을 생각하게 된다. 실제 리딩에 있어서는 '출발은 같지만 나타난 형태가 조금 달라진 것'으로 봐야 한다.

비미호는 오래전에 일본을 다스렸던 여왕인데 사후에 신으로 추존된 것으로도 보인다. 원류는 일본의 국조 신인 아마테라스 오미카미 여신(태양신)이며 동격으로 묘사되기도 한다. 일본 천황이 대대로 남자에게만 계승되는 것과 비교할 만한 점이 아닐 수 없다. 지금도 일본 천황은 아마테라스 오미카미에게 매년 성대한 제사를 지내며 특히 이세신궁에서는 재단이 설립되어 여신을 모시고 복을 빌며 현재까지도 일본인들의 정신적인 축을 담당하고 있다는 점이 이채롭다. 리딩할 때 여성 위주의 해석이 충분히 가능할 것이다. 영적인 부분의 리더로 바라볼 수 있다.

? 어려운 점 응용하고 해결해보기

Q 비미호 카드는 사람의 성향으로는 어떻게 읽으면 좋을까요?

A 아무도 하지 못하던 통일을 이룬 신이기 때문에 독보적인 통찰력과 추진력, 사람들을 모으는 남다른 에너지가 있는 사람으로 읽을 수 있겠습니다. 개성이 뚜렷하고, 그것을 소신껏 밀어붙이는 성향도 있기 때문에 색깔이 아주 강한 연예인, 아티스트로 볼 수도 있겠습니다.

· · · · ·

포인트 신비한 인물로 실제로 가까이 접근하기에 힘드니
남들이 우러러 보는 직업에 종사하면 큰 인기를 얻는다.

유의점 자잘하고 현실적인 일에는 그다지 눈에 띄는 효과가 없을 수도 있다.

비미호(卑彌呼, ? ~ 248년)는 고대 일본의 여왕이다. 자신이 다스린 야마타이국을 중심으로 하여 왜국을 지배하였다. 봉호는 친위왜왕(親魏倭王). 그가 죽은 후 친족인 토요가 여왕으로 즉위했다. 삼국지 위지 왜인전과 삼국사기 신라본기 아달라 이사금 조에 기록되어 있지만 정작 일본서기에서는 단 한 번도 언급이 없으며 일본 국내에서 전해지는 왕위 계보에도 등장하지 않는 미스터리한 인물이다.

기록에 따르면 왜국은 70~80년간 본래 남자를 왕으로 삼았는데 나라가 어지러워져 서로 싸우다가 이윽고 함께 한 여자를 왕으로 삼으니 이름이 비미호였다. 그녀는 남편이 없었고 남동생이 나라의 통치를 보좌하였다. 비미호 사후에 남성이 왕으로 추대되자 다시 난리가 일어났다가 비미호의 종녀 토요가 여왕이 되자 진정되었다는 사실 또한 비미호의 권위가 대단했음을 보여준다. 「위지 왜인전」에 따르면 비미호는 사마대국에 거주하며 귀도로써 무리들을 현혹시켰다고 한다. 이 '귀도'나 '홀렸다'는 말의 의미에는 여러 가지 설이 있지만, 위지 왜인전에 '으레 뼈를 태워서 갈라진 자국을 살펴 길흉을 점쳤다'는 기록이 남아 있어 점술을 행하고 제의를 진행하는 제사장이었음을 짐작하게 한다.

비미호
참고 이미지

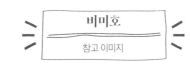

■ 출처 참고: 290p

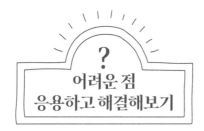

03 서왕모 [Xiwangmu] ⋮ Queen Mother of the West

3. 서왕모

모든 신선을 감독하는 고대 중국 설화의 최고위(最高位) 여신이다. 서왕모가 들고 있는 복숭아는 사람의 수명을 관장하며, 하나를 먹으면 수천년을 더 살 수 있다는 전설이 있다. 선녀들의 호위를 받으며 곤륜산에 거주하는 성스러운 어머니로 묘사된다.

Keyword

건강, 출생, 식구가 늘어남, 상황이 호전됨, 평범한 사람에게는 허락되지 않은 일들, 특전, 귀한 것, 불가침의 영역을 상징한다. 실리주의자, 지혜로써 일을 처리함. 매우 화려한 사람이나 물건이나 부동산, 고품격, 일의 핵심에 관여하는 인사(특히 여성).

돋보기

복숭아는 일반 민가의 제사상에 올리지 않는다고 하는데 그 이유는 복숭아나무 자체가 가지고 있는 신령스러운 힘 때문에 조상님이 선뜻 자손의 집안에 들어설 수가 없기 때문이라고 한다. 복숭아꽃이 만발한 과수원 앞을 지나가면 그 환상적인 색채에 지상의 것이 아니라고 여길 만하며 무릉도원이라는 신선들의 세계를 보는 듯하다. 과연 신령의 과일인 것이다. 또한 복숭아는 정력과 생명력을 북돋아 준다고 알려져 있고 그 자체로서 아기와 자손번영을 상징한다.

01

작가의 의도

서왕모 여신 또한 마고신의 다른 갈래로 보면 된다. 한·중·일 세 나라는 신화 또한 매우 깊이 연결되어 있다. 인류가 태동하여 거대한 민족의 이동이 시작되었고 이후로도 많은 전쟁으로 인한 흡수 통폐합은 다양한 문화의 토대를 이루어왔다. 도교 신화의 한 자리를 차지하고 있는 서왕모는 불로불사의 영약을 다루고 있으니 그 영향력이 신선 중의 최고로 알려져 있

다. 신선들조차도 서왕모에게 그 영약을 받기 위해 순서를 기다려야 했다는 전설이 있다. 서왕모가 들고 있는 복숭아는 3천 년에 한 번씩 열리는 것으로 이것을 먹으면 영생을 얻는다고 알려져 있다. 다른 나라의 동화에서도 복숭아는 어린아이로 비유되는 것을 보면 역시 생명력을 떠올리게 하는 과일임은 분명한 듯하다.

서왕모의 반도원(蟠桃園)에서 자라는 신비한 복숭아 반도(蟠桃)는 먹으면 불로장생을 가져다주었다고 전해진다. 반도가 열리는 때가 되면 서왕모는 복숭아를 나누어주는 반도회를 열었다고 한다. 이와 같이 서왕모는 불로장생과 불사를 관장하는 여신이었다.

춘추전국시대에 목왕이 서왕모가 사는 곤륜산 부근을 지나다가 서왕모의 부름을 받았다고 한다. 서왕모는 목왕을 위해 연회를 베풀었는데 목왕이 너무 심취한 나머지 세상으로 돌아가는 것을 잊어버려 자신의 나라가 도탄에 빠진 것도 몰랐다고 한다. 이후에 목왕이 다시 방문하고자 하였으나 두 번 다시 만날 수 없었다. 한나라 무제 또한 서왕모를 만났다는 전설이 있다. 무제 또한 영생에 깊은 관심이 있었던 모양인데 후대에 진시황이 불로초를 얻기 위해 사람들을 배에 태워서 보낸 일화에 비하면 미미할 정도이다. 진시황이 만일 서왕모를 만났다면 후일을 기약하며 빈손으로 돌아오진 않았을 것이며 그 자리에서 비법을 알려달라고 했을 배짱이 있었을 것만 같다. 하긴 인간들의 탐욕이 수그러들지 않는 것을 본 서왕모는 한 무제 이후 누구도 만나주지 않으신 모양이다. 전쟁을 일으키는 것도 모자라서 영생까지 얻는다면 어떻게 되겠는가.

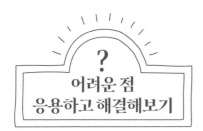

?
어려운 점
응용하고 해결해보기

Q 재회운에서의 서왕모 카드는 어떻게 리딩하는 것이 좋을까요?

A 재회가 된다고 읽을 수 있습니다. 주도권은 여성이 쥐고 있다고 볼 수 있겠지요. 여성이 주체가 되어 관계를 이끌어 나갈 수 있으면 더더욱 길하겠습니다. 서왕모는 모든 것에 생기를 주는 복숭아를 들고 있으므로 너그러운 자세가 도움이 됩니다.

• • • • •

 서 있는 자세의 신들은 모두 활동성이 강하며 자신이 주도적으로 진행하려 할 때 자주 등장하는 카드이다.

 내가 상대방의 기분을 맞춰주는 것에는 적합하지 않으며 리드할 때 더 효과를 발휘한다.

신라 시대에 도화랑(桃花娘) 혹은 도화녀로 불리는 여인이 있었다. 복숭아꽃처럼 신비하고 이 땅의 아름다움이 아닌 것처럼 뛰어난 미모의 소유자였다. 옛사람들의 눈에도 복숭아꽃도 대단히 매혹적으로 보였던 모양이다. 이때는 진지왕이 다스리던 시절인데 왕은 도화녀의 미모에 반해서 몇 번이나 구애하였지만 남편이 있었던 도화녀는 모두 거절하였다. 세월이 지나서 남편도 죽고 진지왕도 죽었는데, 어느 날 진지왕의 혼령이 도화녀를 찾아와서 몇 날 며칠을 함께 거하더니 이후에 아이가 탄생하였는데 그 유명한 비형랑이다. 비형랑은 왕의 혼령의 아들답게 귀신을 능히 부리는 신출귀몰한 인물로 성장하였다. 경주에 가면 이 비형랑이 왕의 명을 받아 하룻밤 만에 다리를 놓았다는 귀교의 터를 볼 수가 있다.

서왕모
참고 이미지

■ 출처 참고: 290p

옥황상제

Great Emperor of Jade

4. 옥황상제

하늘의 지존이시지만 땅 위 사람의 일에도 많은 관심을 갖고 관여하는 최고의 신. 한국인들의 설화에 자주 등장하며, 하늘 세계를 비롯하여 생명들의 운명을 관장한다. 속세 사람들의 문제에 직접적으로 개입하는 경우도 있다.

Keyword

문서, 결정, 관재, 판단, 원칙을 고수하는 경향을 상징한다. 또는 그러한 존재(특히 남성). 처음 시작은 작고 보잘것없더라도 시간이 지나면서 매우 발전하고 격이 높아진다. 일이나 인간관계 모두 해당된다. 현실적인 생활 속에서 필요시 되는 일들에 대해서 길하며 뜬구름 잡는 일에는 적합하지 않다.

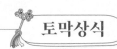 토막상식

천신을 숭상하는 한민족은 대대로 하느님에 대한 신앙으로 제천의식을 행했다. 국가별로 이름은 달랐지만 다양한 행사가 전해지며 천제단의 흔적은 아직도 남아있다. 태백산과 마니산 천제단은 현재에도 성화를 채화하는 국가행사의 상징적인 장소로 사랑받고 있으며 무속인들의 대표적인 성지이다.

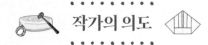 작가의 의도

하늘나라에서 가장 높은 신으로 도교에서 들어온 외부의 신(천존)과 더불어 우리나라 전래의 하느님에 대한 신앙이 같이 결합되어 모셔지는 신령이시다. 인간의 삶이 큰 탈이 없도록 보살펴 주시는데, 높은 하늘에 있으면서도 지상의 일에 관여하고 큰 관심을 보이신다는 점에서 그리 멀게만 느껴지는 신이 아니다. 신들의 세계 또한 위계질서가 있었는데 인간 세계와 그다지 다르지 않다는 점에서 친근함마저 느껴진다. 고대의 농경사회에서는 신들의 개입이 절대적이었는데 비가 내리지 않으면 한해 농사가 흉작이 되고 그리하면 사망자가 속출했으니, 신과 인간은 매우 밀접한 관계일 수밖에 없었고, 비를 내리는 하늘 신 가운데서 최고신인 옥황상제는 매우 중요한 신령이셨다.

참고하기

조선 시대에 소격서(昭格署)라 하여 도교의 영향을 받아 하늘과 별에 제사를 지내던 관청이 있었다는 사실을 알고 계시는지? 이렇듯 하늘에 계시는 높은 신령님들께 예를 표하는 것은 나라에서 관리할 만큼 중차대한 문제였다. 천신 신앙은 우리나라 민족과는 떼려야 뗄 수 없는 믿음이다. 현재에는 완전히 사라진 관청이지만 옥황상제 이하 하늘나라의 천신들을 모시던 그 시절이 신비롭게 느껴진다. 도교에서 전해진 것이라 존호는 천존으로 가끔 묘사되기도 한다. 소격서의 흔적은 서울 종로의 소격동에 지명으로 남아있다. 삼청동의 지명 유래 또한 도교의 하느님인 천존들을 모시던 삼청전(三淸殿)에서 유래한다고 하니 한번 들러서 옛 자취를 느껴봄도 좋겠다. 현재 삼청파출소 앞에 안내문이 존재하고 있다.

? 어려운 점
응용하고 해결해보기

 Q 너무 터무니없는 상황인데 옥황상제 카드가 나옵니다. 그럼에도 일이 진행된다는 뜻일까요?

 A 여러 하늘의 신령들을 다스리는 최고위 신 옥황상제께 터무니없는 일이란 없습니다. 지금 근시안적으로 질문자가 상황을 바라보고 있을 가능성이 매우 큽니다. 시간이 조금만 흐른다면 무엇 때문에 일이 이렇게 되었는지 충분히 알게 됩니다. 그 후에라야 모든 일이 순조롭게 될 것입니다.

• • • • •

 포인트 넓은 의미에서 일의 진행을 의미한다.
포괄적이므로 세부사항까지 확인하기는 어렵다.

 유의점 성격이 급한 사람인 경우에는 당장 눈앞의 것을 봐야 되므로 포기할 수도 있다.

먼 옛날 옥황상제는 견우성, 직녀성과 같은 별들을 거느리고 있었으며 그중에는 '한감'이라는 별도 있었다. 이 옥황상제의 딸 중 셋째 딸은 착하고 총명해서 옥황상제의 사랑을 독차지하며 자랐다.

그러던 어느 날, 옥황상제의 생일잔치에 한감이 초대됐는데 그 자리에서 한감과 셋째 딸은 첫눈에 반해 사랑에 빠지게 됐다. 한감과 셋째 딸은 그 후 남들의 눈을 피해 사랑을 속삭였으나 얼마 지나지 않아 둘의 사랑이 옥황상제의 귀에 들리게 됐다. 크게 노한 옥황상제는 그 둘에게 유배를 명하였고, 이에 한감과 셋째 딸은 구름길 바람길을 따라 천둥과 벼락을 치며 이 세상으로 내려오게 됐다. 바로 제주의 산굼부리라고 하는 곳이다. 한감은 사냥을 하고, 셋째 딸은 나무 열매를 따 먹으며 생활했다. 한라산 중턱인 산굼부리 주변에는 노루, 토끼, 멧돼지, 꿩 등 사냥감도 많았다. 그리고 보리수 열매, 산딸기, 다래, 머루, 으름, 시로미, 감 등 나무 열매도 풍성해 둘이 생활하는데 아무런 어려움이 없었다. 이처럼 한감은 사냥을 통해 얻은 고기를, 셋째 딸은 산에서 채취한 열매를 주식으로 생활했는데 같이 살면서도 식성은 서로 달랐다. 서로 다른 식성으로 오랜 세월 함께 살다 보니 사랑했던 둘 사이도 서서히 틈이 생기기 시작했다. 그러던 중 셋째 딸이 "당신에게서 나는 고약한 냄새를 참을 수 없으니 우리 이제 헤어져 삽시다"라고 제안했다. 이에 한감도 동의하고, 셋째 딸은 산굼부리를 떠나 제주 남문 밖 천년 팽나무 아래에 이르렀다. "여기가 경치가 좋고 좌정할 만하다"며 터를 잡은 후 많은 신앙인의 추앙을 받게 됐다. 한감은 산굼부리에서 산짐승들을 돌보며 살게 되었으니 사냥꾼들이 사냥을 나갈 때 이곳에서 산신제를 지내면 그날 사냥에서 큰 성과를 얻을 수 있다고 믿었다. 이렇게 옥황상제의 셋째 딸은 무속신앙의 신이 됐고 한감은 산굼부리의 산신이 됐다는 전설이 전해지고 있다.

옥황상제
참고 이미지

■ 출처 참고: 290p

제석천 [Indra]

6. 제석천

도리천의 왕으로 불교의 수호신이며 강력한 신들의 우두머리이다. 부처님의 법회를 수호하고 인간의 번뇌와 죄를 다스린다. 들고 있는 금강저는 인간의 탐욕과 죄를 씻어주는 지혜를 뜻한다. 무속에서는 제석거리를 통해서 보다 더 친숙한 의미로 다가오며, 민생에 복과 수명을 주시는 존재로 승화했다.

Keyword

소송이나 싸움에 있어 매우 유리한 위치를 점할 수 있다. 관재가 발동될 수 있으나 내 카드가 제석천이 나오면 무적의 힘을 갖게 됨을 뜻한다. 남과 비교될 때, 혹은 경쟁하게 되었을 때 매우 좋은 의미이다. 평범을 거부하고 독보적인 일이나 존재가 되거나 그러한 상대와 만난다.

 돋보기

제석천의 손에 들린 금강저는 불교의 승려들이 수행할 때 쓰는 도구(법구)이자 고대 인도의 무기이다. 원어 바즈라(Vajra)는 번개나 벼락을 의미한다. 제석천은 불법에 귀의한 후 부처님을 수호하고 불법을 수호하는 호법신이 되어 부처님의 뒤에서 금강저를 들고 호위한다. 금강저는 또한 여래의 금강과 같은 지혜로써 능히 마음속에 깃든 어리석은 망상들을 파멸시키는 보리심을 상징한다. 제석천이 아수라와 싸울 때 코끼리를 타고 금강저를 무기로 삼아 아수라의 무리를 쳐부순다고 한 신화에서 그 신비한 힘이 유래되었다. 그리고 인도의 여러 신과 역사(力士)들이 이 무기로 적을 항복시킨다고 한다. 신화에서 제석천(인드라)이 아수라들을 물리칠 때 쓴 번개를 상징화하여 주술적인 도구로 만든 것이다. 인도 신화에서 인드라의 번개는 매우 강력하여 그 어떤 것이라도 베고 꿰뚫을 수 있다.

 작가의 의도

불교에서 전래된 신으로 도리천이라는 하늘에서 주변의 하늘들을 통솔하는 왕이다. 원래 불법을 호위하고, 불법을 믿는 자들을 보호하며 아수라들을 정벌하기도 한다. 제석천의 무기는 그물인데 인드라망이라고 하며 인간들의 삶을 표현할 때 자주 등장한다. 우리나라 사람들은 신의 자손이라는 자연스럽고 오래된 믿음이 있었는데, 불교와 함께 제석천 신앙이 들어오게 되자 자연스럽게 하늘에는 제석천이 계신다는 이야기로 이어지게 된 듯하다. 옥황상제와는 동일 인물이면서도 존호만 다르게 해석되는 부분일 수도 있다. 물론 하늘나라에는 여러 분의 신령이 계시며 다양한 하늘나라가 존재하므로 최고의 신령 또한 여러 분이 존재할 것이다. 상상의 나래를 펼쳐보자.

이 카드는 우리나라의 천신 사상과 외래에서 들어온 신이 만나서 결합한 독특한 형태이다. 굿에서 제석거리는 풍요를 상징하며 현실적인 대안과 이익을 상징하기도 한다. 만일 질문이 절실할 때 제석천 카드는 가장 흡족한 대답을 해줄 수 있을 것이다. 반면에 뜬구름 잡거나 지나치게 추상적인 질문에서는 그다지 해답을 얻기 어려울 것이다. 신령님마다 개성이 확실한 분들은 그만큼 딱 떨어지는 리딩을 할 수 있다. 제석천 카드가 애정운에서 나온다면 실리주의자일 가능성이 매우 높다. 로맨틱하거나 환상적인 연애랑은 거리가 멀 수도. 예를 들면 데이트 코스에서 분위기 있는 식당을 가기보다는 맛집에 가서 줄을 한 시간 설지라도 꼭 먹고야 말겠다는 식. 데이트하면서 맛집도 꼭 접수하겠다는! 같은 취향의 사람들끼리는 좋겠지만, 아닌 사람들에겐 종종 오해를 살 수도 있다.

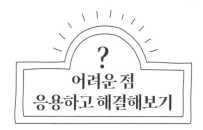

어려운 점 응용하고 해결해보기

Q 회사 내의 상사를 상징하는 카드로 제석천이 나옵니다. 어떻게 대처하고, 사회생활을 하면 좋을까요?

A 상사의 뜻에 따르며 근무하면 좋겠습니다. 인간의 탐욕과 죄를 씻어주는 지혜를 관장하는 신이기 때문에 어떠한 논리로도 이길 수 없습니다. 제석천은 사람들을 부유하게 해주는 의미도 갖고 있으므로 상사의 가르침대로 하다 보면 손해는 보지 않겠네요.

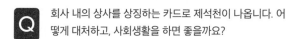

포인트 | 세상에 풍요를 가져다주는 신이므로 기본적으로 길하며 혜택을 보게 된다.

유의점 | 제석천은 지위가 높은 신이므로 자신에게 반항하는 아랫사람에게 너그럽지 않다.

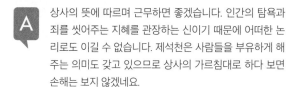

제석신은 우리나라에 들어와서 가정 내의 복을 불러주는 신으로 좌정하게 되는데 그 과정이 재미있다. 도를 닦는 스님이 시주를 거두려고 하산하였다. 스님은 당금애기가 주는 좁쌀을 일부러 쏟아서 주워 담게 하는 수작을 부리면서 마침내 당금애기를 데리고 절로 돌아왔다. 절간에 들어간 두 남녀는 같은 방에서 자게 되었는데 스님은 아랫목에서, 당금애기는 윗목에서 따로 잤다. 그런데 당금애기가 세 아들을 낳았다. 스님은 목탁으로 오줌통을 만들고 장삼을 벗어 어린아이 옷을 만들어 입혀 길렀다. 이 세 아들이 제석(帝釋) 3신(三神)이 되었다. 당금애기는 우리나라 고유의 여성신으로 깊은 역사와 내력을 갖고 있다. 따로 잤는데도 자녀를 낳은 것은 전 세계적으로 퍼져 있는 처녀수태 신화를 그대로 반영한 것으로 성스러운 신들이 탄생함을 나타낸다. 삼불제석이 어떻게 하여 탄생되었는가 하는 것을 절묘하게 반영하는 내용이라고 보겠다. 불교의 제석천이 들어와서 우리 고유의 신앙(당금애기)과 조화되어서 정착하는 과정을 보여주는 이야기다.

■ 출처 참고: 290p

06 조왕신 [Jowangshin] : Deity of Kitchen and Fire

6. 조왕신

가족의 번창을 돕고 액운으로부터 보호하는 역할을 하는 가택신 중의 한 분이다. 작은 단지나 주발에 모셔놓고 빌기도 한다. 부뚜막의 신이기 때문에 불을 다스리고 이 앞에서는 나쁜 말을 삼가하는 등 금기 사항이 많았다. 주부들의 생활과 밀접한 신이다.

Keyword

집 안에서 벌어지는 일, 가족 간의 일, 남에게 알려져서는 곤란한 일, 자잘한 행복이 있으되 큰 불행은 닥치지 않는다. 쉽게 해결될 수도 있는 일, 특히 여성들과 관련된 일이다. 말조심을 하며 행동거지에 특히 신경 쓸 일이 생긴다.

 ## 돋보기

부엌에 모시는 조왕신의 신표는 지역에 따라 약간씩 차이가 난다. 대개는 조왕단지라고 해서 항아리를 부엌 한편에 두고, 그 안에 쌀을 넣어놓기도 한다. 이는 부엌이 음식을 장만하는 곳이기 때문에, 집안 식구들의 재복을 기원하는 것이다. 즉 먹을 것이 항상 넘치게 해 달라는 기원을 담고 있다. 쌀은 10월 상달에 새로 추수한 곡식으로 해마다 바꾸어서 넣었다. 또한 가족 중에 먼 길을 떠난 사람이 있으면, 그 사람의 밥그릇에 밥을 담아 부뚜막에 올려놓는다. 부엌의 부뚜막은 따뜻한 기운이 있기 때문에, 춥지 않게 해달라는 뜻이 담겨있는 것이고 밥그릇에 밥을 떠서 부뚜막에 놓는 이유도 식은 밥을 먹지 말라는 뜻이다. 중부지방에서는 대개 그릇에 정화수를 한 그릇 떠서 부뚜막에 올려놓는다. 이 정화수는 매일 아침 주부가 제일 먼저 새 물로 갈아 놓는다. 이렇게 물을 놓는 이유는 정성이기도 하지만, 불을 이용하는 곳이기 때문에 화재를 막는다는 뜻도 포함되어 있다. 이렇듯 조왕은 우리네 실생활에서 불의 신이면서도 재액을 막아주고, 집안을 배부르게 하는 직능을 갖고 있다.

01

 ## 작가의 의도

조왕신은 부엌을 담당하고 계시고 아궁이에 불씨가 꺼지지 않도록 돌봐주시는 가택의 신이다. 밖에서 아무리 거창한 일을 벌이고 산다 해도 집에 돌아와 가정이 편하지 않다면 아무런 소용이 없는 것이 인생이다. 위대한 인물이라 해도 세세한 집안의 살림살이까지 돌볼 수는 없었을 것이다. 그렇기에 부엌은 가족의 건강을 책임지는 공간이기도 하고 따뜻하게 불을 때 병마가 침입하지 않도록 하는 매우 중요한 공간이었다. 그러므로 그에 걸맞은 신령께서 자리를 차지하고 계신다고 보겠다. 부뚜막에 이른 아침 깨끗한 청수를 떠 놓고 집안 가족의 무탈함을 비는 어머니의 마음은 조왕신과 매우 닮아있다.

📖 참고하기

아파트 문화 일색인 현대에 부뚜막은 모두 싱크대로 바뀌었다. 조왕신이 불씨를 지켜주지 않아도 가스레인지에는 필요할 때마다 불이 착 켜진다. 조왕신은 다들 어디로 가셨을까? 궁금하던 차에 요즘은 집집마다 작은 소금단지를 하나씩 놓는 사람들이 있다는 것을 알게 되었다. 작고 예쁜 단지나 아주 큰 장독단지를 준비하여 굵은 새 소금을 넣어놓고 부정이 들어오는 것을 방지하며 복은 더 늘어나기를 비는 것인데 출입구나 부엌에 놓아둔다. 요즘에도 소금은 길 밖을 향해서 뿌리거나 입에 조금 머금고 있다가 뱉기도 하면서 부정을 물리치는 방법으로 유효하다. 옛날에는 돈보다 귀했던 소금. 모든 음식에 짠맛을 내주는 고마운 소금이다. 물을 떠 놓던 그릇에 소금이 담겨있다. 조왕소금인 셈이다. 조왕은 집안에서 가장 중요한 영역이며 가족을 이어주는 곳이자 행복의 근원이다. 밖에서 어떤 어려움이 닥쳐와도 언제나 따뜻하게 쉴 수 있는 곳은 바로 이곳이다. 거창한 명예나 권력보다 더 귀한 행복이 아닐 수 없다.

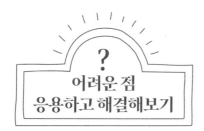

?
어려운 점
응용하고 해결해보기

 Q 건강운을 보았는데 조왕신 카드가 나온다면 어떻게 보아야 할까요?

 A 집안을 지켜주는 가장 친근한 가택신이므로 큰 걱정을 할 것은 없습니다. 다만 집안에 연로하신 어른이나 어린아이가 있다면 조금은 주의를 기울여야 합니다. 나에 대한 점을 보았지만, 가족을 생각하라는 뜻으로도 해석할 수 있기 때문입니다 ㅣ다

• • • • •

 가족을 보살펴 주시는 신령이므로 가정 내의 문제를 상징한다.

 외부적인 행사나 대외적으로 뻗어나가는 일에서는 그다지 진척이 없다.

전래이야기

한 가난한 여인이 너무 가난하여서 한겨울을 처량하게 보내고 있었다. 집안도 춥고 입을 옷도 변변치 않은데다 밖은 너무나 추우니 나갈 엄두가 나지 않았다. 한밤이 되어서 소변이 마려운데 밖으로 나가자니 온몸이 얼어붙을 지경인지라 고민고민을 하고 있었다. 그러다가 도저히 안 되겠는지 샛문을 열고 부뚜막으로 가서 오줌을 쌌다. 소변이 부뚜막까지 흘러내리자 조왕신은 깜짝 놀라고 말았다. 게다가 소변냄새가 가득차서 조왕신은 견딜 수가 없었다. 있을 곳이 부엌뿐인 조왕신의 거처에다가 이 몰상식한 여자가 소변을 누고도 잘못을 모르고 있다고 생각하니 조왕신은 울화통이 치밀고 참을 수가 없었다. 참다못한 조왕신이 산신령에게 가서 자초지종을 이야기하며 혼을 내주라고 신신당부를 하였다. 이에 찾아온 산신령은 호랑이로 변해 한밤에 여인의 집을 찾아갔다. 으슥한 부엌의 문틈으로 들여다보니 아니나 다를까 여인이 또 소변을 보려고 나와 있는 것이었다. 호랑이로 변한 산신령은 이때다 싶어서 여인을 혼내주려 하는데 갑자기 여인이 중얼거리는 소리가 들렸다. "추워도 너무 춥다. 이리 추운데 산신님은 얼마나 추울까?"하고 산신 걱정을 하는 것이었다. 산신령은 갑자기 여인이 기특해졌다. 얼마나 가난하면 입을 옷도 변변치 않아 측간에도 못가는 신세일까 싶어서 불쌍한 마음이 생겼다. 그 뒤로 산신령은 매일 호랑이로 변해 산짐승을 잡아 주고 나무도 해 주었다. 산신령의 도움으로 가난한 여자는 옷도 잘 해 입고 청소도 깨끗이 하며 그 뒤로는 조왕 부엌에 소변도 볼 일이 없어지니 더욱 깨끗이 청소하게 되었다. 이 전설을 보면 부엌의 청결함을 얼마나 중요하게 여겼는지 알 수 있다. 가족의 건강이 부엌에서 모두 결정되었기 때문일 것이다.

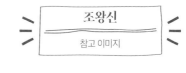
조왕신
참고 이미지

02

03

■ 출처 참고: 290p

07 치우 [Chiyou] : God of War

7. 치우

신화 중에 가장 위대한 제왕인 황제와 전쟁을 벌이고 천하의 주인을 다툰 군신(軍神). 강인하고 용맹하며 기묘한 전술과 전략에도 능하다. 마지막에는 황제에게 패배하였으나 사후에 신으로 추존되었다. 모든 전쟁의 왕으로 묘사된다.

Keyword

여러 사람이 힘을 합하여 일을 진행하는 것이 더 이롭다. 생각 외로 일이 빨리 끝나지 않고 제2, 제3의 사건이 연발한다. 사건의 결말이 지어진 이후에도 한 번 더 기회가 기다리고 있다. 실추된 명예가 회복된다. 분쟁을 피하기가 어렵다. 정면 대결을 맞이해야 한다.

 ## 돋보기

여러 세대에 걸쳐 매장되어있던 유물 발굴에서 귀면 와당이 다양하게 발견되고 있는데 치우의 모습이 원조가 아닌가한다. 옛날 치우의 전사들이 황제군과 전쟁할 때 철 가면을 썼다고 하는데, 철을 제련하는 기술은 당대 최고의 하이테크 산업이었을 것이다. 무서운 귀면 철 가면은 적들의 사기를 꺾어놓기에 아주 효과적일 뿐만 아니라 상대에게서 날아오는 무기로부터 얼굴을 보호할 수도 있었을 것이다. 이는 당연히 갑옷 기술까지 이어졌을 것으로 추측해본다. 과연 전쟁의 신으로 추대될 만하다. 1998년 우리나라 축구팀을 응원하기 위해 활동했던 붉은 악마 또한 치우의 얼굴을 본뜬 것이다.

01

02

 ## 작가의 의도

치우천왕은 한때 여러 나라의 민족들이 자신들의 조상으로 섬기고자 하였고 우리나라 또한 치우천왕을 한민족이라고 주장했던 시절이 있었으나 기록이 미미하여 지금은 주장이 많이 흐려진 상태이다. 하지만 전쟁의 신이라고 하는 점에서는 어느 나라를 막론하고 일치하는 이미지를 갖고 있다. 중국 문헌에 치우가 여섯 개의 팔과 네 개의 눈과 소의 뿔과 발굽이 있었고 머리는 구리와 쇠로 되어 있었다는 표현이 있는데 이는 괴기스러운 복장과 장식으로 상대방에게 공포를 조성하기 위한 하나의 뛰어난 위장술이었을 가능성도 시사한다. 그만큼 전술에 능했기에 가히 전쟁의 신으로 모셔지기에 부족함이 없었을 것이다. 치우천왕이 실제했었는지는 상상에 맡겨야 하겠지만 지금 비추어보아도 손색이 없을 전투의 신령이심은 분명하다고 하겠다.

참고하기

부적의 유효기간은 얼마나 될까? 가끔 몇 년이나 된 묵은 부적을 보물인 양 꽁꽁 싸서 집안 어딘가에 두는 분들이 있다. 사실 부적을 써주는 분들이 유효기간을 설명해 주지 않거나 부적을 태우는 방법을 몰라서 어쩔 수 없이 그냥 두기도 하는 모양이다. 부적은 어떤 기운이 들어간 종이로 보아야 하는데 천년만년 그 효력이 갈 리는 만무하다. 그래서 그 임무가 완수되고 나면 깨끗한 장소에서 태워주어야 한다. 원래 그 주술의 힘이 온 곳으로 돌려보내는 것이다.

일 년의 행운을 비느라 입춘 때 대문 앞에 붙여놓는 부적 같은 것은 당연히 한 해 동안 붙여져 있어도 무방하다. 급하게 해결해야 하는 일에 사용되는 부적은 보통 삼칠일을 넘기지 않는다. 소원이나 희망을 비는 부적도 백일을 넘지 못한다. 그 뒤로는 갖고 있어 본들 효과가 없다.

? 어려운 점
응용하고 해결해보기

Q 일을 마무리 지어야 하는데 치우가 나오면 되는 건가요? 안 되는 건가요?

A 된다, 안 된다기보다는 일이 마무리가 쉽게 지어지지 않고 연달아 다른 일이 꼬리를 물고 생기는 것을 이야기합니다. 병원도 주기적으로 방문을 해야 하고, 소송도 아직 쉽게 마무리되지는 않겠죠?

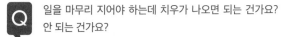

(포인트) 전쟁이 단 한순간에 마무리되는 것이 아니라는 점을 상기해보자.

(유의점) 상대방을 상징하는 카드에 치우 카드가 나온다면 매우 주의를 기울여야 한다. 전투력이 좋으므로 쉽게 지치지 않을 것이다.

· · · · ·

Q 좋아하는 상대방의 인품을 알고 싶은데 치우천왕 카드가 나왔습니다. 어떤가요?

A 치우천왕 카드가 가면을 쓰고 있기에 제대로 된 실제 표정을 알 수 없듯이 이쪽에서 상대방을 파악하기란 힘이 듭니다. 직접적으로 알아보려 하지 말고 주변의 평판이나 지인들을 통해서 정보를 모아 보는 게 좋겠습니다. 시간이 걸리더라도 천천히 알아봅시다.

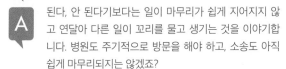

(포인트) 연애운이나 대인관계를 알아보려고 하는 점에서 치우 카드는 속내를 알기 힘들다.

(유의점) 막연하게 이런 사람일 것이라고 추정하는 것도 도움이 되지 않으니 인내심을 갖고 살펴보아야 한다.

전래이야기

벽사부적은 특히 사악한 기운을 막고자 하는 부적을 가리킨다. 부적은 글자를 변형한 것도 있지만 인물을 주제로 그리기도 하였는데 신라 시대에는 처용의 얼굴을 그린 부적을 붙여놓으면 역신을 물리칠 수 있다고 믿었으며 또한 진지왕의 혼백과 도화녀 사이에서 출생한 비형랑을 부적으로 삼아서 악신을 물리치기도 했다고 전해진다. 그 가운데 용맹하기로 제일인 치우는 벽사부적의 가장 으뜸에 있다고 볼 수 있다. 치우의 얼굴을 그려서 문 앞에 붙여 놓으면 시시한 잡귀나 악령들이 겁을 먹고 도망가기에 집안으로 침입을 할 수 없다고 생각했던 것 같다. 예나 지금이나 수호신이 있다는 건 참 든든한 일이다.

치우
참고 이미지

03

04

■ 출처 참고: 290p

08 금강역사 [Vajrapani] : Deva King

8. 금강역사

불법을 수호하고 야차신을 거느리며 악귀를 제압하는 신들이다. 절의 입구 양 옆에서 늘 지키고 서 있으며 불의 수호신이기도 하다. 무장의 형태를 하고 있으며 부처님의 비밀한 사적을 들으려는 서원을 세웠다고도 한다.

Keyword

활력, 행동에 옮김, 곧 드러나는 상황, 권선징악을 상징한다. 외모와 성격이 반드시 일치하지는 않을 때도 있으니 선입견을 조심해야 한다. 목표의식이 뚜렷하며 비밀스러운 일에 달통한 사람. 불을 다루는 직업, 정보통, 일을 진행함에 있어 맨 먼저 맞닥뜨려야 할 부분이나 존재. 남성적인 존재들.

 돋보기

아훔은 시작과 끝

두 분 중에서 밀적금강은 입을 크게 열어 '아' 하고 소리를 내는 모습으로 묘사되고, 나라연금강은 입을 굳게 다문 채 방어하는 자세를 취하고 있다. 흔히 입을 열고 있는 역사를 '아금강역사', 입을 다물고 있는 역사를 '훔금강역사'라고 하는데, 이때의 '아'는 범어의 첫째 글자이고, '훔'은 끝 글자이다. 이 금강역사의 입은 시작과 끝을 연결하는 영원과 통일을 상징하는 것이다.

 작가의 의도

인왕이라고도 하며 손에 금강저를 들고 악귀를 물리치며 불법을 수호하시는 신이시다. 두 분이 함께 활동하신다. 금강역사는 단순히 힘만 세고 완력으로 마귀들을 혼내는 것이 아니라 원래는 부처님의 비밀스러운 법을 들겠다는 서원을 세울 만큼 비밀스러운 존재들이시다. 이분들은 사찰의 입구나 불상을 지키는 위치에 서 계시는 경우가 많은데 말 그대로 수호신이자 신들의 경호원이라고 생각하면 되겠다. 사람들의 세계에서도 존귀하고 유명한 사람들은 경호원이 필요한 것처럼 신령들의 세계에서도 그 점은 같은가보다. 본래 위대한 신들께서는 모든 것에서 자유자재하므로 별다른 수호신이 필요치 않다고 여길 수도 있지만, 신들의 세계에서도 악귀가 있는지라 합리적이고 매우 중요한 역할이라고도 생각이 된다.

참고하기

동티(동토)났을 때 어떻게 할까? 아파트 문화가 만연한 지금은 전혀 이해할 수 없기도 한데 예전에는 모든 것이 동티나기 좋은 환경이었다. 흙집에 살고 나무를 베어서 불을 때고 우물물을 길어다 먹으며 대자연과 하나 되어 살아가는지라 주변의 이러한 것이 동티의 원인을 제공하기도 했다. 토신, 목신, 수신 동티 등 그로 인해 재앙이 생겨난 모든 것을 총칭하며 건드려서는 안 되는 것들을 모두 포함한다. 미리 알았으면 건드리지 않았겠지만 사람의 삶이라는 것이 그리 정확하게 만은 안 되는 법이므로…. 또한 남의 물건을 잘못 가져온다든지 길에서 우연히 무엇인가를 주워 와도 동티가 난다. 현대의 물건에는 저작권이 포함이 된다. 당연히 엄청난 동티를 맞게 될 것은 뻔한 이치. 이것은 소송 동티로 이어진다고나 할까?

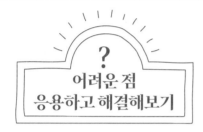

? 어려운 점 응용하고 해결해보기

Q 상대방의 성향이 궁금한데 금강역사가 나왔습니다. 어떻게 읽으면 좋을까요?

A 행동력이 뛰어나고 정의롭고 규칙을 잘 지키는 분이라고 볼 수 있겠습니다. 불의를 참지 못하는 사람이기도 하겠지요? 하지만 지나치게 자신의 임무에 집중한 나머지 섬세함이 조금 떨어지기도 할 것입니다. 하지만 이 정도는 애교로 봐줄 수 있겠습니다.

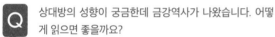

포인트 : 규율과 질서를 준수하는 것이 기본인 특성을 떠올려보자.

유의점 : 언행이 조금 거칠고 단순해보일 수 있으나 그것으로 모든 것을 예측해서는 안 된다.

• • • • •

Q 상대방과 힘을 겨룰 일이 생겼는데 어떻게 처신해야 할까요?

A 적당한 선에서 타협은 불가능합니다. 완전무결하게 이기지 않으면 안 되는 상황이 생깁니다. 그리고 최선을 다해야 할 것입니다. 일단 경쟁에 돌입하게 되면 만만치 않습니다. 상대방이 만일 잘못한 경우라면 봐줄 필요 없이 정법으로 돌파하는 것이 이롭습니다.

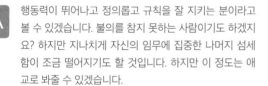

포인트 : 상대를 봐가면서 덤비는 것이 좋다. 죄인을 통제하는 것이 상대의 특징이다.

유의점 : 본인을 상징하는 카드일 수도 있으니 그럴 때는 내 쪽이 유리하다. 연관카드와 연결해서 통합적으로 리딩해야 한다.

전래이야기

직지사 금강문에 얽힌 전설

옛날 떠돌이 승려가 있었는데 경남 합천에 들렀다가 한 마을촌장의 딸인 노처녀와 마음에도 없는 결혼을 하게 되었다. 아내는 스님 남편이 도망칠까봐 장삼을 깊숙이 감추어 두었는데 아들을 낳고 삼년이 지나서 도망치지 않을 것이라 생각하고 장삼을 내주었더니 남편이 도망갔고 전국을 수소문 하던 중 직지사에 있다는 소문을 듣고 직지사를 찾았다가 남편을 만나기 직전에 지금의 금강문 있는 자리에서 피를 토하고 죽고 말았다고.

이후부터 매년 부인이 죽은 날이 되면 직지사 스님들이 한사람씩 불려 나가 부인이 죽은 그 자리에서 피를 토하며 죽어갔고 절에서는 부인의 원귀를 위로하고자 그 옆에 사당을 지어 해마다 제사를 지내주었다고 한다. 그로부터 몇 년 후에 고승 한 분이 직지사를 찾았다가 사찰 내에 사당이 웬 말이냐고 나무라서 지난날의 자초지종을 얘기 했더니 "그렇다면 사당 대신에 금강역사를 모신 금강문을 지어 원귀를 막아라."고 해서 금강문이 세워졌다고 한다.

금강역사

참고 이미지

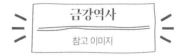

04

■ 출처 참고: 290p

09 벼락장군 ⋮ Thuderbolt General

9. 벼락장군

비를 동반하는 벼락의 신이다. 큰 소리로 인해서 인간들이 번뇌와 망상에서 깨어나도록 돕는다. 안개와 구름이 함께하므로 신출귀몰하고 한번 발동하게 되면 기세를 아무도 막을 수 없다.

Keyword

갑자기 벌어지는 일, 준비없이 당해야 되는 상황, 어떤 일이 벌어지기 전의 전조이다. 곧이어 다른 결과가 초래될 수도 있고, 예상보다 결론에 빨리 도달할 수도 있다. 일의 전후를 제대로 알기 어려워 때늦은 후회를 한다. 소리 날 일이 생긴다. 낯선 곳에서 이상한 경험을 할 수도 있다. 교통사고도 조심해야 하고 낯선 사람도 주의해야 한다.

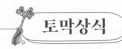
토막상식

대자연을 그대로 관찰하는 꿈은 길몽에 속한다. 일반적으로 평생 꾼 꿈 중에서 이러한 경우가 잘 없다는 것을 생각하면 번개나 벼락 치는 꿈을 꾸는 것도 귀한 것이다. 바다를 본다든가 하늘의 별을 바라본다든가 먼 산맥이 펼쳐진 장관을 보는 꿈은 희귀하며 좋은 일이 일어날 징조이다. 소소한 이득을 보는 게 아니라 장기적인 행운을 말해주며 큰 계획이 다가옴을 알린다. 특히 번개나 벼락이 치는 꿈은 갑자기 닥쳐오는 어떤 조짐으로 보는데, 답답하던 현실이 개선되기도 하지만 전혀 예상하지 못한 접촉 사고가 일어날 수도 있으니 염두에 두도록 하자.

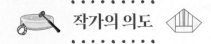
작가의 의도

'뇌신'이라고 하여 하늘에서 내리치는 번개와 동반하여 그것을 능히 다루는 장군신을 가리킨다. 벼락장군은 번개장군과 같이 등장하시는데 최고의 무관신 중에 한 분이시다. 하늘에 번개가 치면 곧 비가 올 것이 암시되는데 고대의 농경사회에서 기우제를 지낼 때는 꼭 이분에게 제를 올렸다고 한다. 비가 제 때 오는 것만큼 중요한 일은 없었기 때문이다. 또한 잘못을 저지르거나 벌을 주어야 하는 자가 있다면 신속하고 강한 응징(천벌)을 가했으면 하는 사람들의 한이 반영된 신령이기도 하시다. 에나 지금이나 죄지은 자의 죄를 묻기에는 너무도 오랜 시간이 걸리고, 때로는 나쁜 사람이 더 오래 살고 복록을 누리는 것처럼 보이기에 사람들의 바람이 가득 담긴, 정의롭고 신속 정확하시며 정의로운 신령이신 것이다.

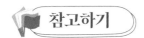

농경민족이었던 우리 조상들에게 가장 중요한 것은 비가 제때 내려 주는 것이었다. 그래서 기우제는 왕이 주도하여 올리기도 하였으니 한 해의 풍작이 여기에 달려있었다. 더욱이 번개가 내리칠 때 어두운 밤이 순식간에 훤하게 밝아지는 모습은 경외심마저 불러왔는데 신령의 권능을 육안으로 확인할 수 있는 순간이기도 했다. 벼락은 예고 없이 온다는 특이한 점을 상기해서 리딩을 하면 좋을 것이다. 미리 알기 위해 점을 보는데 예고를 못한다는 것이 아이러니할 수밖에 없다. 갑자기 온다는 것은 알지만 언제쯤 올지 모른다는 점이 참으로 성하다.

어려운 점 응용하고 해결해보기

 건강운에서의 벼락장군은 어떻게 읽어야 할까요?

 갑자기 일어나는 사고라고 읽기도 하지만, 갑자기 걸리는 질병, 예상치 못한 진단을 받을 수도 있겠습니다. 오래도록 앓고 있었던 질병보다는 급성으로 오는 병일 가능성이 높으니 당장의 점괘에 걱정하지 말고 평소 예방에 힘을 쓰도록 해야겠습니다.

• • • • •

 벼락은 예상할 수 없는 자연재해 가운데 하나이다. 하지만 지속적이진 않다는 점에 주목하자.

 사고에도 여러 종류가 있는데 사람으로 인한 사고, 엉겁결에 당하는 소매치기도 해당된다.

무섭기만 한 번개와 벼락이 아닌 것 같다. 신비로운 전설이 합천에 전해져온다.

번개들

고려 공민왕 때 이온(李溫) 선생 부처는 외동에서 극빈한 살림살이에 부모의 봉양에 심신이 쇠진해지고 있었다. 부모는 노쇠하고 아침저녁으로 한 알의 식량을 구할 길이 없어 속수무책 중에, 부부는 지향 없이 문밖으로 나가 길에 다다르니 마침 보리쌀 먹은 소가 똥을 누고 지나갔다. 보리쌀이 삭지 않아 부부는 딱한 김에 이 보리쌀을 주어다가 열 번이나 씻은 다음 밥을 지어 봉친하였다.

그날 부부가 모심기 품팔이를 하는데, 별안간 동남풍이 불어 검은 구름이 온 하늘을 뒤덮더니 뇌성 호우에 천지가 진동하다가 별안간 청홍 무지개가 공중에 서더니 괴이한 궤짝 하나가 떨어졌다. 모심던 사람들이 한편 놀라고 또 이상해서 궤의 주위에 모여들어 열려고 했으나 못 열더니 이 부부가 손을 대니 힘 들이지 않고 열렸다.

궤 속에는 백미가 가득 차 있었다. 여러 사람은 신명이 감동하여 떨어진 것이니 두 부부에게 궤짝을 주기로 하였다. 기이하게도 3년 동안 쌀이 궤 속에 가득 차 있었다가, 한번은 이웃 사람이 저녁거리가 없어 쌀을 빌리러 왔기에 조금 주었더니 그 후로 쌀도 궤짝도 간 곳이 없어졌다고 한다. 이 번개들은 경상남도 합천군 삼가면 외토리 용호정 앞뜰에 있는데, 효성이 지극하여 천지신명이 감응, 쌀 궤짝을 내려 주었다고 이곳 사람들은 비를 세워 후일에 남겼다고 한다.

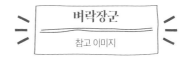

벼락장군

참고 이미지

01

■ 출처 참고: 290p

10

백마장군　　White Horse General

10. 백마장군

흰 말을 타고 하늘과 땅을 왕래하면서 인간을 수호하는 신. 용맹하고 위엄이 있으며 큰일을 해결한다. 거침없는 기상으로 돌격하는 모습이 매우 믿음직하고 강력하게 느껴진다. 용맹하고 영웅적인 장군으로 대표적이다.

Keyword

달리는 말은 역마살, 이동수를 나타낸다. 크고 위대한 일의 계획과 진행, 사사로운 것에 얽매이지 않는다. 고귀한 기상, 리더십, 카리스마, 남을 지배하는 능력을 상징한다.

 돋보기

백의민족으로 불리는 우리 조상님들은 흰빛을 매우 사랑했다. 사실 오염이 쉽게 되는 색이라서 의복으로 적당하지 않았을 텐데도 평소에 거의 흰 옷을 입고 지낸 점에 대해서 외국 사람들은 염색기술이 발전하지 못해서 그렇다고 폄하하기도 한다. 하지만 꼭 그렇다고 볼 수도 없는 것이 흰옷을 입었다는 기록은 오래전 고대로부터 전해져온다. 부여 시대와 그 이전까지도 거슬러 올라갈 수 있는 흰 빛에 대한 애정은 백마장군에도 그대로 반영된 듯하다. 흰색은 청정하고 하늘을 상징하며 지상의 탁한 것에 물들지 않는 순수함을 상징한다. 백의민족의 백마장군이신 것이다.

 작가의 의도

백마를 타면서 큰 칼을 휘두르는 장군의 이미지는 일찍이 우리나라 사람들의 마음속에 자리 잡고 있는 위대한 인물에 대한 애정과 존경이라고 보아야 한다. 실존했던 장군이 신으로 추존된 경우는 아니지만, 천신을 숭배하는 우리 민족의 마음이 옥황상제를 호위하며 하늘의 많은 일을 수행하는 백마장군의 모습을 그려내었던 것 같다. 하늘에 계시다가도 지상을 오가면서 세속에서 벌어지는 많은 일을 외면하지 않고 관여를 하시니 무속인들에게도 가장 인기가 있으신 장군으로서 친근하게 다가온다.

참고하기

백마장군의 경우는 달리는 형상을 떠올리게 되며 이는 강한 이동수를 나타낸다. 대인관계에도 변동이 있으며 먼 길을 가거나 출장, 이사, 이직 등의 모든 것이 포함된다고 봐야 한다. 말 안장에 앉아있는 형태는 사실 어린아이들이나 노인들에게는 좋지 않으며 성인들에 한해서 길하게 봐야 할 것이다. 이는 노약자가 장거리 이동에 취약하기 때문이다. 또한 달리는 말 위에서 섬세한 작업을 한다든가 골똘히 생각하는 것은 조금 무리가 있기 때문에 그러한 일을 해야 할 때 백마장군 카드가 나오면 시간을 끌면서 더 기다린 후에 진행함이 좋겠다.

?
어려운 점
응용하고 해결해보기

Q 먼 곳으로 이동을 하게 되었는데 백마장군 카드가 나왔습니다. 어떻게 되나요?

A 강한 이동운이 들어왔으므로 옮기는 것을 추천해 드립니다. 이럴 때는 분주하게 지내는 것이 도움이 됩니다. 수동적으로 지내게 되면 오히려 원하는 것을 얻지 못하게 됩니다. 밖에서 활동할수록 좋은 일이 예상됩니다.

• • • • •

(포인트) | 달리는 말과 장군의 자세에서 여지없이 이동수인 것은 확실하다.

(유의점) | 노약자나 불안한 상태에서의 이동수가 마냥 길하다고 판단하기 힘들 때는 연관카드를 참고하자.

전래이야기

백마는 하늘을 나는 천마(天馬)와 이미지가 겹쳐서 나타난다. 경주 천마총에서 발굴된 말다래에서 하늘을 난다는 백마인 천마가 확인되었고 그 생생한 표현력에 다시 한 번 고대인들의 백마와 천신 신앙을 재확인 할 수 있다. 또한, 우리의 민속놀이인 윷놀이에서도 말은 으뜸이다. 도는 돼지, 개는 개, 윷은 소를 상징하고, 가장 점수가 많은 모는 말을 상징한다. 즉 말은 힘과 능력을 의미하였는데 외국에서도 마력이라는 단위를 도입하여 증기기관의 성능을 재었다고 하니 역시 말은 어디에서나 그러한 상징적 의미가 있었다고 생각된다. 또한 옛날 사대부 집안에서는 자손들의 출세를 위해 백마 그림을 걸어놓았다고 하며, 단원 김홍도의 풍속화에도 혼례를 치르는 신랑이 백마를 타고 신부의 집으로 가고 있는 것을 보면 참으로 백마에 얽힌 이야기는 우리 민족에게 깃들어 있는 천신 신앙을 보여주는 가장 확실한 증거라고 하겠다.

백마장군
참고 이미지

01

02

■ 출처 참고: 290p

관우장군 [Guan Yu] : General of the Vanguard

11. 관우장군

중국 삼국시대의 이름난 장군. 충성심과 의로움의 상징. 최후의 순간에는 일부 미화된 부분이 없지 않으나 현재까지도 절개와 무예의 신으로 섬겨지고 있다. 개성 있는 용모와 더불어 삼국지 도원결의 주인공 중의 한 분이다.

Keyword

위기의 순간을 헤쳐나감. 99프로 잘하다가 1프로에서 아쉬움이 남기도 한다. 지금은 행동으로 옮겨야 할 때, 다른 것보다는 명예를 생각해야 한다. 사사로운 것에 얽매여서는 더 큰 화를 초래한다. 조직 내에서 자신의 역할을 잘 수행함이 옳다. 2인자의 삶이 더 나을 수도 있다.

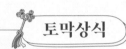

토막상식

옛사람들은 관재수가 있으면 송사시비가 일어난다고 보았다. 그래서 그럴 때마다 역경을 해소하기 위해 산신기도를 많이 올렸는데 각 산마다 특징이 있으니 관재에 강한 산은 악(岳)글자가 들어가는 관악산, 치악산, 모악산, 월악산, 설악산 등의 명산으로 본다. 이는 바위가 많고 지세가 험난한 산일수록 강한 양기를 뿜어내며 의지와 굳센 힘을 상징하기 때문이 아닌가 한다. 바위가 많은 산에서는 지하수나 작은 샘이 곳곳에서 솟아오르는데 이 또한 험난한 길을 헤쳐가는 이들에게 생명수 같은 의미를 더해준다고 보겠다. 걷기에 편안하고 산책하기에 좋은 산에는 영험한 기운이 적고 지형이 가파르고 사람의 접근이 덜 할수록 신령하다고 보는 것은 당연한 이치인 것 같다.

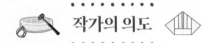

작가의 의도

삼국지 하면 떠오르는 유비, 관우, 장비 이 세 주인공 중의 한 분이며 사후에 장군신으로 추존된 분이다. 그는 무장으로서도 그렇고 특이한 외모, 즉 매우 키가 크고 수염이 길며 얼굴이 붉은 등의 개성적인 표현에서도 여러 장군신에 비하여 특별하다. 촉한을 건국하는 데 큰 공로를 세웠기에 충성과 의리의 화신으로 손꼽히고 동아시아의 다른 나라까지 그 명성이 떨칠 만큼 유명한 장군이다. 우리나라에도 전해져서 관우장군이 여러 무속인들에 의해 섬겨지게 되었으며 특히 무신 최고로 꼽히는 대우를 받고 계신다. 아마 우리나라가 많은 외적의 침입으로 인한 환란을 숱하게 겪었기에 평안히 살아가는 무탈한 삶을 소망하는 많은 백성들이 간절히 바라던 장군이 아니신가 하는 생각을 해본다.

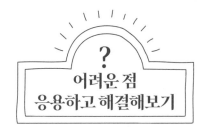

참고하기

키가 9척(약 2m 7cm), 수염 길이가 2자(약 46cm)이며, 얼굴이 홍시처럼 붉고, 기름을 바른듯한 입술, 붉은 봉황의 눈, 누에가 누운듯한 눈썹 등의 풍모로 묘사된다. 여기에 대장간에서 특수 제작한 무게 82근(한나라 때의 1근 = 223g, 82근 = 18kg 286g)이 나가는 청룡언월도가 추가되어, 오늘날의 관우상이 완성된다. 삼국지연의에서 나관중이 관우의 무기를 꾸며 만들어낸 이야기이다. 정사 삼국지와 중국 남북조 양나라 때 쓰인 서적 고금도검록 등을 참고하자면 관우의 무기는 청룡언월도가 아닌 그냥 일반 칼, 대도, 삭, 모 등이 있었던 것으로 보인다.

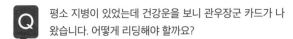

? 어려운 점 응용하고 해결해보기

Q 평소 지병이 있었는데 건강운을 보니 관우장군 카드가 나왔습니다. 어떻게 리딩해야 할까요?

A 병세가 호전되지는 않고 근근이 다스리면서 가야 합니다. 그렇다고 급성으로 진행이 되지는 않겠지만 만일 조금 악화된다고 하더라도 충분히 이겨낼 수 있습니다.

포인트 | 관우장군의 기세로 적군을 처부수듯이 질병을 이겨내는 것으로 해석함.

유의점 | 전쟁이 장기화되는 것도 있으니 연관카드와 관련지어서 리딩해보자.

• • • • •

Q 소송이 마무리되지 않고 질질 끌고 있습니다. 가까운 시일 내에 끝이 날지 궁금합니다. 관우장군 카드는 어떻게 읽어야 할까요?

A 이번에는 확실히 끝을 맺게 될 가능성이 높습니다. 순조롭게 끝나는 것이 아니라 크게 한바탕 전쟁을 치를 수도 있을 것입니다. 하지만 그렇게 함으로써 결론에 도달합니다.

포인트 | 무신답게 결전을 치르고 마무리하는 것으로 해석한다.

유의점 | 전쟁터에서는 애초에 평화를 기대하는 것은 금물.
끝까지 마음을 놓아선 안 된다.

전래이야기

만사 대길의 신이 된 관우장군

무장으로 크게 이름을 떨치고 의리의 표본인 관우장군은 1800년을 내려오면서 다양한 민족과 다양한 직업군의 사람들에게까지 사랑받는 신이 되었다. 지금 중국이 공산국이어서 종교를 통제하고 있는 실정임에도 불구하고 관우장군을 신으로 모시는 사당은 셀 수 없이 많다고 한다. 공자의 묘를 앞지르는 상황이라고 하니 가히 그 인기를 짐작할 수가 있다. 청나라 중업부터, 관우는 여러 업종의 보호신으로 모셔지게 된다(즉 기복신앙의 원천으로). 예를 들면, 1) 두부업계는 관우가 일찍이 젊었을 때 두부 판매를 하였다는 이유로 그를 보호신으로 모셨고, 2) 철장인은 관우가 역시 일찍이 철장인으로 일한 적이 있다 하여 보호신으로 모셨으며, 3) 향초나 등으로 장사하는 사람들도 관우가 촛불을 켜고 밤새워 춘추를 읽었다는 다소 궁색한 이유로 보호신으로 모셨고, 4) 그 외에 이발, 도살, 칼/가위 점포 등에서도 이들이 사용하는 도구가 칼(刀)인데 관우의 병기가 바로 '청룡언월도'이기 때문에 보호신으로 모셨다. 즉 관우가 기복을 주는 보호신이 된 이유는 가지각색이다. 다만 유일하게 같은 점이라면 그들은 관우가 그들에게 재물과 부를 가져다줄 것이라는 믿음이 있었다는 것이다. 이렇듯 민간인의 삶 깊숙한 곳에까지 관우 신앙은 뿌리를 내리고 있다. 우리나라에서는 재물신보다는 무속인들의 무신 계열에서만 섬김을 받는 편인데 중화권에서는 거의 모든 사업과 부귀 재물의 수호신으로 섬겨지고 있다고 하니 조금 차이는 있다.

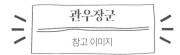

관우장군
참고 이미지

■ 출처 참고: 290p

칠성신

Seven Stars Deity of Households

12. 칠성신

인간의 재물과 수명을 관장하며 북두칠성이 의인화된 신이다. 보통 남자 7명으로 그려지나 여성신과도 섞어 그려보았다. 옛날에는 하늘에 기우제를 칠성신에게 지내기도 했었으며 특히 어린아이를 보호한다. 사람의 생로병사에 모두 관여하며 재물의 많고 적음도 칠성신의 영향이라고 생각하였다.

Keyword

상상 속의 일이 아닌 매우 현실적인 문제와 인간관계, 가족 간의 일, 회사 내의 사람들이나 밀접한 사람들과의 사이에서 일어나는 일이다. 건강과 재물 모두 해당되며 좋은 일이 생길 것임을 암시하지만 만일 문제가 생겼을 시에는 편협하게 대하지 말고 함께 살아가는 의미를 되새겨야 할 것이다. 나의 힘과 운으로는 모자라게 느껴질 때, 후원자가 나타난다는 뜻도 있다.

 돋보기

북두칠성에 얽힌 이야기는 너무도 많다. 우리나라는 특히 7월 7일을 7석이라고 하여 견우직녀가 만난다고 하였으며 아이가 태어나면 삼칠(3 곱하기 7)일 후에 금줄을 풀었다. 불교에서 들어온 49재 역시도(7 곱하기 7) 망자가 새로운 세상으로 가기까지 걸리는 시간을 7단위로 계산했다. 일주일은 7일이다. 사람의 모든 의례가 7로 이루어져 있다고 보는 것이다. 살아가는 모든 것이 칠성과 연결되어 있기에 칠성신을 모시는 것은 가정 안에서 정화수를 떠 놓고 비는 의식부터 밖으로 나가면 마을마다 칠성신을 위한 제단이나 심지어 불교 사찰에서도 칠성각을 두어 우리 민족의 오랜 신앙을 반영해왔다.

 작가의 의도

'칠성 줄이 세다'는 표현의 주인공이신 칠성신이시다. 북두칠성을 신격으로 모시는 것을 말하며 도교에서는 칠원성군이라고 하고 탐랑, 거문, 녹존, 문곡, 염정, 무곡, 파군 등의 일곱 별을 가리킨다. 우리 할머니의 할머니들이 정화수를 떠 놓고 칠성신이 뜬 밤에 가족의 행복을 발원하던 모습은 참으로 가슴이 먹먹해지는 장면이다. 여러 무신도에서 이들 칠성신들께서는 관모를 쓴 남성 일곱 분으로 묘사되기도 하고 고깔을 쓴 승려 일곱 분으로 그려지기도 한다. 어찌 되었거나 북두칠성을 인격화하여 상징적으로 표현하고자 많이 노력한 흔적이 보인다. 칠성신 신앙은 중국에서 들어왔다고 보기보다는 기존 우리나라에 널리 퍼져있던 북두칠성에 대한 별의 신앙과 합쳐져서 발전되었다고 보아야 할 것이다. 인간의 생명과 복록에 가장 깊이 있게 관여하시는 신령들이시며 칠성 줄이 세다는 표현은 많이 기도해야(칠성신과 가깝게 지내며) 자신이 구하는 것을 얻는다는 뜻이다. 즉 다른 이들보다는 더 많이 기도해야 할 사람이라는 말이다.

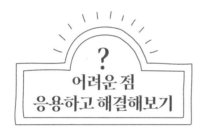

참고하기

칠성은 청수(깨끗한 물)를 떠 놓고도 기도를 올릴 수 있는 신명이시다. 물론 목욕재계를 함은 기본이다. 무조건 상다리 휘어지게 차리는 것보다 늘 집안 어딘가에 칠성을 위한 공간을 마련해놓고 가족들의 무탈함을 빌곤 했던 우리네 할머니들의 속마음과 닮아있다. 급하게 칠성 기도를 할 경우는 기도가 끝날 무렵 꼭 소지를 같이 올리도록 한다. 소지란 흰 종이(별도로 준비한 깨끗한 한지)를 말하며 이를 불에 태워서 올리는 것을 '소지 올린다'라고 한다. 공간의 부정한 것을 정화하며, 기도를 받으시는 신령님이 어떤 응답을 주시는지 확인할 수 있는 매개체 역할도 한다. 소지가 완전히 타서 멀리멀리 재가 되어 날아감을 제일 좋게 여긴다. 산에 가서 소지를 올리는 것은 불조심을 위해서도 되도록 삼가고, 안전한 장소에서 행하도록 한다.

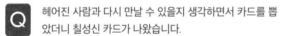

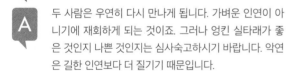

어려운 점 응용하고 해결해보기

Q 헤어진 사람과 다시 만날 수 있을지 생각하면서 카드를 뽑았더니 칠성신 카드가 나왔습니다.

A 두 사람은 우연히 다시 만나게 됩니다. 가벼운 인연이 아니기에 재회하게 되는 것이죠. 그러나 엉킨 실타래가 좋은 것인지 나쁜 것인지는 심사숙고하시기 바랍니다. 악연은 길한 인연보다 더 질기기 때문입니다.

(포인트) 끊기 어려운 칠성의 끈으로 이어져 있으니 조금만 노력하면 다시 만나게 된다.

(유의점) 헤어진 원인을 한번 곰곰이 생각해보는 것도 필요한 일이다.

. . . . .

Q 하던 일을 그만두려 하는데 마음먹은 대로 될까요?

A 금방은 어렵습니다. 아직은 해오던 일에서 벗어나기가 힘듭니다. 혹시 그만두게 되더라도 뒤처리를 해주어야 할 것들이 남아있어서 깨끗하게 마무리가 되지 않습니다.

(포인트) 칠성신이 관여되어 있으니 깊이 엮여있다는 점을 상기하자.

(유의점) 자신이 자발적으로는 그만두고 싶어 하지 않을 때에도 칠성신 카드가 나온다(외력).

전래이야기

오래전부터 전해져오는 이야기다. 칠성도령이 매화낭자와 결혼을 해서 아들 일곱 명을 낳았는데 무책임하게도 칠성도령이 하늘나라로 돌아가 버렸다. 떠나기 전에 남편의 도포 조각을 뜯어서 가지고 있던 매화부인은 고생고생하며 아들들을 키웠고 아들들이 장성하자 그 조각을 가지고 가서 아버지를 찾게 만들었다. 그러나 아버지는 그사이 벌써 다른 여자를 아내로 맞이해서 살고 있는 상황이었고 그 여자의 농간으로 아들들이 죽을 뻔하게 되자 나중에 아버지도 마음을 고쳐먹고 본부인인 어머니를 찾아오라고 아들들에게 시킨다. 하지만 지상은 벌써 폐허가 되었고 어머니는 뼈만 남은 시신으로 남아있을 뿐이었다. 이에 그들은 서천의 꽃감관에게 부탁하여 환생꽃을 받아와서 어머니를 살린 뒤 하늘나라로 보내어 아버지와 상봉하게 되었다고 한다. 슬프게도 우리나라의 여신설화는 거의 다 이런 서사구조를 갖고 있는데 남편들이 가정을 돌보지 않고 무책임하게 떠난 자리에 어머니들이 자식들을 훌륭하게 키워내고 먼 후일 그 공덕을 알게 된 남편과 다시 상봉한다는 줄거리이다. 제주 선문대할망 설화와 가야산의 정견모주, 자청비 등 이루 셀 수 없이 많은 강인한 여성들의 신화이다. 이는 우리 한민족과 무속인들의 조상 역시도 위대한 여성, 어머니에게 그 공덕이 있다는 증거이다.

13 남산신　⋮　Guardian Mountain God

13. 남산신

우리나라의 명산에는 어디에든 산신이 있고 이름 없는 작은 산에도 산신이 있었다. 그만큼 민생과 밀접한 관련이 있으며 친근한 신으로 마을의 길흉화복을 관장하였다. 이 그림의 산신은 찻주전자를 들고 있는 동자의 수발을 받고 있는 남산신이다.

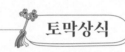 **Keyword**

나를 비롯하여 둘러싸고 있는 환경적 요인에서 원인을 찾아보아야 한다. 웃어른 특히 나이든 남자어른이 관여해서 일을 해결하게 된다. 어렵지만 묘수가 생긴다. 베풀어야 할 시기임을 알려준다. 힘든 상황일 때 누군가 중재를 해주게 된다.

 토막상식

산신과 호랑이와 차 한 잔

카드에는 호랑이를 등장시키지 않았지만, 일반적으로 우리나라 산신도에는 호랑이가 반드시 등장한다. 산의 제왕인 호랑이는 산신을 수호하는 영물이다. 요즘은 호랑이가 거의 멸종되어 잘 만날 수 없는 상황이지만 동물원에 가서 보기만 해도 포효하는 그 모습이 매우 위세 등등하다. 산신령의 심부름을 할 때도 있는 호랑이지만 산신과 동일하게 취급되던 시절도 있었다. 단군시대부터 건국 신화는 밀접하게 산신과 연결되어 있는데 유달리 산악지대가 많은 우리나라에서는 자연스러운 현상이라고 보겠다. 또한 산신도에서는 동자가 열심히 부채질해가며 화로에 차를 달이는 모습도 같이 그려져 있는 경우가 많은데 향기로운 차를 마시는 신선의 한가로움을 표현하고자 했던 것 같다. 또한 그것은 신비의 영약을 달이는 모습이기도 한데 불로불사의 삶을 꿈꾸었던 도교의 전통이다.

 작가의 의도

우리나라는 국토의 70%가 산으로 이루어져 있다고 한다. 그만큼 산을 떠나서는 살아갈 수 없는 것이 한민족의 운명이다. 물론 그 아래 밭을 일구고 마을을 이루고 살긴 했지만, 그 또한 산언저리나 산을 끼고 있는 형태여서 예전 촌락들은 산을 떠나서는 존재할 수 없는 상황이었다. 현대에도 틈만 나면 등산이라도 하려는 많은 사람들을 보건대 참으로 산은 친숙함 그 자체이다. 여기에 산신이 등장하시는데 이렇듯 높고 낮은 산중에 산신이 안 계신다고 한다면 참으로 서운할 터이다. 당연히 산을 인격화해서 골짜기마다 숲마다 사연을 풀어놓는 사람들이 있었고 거기에 귀를 기울여주시는 산신께서 계셨으니, 외국처럼 음침하고 압도적인 곳이 아니라 그야말로 정감 있고 사람을 품어주는 장소였으리라. 산신께서는 매우 인간적이신데 사람들이 가지고 온 공양물을 기꺼이 받으시고 그들의 소소한 소원과 희망을 들어주시기에 바쁘셨다. 그리하여 산에 세워진 유명한 불교사찰 대부분에서는 산신각을 별도로 지어서 산신들을 기리고자 하였으니 이는 지극히 당연한 일이라고 보겠다.

산을 볼 때 양기가 강한 산은 바위가 많고 흙이 적은 산이라고 하였고, 남성적으로 여겼으며, 이런 곳에서는 도를 닦기가 좋고 실제로 도사와 도인이 수도 없이 배출된다고 하였다. 악(岳)은 큰 산이라는 뜻인데 이 글자가 들어간 산들은 실제로 산세가 험하고 바위가 많다. 일반 사람이 살기에는 도무지 쉽지 않을 듯하고 마음 굳게 먹은 수행자나 오를 법하다.

또한, 음기가 강한 산은 흙이 부드럽고 촉촉하게 쌓여있는 산으로 물기를 머금고 있는 데다 산세도 온화해서 그 사이마다 사람들이 마을을 이루고 살기 좋은 산이라고 한다. 이는 여성적이라고 보았다. 오로지 등산만 무작정 할 것이 아니라 산의 모습을 봐가면서 어떤 산신이 계실지 추측해 보는 즐거움도 더하면 좋겠다.

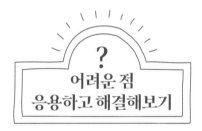

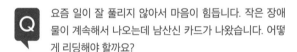

?
어려운 점
응용하고 해결해보기

Q 요즘 일이 잘 풀리지 않아서 마음이 힘듭니다. 작은 장애물이 계속해서 나오는데 남산신 카드가 나왔습니다. 어떻게 리딩해야 할까요?

A 현재의 내가 되기까지 도움을 주었던 사람들을 잘 떠올려보시기 바랍니다. 그리고 좋은 기회를 주었던 장소와 귀인, 그리고 예전에 기도를 올린 적이 있다면 당시에 어떤 바람을 올렸는지 기억을 해보세요. 거기에 해답이 있습니다.

• • • • •

포인트 사람은 좋을 때는 은혜를 쉽게 잊고 나쁠 때는 남 탓을 하기 바쁘다. 혹시 산신 기도를 올릴 만큼 간절하던 때를 잊어버리고 지금 남의 탓을 하는 것은 아닐까?

유의점 조금 더 정성을 들이고 노력하라는 뜻도 있으니 참고하자.

전래이야기

태조 이성계가 조선 개국의 정통성을 인정받고자 전국의 명산을 모두 누비며 기도를 올렸다. 처음에 백두산에 들어갔으나 산신이 그의 뜻을 받아주지 않았고, 두 번째로 지리산에 들어갔으나 역시 마찬가지라. 마지막으로 남해도 보광산(금산)으로 들어가니 산신이 그의 뜻을 받아주어 왕이 되었다고 한다. 산신들께서도 각자 개성과 특징이 있으셔서 속세에선 아무리 왕이라고 하더라도 허락을 해주고 싶지 않은 경우도 많은가 보다.

이러한 상황이니 이성계는 보광산 산신에게 감사하게 생각하여 산 전체를 모두 비단으로 입히려 하였다. 그러나 신하들이 산에다 비단을 입히면 지금은 보기 좋지만 오래되면 더욱 더럽혀지니 영원히 변치 않는 산의 이름을 금산(錦山)으로 고치자고 하였다.

이 때문에 조선 이전까지 보광산이었던 산의 이름이 이때부터 왕명으로 금산으로 변경되어 오늘날에 이르게 되었다고 전해진다. 이로 인하여 금산은 가장 유명하고 영험한 기도터로 알려지게 되었는데, 태조 이성계와의 인연이 한몫 톡톡히 한 것 같다. 사실 그 이전에는 옛 지명 보광산이나 남해는 그다지 주목받은 적이 없는 지역이라 역사서에 거의 등장하지 않는다.

태조 이성계로서는 산신에게 인정받은 유일무이한 금산에 지대한 애정과 고마움이 있었을 것이다. 참으로 재미있는 산 이름의 유래이다. 하지만 우리 무속에서 기도하거나 굿을 할 때 본향 산신 등 여러 산신들의 합의를 받는 장면을 떠올려보면 한 나라를 멸망케 하고 새로운 나라를 세운 이성계는 얼마나 큰 합의를 받았어야 했을지 자못 짐작이 간다. 또한 그 시절에 왕조차도 산신에게 머리를 조아리며 합의를 받아야 했다는 점이 신비롭기도 하다. 제아무리 힘으로 누르고 왕이 된다고 하더라도 결국 신들 앞에서 자신의 정당성을 인정받고 허락을 구해야 했으니 말이다.

남산신
참고 이미지

01 02

■ 출처 참고: 290p

여산신

Guardian Mountain Goddess

14. 여산신

고대의 산신은 거의 모두 여자분이었으니 그 역사가 매우 깊다. 지금도 명산에는 여산신의 흔적이 남아있는데 남산신의 전통은 고려 시대에 와서 만들어진 것이라고 한다. 산 아래 마을에 살며 삶을 영위하던 우리 민족에게는 어머니 같은 존재이다.

Keyword

웃어른 특히 나이 든 여자 어른이 관여해서 일이 해결된다. 작지만 꼭 필요한 일들, 생각보다 실력자들이 관여한다. 어떤 사건이 발생할 경우 그 원인은 시간을 매우 거슬러 올라가야 할지도 모른다. 너그럽게 대처하는 것이 이롭다.

 토막상식

산신께 기도를 올릴 때

명산의 기도터이건 동네 뒷산의 소박한 기도터이건 간에 누군가 양초를 켜고 마무리를 하지 않고 가거나 소주병과 제물 등이 어질러져 있는 것을 종종 보게 된다. 꼭 양초를 켜야 한다면 다 탈 때까지 기다리든지 아니면 중간에 자신의 기도가 끝났으면 촛불을 끄고 양초를 갈무리해서 가져오는 것이 맞다. 쓰레기를 버려두고 오지 않기 위해서 일반인보다 무속인들이 더 노력해야 할 것이다. 산에다 쓰레기를 투척하면서 산의 주인공이신 산신에게 기도를 드려본들 이루어질 리가 만무하지 않은가? 누가 내 집에다 쓰레기봉투를 몰래 갖다 놓았다고 생각해보라. CCTV 돌려서 경찰에 신고할 판이다. 차라리 그 뒤처리를 하고 청소하는 사람에게 모든 기도 공덕이 돌아갈 것 같다. 자연보호는 곧 산신보호이다. 가는 행동이 고와야지 오는 복도 받는 법.

 작가의 의도

산신령이라고 하면 늘 그러하듯이 흰 수염이 기다란 할아버지가 지팡이를 짚고 등장하시는 생각을 하게 된다. 그런데 우리가 관심을 가지지 않아서 그렇지 국내 명산에는 여산신께서 무척 많이 자리하고 계시다. 어쩌면 대부분이 여산신이라고 보아도 무방하다. 지리산의 성모, 가야산의 성모, 선도산 선모, 제주의 선문대 할망, 서울의 대모산 같은 경우는 이름 자체가 큰어머니 산이며 이 외에도 여산신이 계시는 산들은 얼마든지 찾아볼 수 있다. 특히 산신 신앙에 관해서 부언

설명을 하자면 남산신이 살아생전에는 사람이셨다가 사후에 추존되는 경우가 많은데 비해서 여산신은 원래부터가 신이시다. 그러므로 신의 계보를 조금 더 자세히 따지고 들어가면 신격에서도 많은 차이를 보인다. 여산신은 어머니 산신이시며 너그럽고 사람들을 포용하는 산의 모습 그 자체이다. 어떨 때는 엄하고 어떨 때는 자애로운 자연은 바로 여산신의 얼굴이다.

지리산 천왕봉의 성모

남한에서 가장 높은 산봉우리이며 백두대간의 남단 종착지인 지리산 천왕봉의 여산신이 가장 유명한 분이시다. 이분은 우리나라 전체를 수호하는 수호신의 역할을 맡고 계시다. 또한, 다른 편인 노고단에도 여산신이 계신다고 믿기도 한다. 천 년 전에 조성되었다고 전해지는 성모상이 일본 강점기에 훼손되었고 계곡 사이에 부서져 방치되었던 것을 다시 찾아서 1987년에 복구했다 하니 참으로 부끄럽기도 하고 다행스럽기도 하다. 더군다나 부서진 잔해를 찾은 스님은 선몽으로 그 위치를 알았다고 하니 그 신령스러움은 지금까지도 경이롭다.

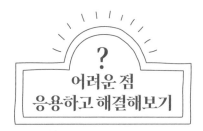

 Q 이사한 집에서 잠을 편히 잘 수가 없습니다. 기분이 뒤숭숭하고 이상한데 카드를 보니 여산신 카드가 나왔습니다. 어떻게 리딩할까요?

A 아직 안정되지 않은 것 같습니다. 급하게 이사를 하였거나 자신과 맞지 않는 방향으로 간 것은 아닌지 짐작해봅니다. 이런 경우 오랜 기간이 지나야지 안정을 되찾을 것입니다. 어머니를 잃어버린 아이와 같은 상태입니다. 약간의 비보를 하거나 잠자는 방위라도 바꾸어보거나 그것도 안되면 다른 곳으로 이사를 가는 것도 권해봅니다. 만일 그 또한 무리이면 일주일이라도 다른 곳에서 잠을 잔 후에 들어가보는 것도 좋습니다.

• • • • •

 포인트 어머니의 품 같은 여산신 카드는 가장 필요한 것이 갖추어지지 않았다는 신호로 해석한다. 가장 기본적인 것을 무시했으니 주거공간이 편할 리가 없다.

 유의점 이사가 잦아지는 현대에 방위를 보는 사람은 점점 줄어들고 있다. 그보다는 그 터에 머무는 기운을 느끼는 사람들이 점점 늘어나는 추세이다.

전 래 이 야 기

상아덤은 가야산 여신인 '정견모주(正見母主)'와 하늘신 '이비하(夷毗訶)'가 노닐던 곳이란 전설을 갖고 있다. 가야산처럼 성스런 기품과 아름다운 용모를 지닌 정견모주는 가야산 자락에 사는 백성들이 가장 우러러 믿는 신. 여신은 백성들에게 살기 좋은 터전을 닦아주려 마음먹고, 큰 뜻을 이룰 힘을 얻기 위해 밤낮으로 하늘에 소원을 빌었다. 그 정성을 가상히 여긴 하늘신 이비하는 어느 늦은 봄날 오색구름 수레를 타고, 상아덤에 내려앉았다.

천신과 산신은 성스러운 땅 가야산에서 부부의 연을 맺고, 옥동자 둘을 낳았다. 형은 아버지인 천신을 닮아 얼굴이 해와 같이 둥그스름하고 불그레했고, 아우는 어머니 여신을 닮아 얼굴이 갸름하고 흰 편이었다. 그래서 형은 뇌질주일(惱窒朱日), 아우는 뇌질청예(惱窒靑裔)라 했다. 형은 대가야의 첫 임금 '이진아시왕'이 됐고, 동생은 금관가야국의 '수로왕'이 됐다. 최치원(崔致遠)의 '석순응전(釋順應傳)'과 '동국여지승람'에 나오는 이야기다.

대가야와 금관가야의 건국신화가 서린 상아덤. 그 어원은 어디에서 유래했을까? 상아는 여신을 일컫는 말이고, 덤은 바위(巖)를 지칭한다. 하늘의 여신이 사는 바위란 뜻이 된다. 덤의 의미를 조금 더 살펴보는 것도 재미있다. 옛날 인류는 암혈에서 살았고, 그 곳은 집이고 생명을 유지하던 곳이었다. 그들은 큰 바위와 절벽과 마을을 덤이라고 불렀다. 더 나아가 몸이나 마음을 의지하는 대상을 덤이라 했다는 게 제수천 전 성주문화원장의 얘기다. 가야산 주변 사람들은 정견모주에 마음을 의지했고, 그런 마음들이 모여 형상화된 것이 바로 상아덤인 것이다.

가야산에서 감응, 새 세상을 연 정견모주와 이비하의 이름 유래를 따져보는 것도 의미가 있다. 다음은 제 전 원장의 얘기. 정견모주란 이름은 동성봉 능선의 한 봉우리인 바래봉에서 그 연원을 찾을 수 있다. 또 바래의 어원은 비로(毘盧)이며, 비로는 산스크리트어 바이로자나로 광명을 뜻한다는 것. 바래봉 여신을 한자로 옮기로면서 바로 본다는 뜻을 지닌 '정견모주'란 이름을 얻게 됐다는 설명이다.

여산신
참고 이미지

01

■ 출처 참고: 290p

15 삼불제석 : Three Goddesses of Birth

15. 삼불제석

사람의 재물과 수명을 관장하지만 특히 임신, 출산에 관여한다. 집집마다 자손을 내려주는 중요한 역할을 하는 신들이며 세 분으로 묘사된다. 또한 우리 무속의 모태이기도 하면서 자손을 점지해 주는 능력이 특히 강조되어 왔다. 흰 고깔과 염주를 들고 가사장삼을 입은 모습으로 표현되기도 한다.

Keyword

가문을 이어가는 자손의 출생과 밀접한 관련이 있으며 인생 초반의 길흉화복을 관장한다. 가족 간의 일, 조상과 관련된 일이라고 봐야한다. 집안의 큰 어른 특히 나이든 여자분, 청정하고 성스러운 사람 또는 그런 장소, 전통적인 일과 관련된다. 집안이 번영하는 것도 삼신과 밀접한 관련이 있다.

 돋보기

삼(三)을 사랑하는 우리 민족이다. 개천절도 3일이고, 삼월 삼짇날은 고사를 지냈으며, 삼신은 마고와 그 딸인 궁희, 소희를 가리켜 세 분의 신성한 신을 상징하는데 현대엔 정감있게 삼신할머니라 불리고 계시다. 제석신도 한 분이면 외로우실지 세 분을 함께 고깔을 씌워드리고 삼불제석이라 명하여 우리 무속에 자리매김하게 된 내력이다. 하늘과 땅과 사람, 천지인의 세 가지 이치를 늘 살펴서 각각 개별이 아니라 하나로 이어져 있음을 알게 하는 신성한 숫자인 3. 삼족오라는 한민족의 고유한 까마귀 상징도 발이 3개다. 이렇듯 3에 대한 신비한 힘과 우주의 이치를 알기에 제석신은 당연히 세 분을 모셨나 보다.

 작가의 의도

일단 제석이라는 존호가 들어간다는 것은 매우 높은 천신을 가리킨다. 삼불제석에서는 삼신의 모습 또한 찾아볼 수 있다. 삼신(三神) 신앙은 아기를 점지하고 산육을 관장하는 신으로 알려져 있으며 나이 든 여성의 모습으로 그려진다. 그러기에 삼불제석은 제석천의 여성형이기도 하지만 거의 삼신의 역할을 하신다고 봐도 좋을 것이며 제석천 신앙이 들어오면서 삼신과 합쳐졌다고도 볼 수 있다. 지금은 병원에서 해산하는 데 산모들이 큰 어려움이 없지만, 옛날엔 태어나서 건강히 자라는 일이 참으로 큰일이었고, 의학적 도움이 거의 없던 시절이니 수명과 건강은 신의 영역이 아닐 수 없었다. 게다가 자손이 귀한 집안에 아기가 태어나는 것 또한 늘 기도와 바람이 간절한 일이어서 인류의 생존과 번영을 위해서 삼신(삼불제석)의 허락이 필요했다.

일본 가정의 불단 문화와 우리나라의 신줏단지 모시기는 비슷한 점이 매우 많다. 물론 일본도 이제는 가정집에서 불단을 모시거나 돌아가신 가족이나 조상에게 예를 올리는 모습이 점차 사라지고 있다고 한다. 우리나라는 근대화를 겪으면서 훨씬 더 빨리 사라졌다. 집안 높은 곳에 신줏단지를 모셔놓던 풍경도 이제 거의 볼 수 없다. 모든 것을 미신이라 치부하면서 옛것을 모두 없애버리는 것이 너무도 아쉽다. 귀신을 믿고 의지하느라 합리적인 사고를 해친다 생각하는 모양인데 지금처럼 가족 간의 연대가 느슨해서 자기 식구끼리도 사이좋게 지내지 못하고 작은 것도 참지 않고 이해관계만을 들먹거리는 세상에 그나마 조상님을 모신 신줏단지라도 있어서 눈치 보기라도 했더라면 지금보다는 더 나은 인간미 있는 세상이 아니었을까 생각해 본다. 신줏단지는 제석단지 조상단지 등 여러 이름으로 불렸다.

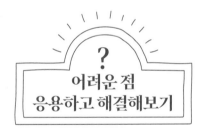

?
어려운 점
응용하고 해결해보기

새로 직원이 들어왔는데 업무를 맡기자니 아직 믿음이 가지 않아서 지켜보는 중입니다. 이 사람을 생각하면서 카드를 뽑았더니 삼불제석 카드가 나왔는데 어떻게 리딩할까요?

일을 맡겨주면 의외로 임무에 충실하고 성과를 낼 수 있는 인재로 보입니다. 때로 상사가 지나치게 의심하고 경계를 하면 신이 나서 잘 할 수 있는 일도 의기소침해 지는 것이 사람의 심리입니다.

• • • • •

 | 생기를 주고, 먹을 것을 늘려 주시는 삼불제석의 힘을 느껴보자.

전 래 이 야 기

제석천과 겹치는 이야기이기도 하다. 옛날 한 부부가 살았는데, 부부에게는 아홉 명의 아들이 있었으나 딸이 없었다. 딸을 원했던 부부는 부처님께 치성을 드려 딸을 낳았고, 아이의 이름을 '당금애기'라고 지었다. 당금애기는 가족의 사랑을 받으며 아름다운 여인으로 성장했다. 그러던 어느 날, 부모와 오빠들이 집을 비웠을 때 한 스님이 당금애기의 집에 시주를 받으러 왔다. 집안에 홀로 있던 당금애기는 대문을 열고, "스님, 부모님이 나가서 곳간이 잠겨 시주를 드릴 수 없습니다."라고 했다. 그러자 스님이 경을 읊으니 잠겼던 곳간 문이 열렸다. 당금애기는 쌀을 가득 퍼서 자루에 담다 자루가 터져 쌀이 쏟아졌다. 당금애기가 손으로 쓸어 모으려 하자, 스님은 "부처님께 올릴 쌀을 그렇게 험하게 다루면 안 됩니다."라고 하여 젓가락으로 쌀을 주워 담기 시작했다. 쌀을 담다 보니 어느덧 저녁이 되었다. 당금애기가 스님에게 돌아가라고 하자 하룻밤만 재워달라고 했다. 어쩔 수 없이 방을 내주려는데, 스님은 가족들의 방은 모두 거절하고 당금애기의 방에서 자겠다고 했다. 끝내 거절하지 못한 당금애기는 스님과 함께 자게 되었다. 날이 밝자 스님은 당금애기에게 "아들 셋을 낳을 것이니, 아이들이 나를 찾으면 이 박씨를 전해 주시오."라고 말하고 떠났다.

스님이 떠난 뒤 당금애기는 아이를 가졌고, 이 사실을 알게 된 아홉 오라비는 당금애기를 죽이려 했다. 그러나 어머니가 "죄가 없으면 하늘이 살리고, 죄가 있으면 벌을 내릴 것이니, 당금애기를 돌함에 넣어두도록 하자."라고 했다. 그렇게 당금애기는 돌함에 갇혔고, 시일이 지나 돌함을 열어보니 다행히 당금애기가 아들 셋을 낳고 살아있었다. 삼형제는 무럭무럭 자랐고, 일곱 살이 되자 다른 친구들의 시기를 받을 만큼 재주가 좋았다. 어느 날, '아비 없는 자식'이라는 놀림을 받자 삼형제는 아버지에 관해 물었다. 그러자 당금애기는 스님에게 받은 박씨를 주며 삼형제가 태어난 사연을 알려주었다. 삼형제는 박씨를 땅에 심었고, 줄기가 길게 자랐다. 그 줄기를 따라가니 금강산의 어느 절에 도당했다. 절에 도착한 삼형제가 자신들이 스님의 아들이라고 하자, 스님은 삼형제의 능력을 시험해 보겠다고 했다. 삼형제는 잉어를 먹은 뒤 산채로 토하기, 죽은 소를 살아 있는 소로 만들기, 종이 버선을 신고 물 위로 걷기 등의 시험을 모두 통과했고, 아들로 인정을 받았다. 이후 스님은 이름이 없던 삼형제에게 '형불', '재불', '삼불'이란 이름을 지어주고, 세상 사람들에게 재복과 풍요를 주는 '제석신'이 되라고 했다. 그리고 당금애기에게는 아기를 점지하고 복과 명을 주는 '삼신할미'가 되라고 하였다.

■ 출처 참고: 290p

팔선녀

Eight Lady Fairies

16. 팔선녀

금강산의 8선녀 전설이 모태이며 사냥꾼이 한 선녀의 옷을 훔쳐서 하늘로 올라가지 못하게 하여 가정을 이루고 살기는 하였으나 후에는 낳은 아이들을 데리고 하늘로 돌아가게 되었다는 전설도 있다. 선녀들은 매우 아름다운 존재로 하늘나라에 속한 존재들이었으나 속세가 궁금해 지상으로 내려오곤 하였다.

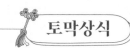

Keyword

어울리지 않는 결합, 우연한 횡재, 결말이 뻔히 드러나 있는 관계이다. 한때의 인연, 제자리로 돌아가게 됨. 운명적으로 얽히게 되는 매우 사적인 일을 암시한다. 지금 얽히는 사건이나 사람들은 시절 인연으로 보아도 좋을 것이다.

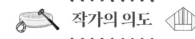

토막상식

천의무봉(天衣無縫)

무속인들의 신당에 가끔 팔선녀 인형이나 선녀의 부채나 옷을 모셔놓는 경우가 있다. 원래 선녀는 하늘의 존재인데 죄를 지어서 사람의 몸을 받아서 일정 기간 인간의 삶을 살아야 하는 존재라고 한다. 하지만 어느 정도의 속죄가 이루어지고 나면 다시 하늘로 돌아간다. 결국 천인(天人)은 하늘에 속한 존재이다. 이때 입고 날아가는 선녀의 옷을 천의무봉(天衣無縫)이라고 하는데 하늘의 날개옷에는 바느질 자국이 없다는 뜻으로 시문 등이 꾸민 데가 없이 자연스러우며 아름답고 완전무결함을 상징하기도 한다. 또한, 어떤 흠결도 없이 깨끗함을 일컫는 데에서 세상사에 물들지 아니한 어린이와 같은 순진함을 이르는 말로도 쓰인다.

작가의 의도

김만중이 지은 고전 소설 구운몽에 등장하는 여덟 명의 선녀들이 주인공인 양소유를 만나 사랑과 부귀영화를 누려보지만, 한낱 꿈이었다는 내용이 있다. 물론 세속의 욕망이 다 덧없다고 이야기하기 위한 내용이지만 사실 팔선녀는 소설에서만 존재했던 것은 아니다. 지역마다 명산 폭포나 이름있는 계곡에 목욕을 하러 내려오는 천상계의 존재들로서 팔선녀는 설화에 단골로 등장하는 존재들이기도 하다. 선녀들은 이 설화 속에서 지상의 인간인 나무꾼과 인연을 맺어 자식도 낳지만 결국은 자신의 고향인 하늘나라로 돌아가 버리는 결말

을 맺는다. 그 내용은 천신과 사람과의 교류는 근본적으로 다르며 어느 정도의 선을 지켜야 한다는 주제를 담고 있다고 봐야 한다. 요즈음도 아주 아름다운 여인을 보면 선녀처럼 아름답다는 표현을 쓰곤 하는데 이는 미에 대한 우리나라 사람들의 잠재의식을 말해주는 것일지도 모른다. 사실 선녀를 실제로 본 사람은 아무도 없는데 말이다. 선녀에 비유하는 것은 우리들의 마음속 깊은 곳에 자리한 천신 신앙의 한 가지 예는 아닐는지.

 **참고하기**

7과 8의 의미

「서유기」에 서왕모가 천계의 요지 안에 신들의 연회 「반도회」를 설연하고, 홍의선녀·청의선녀·소의선녀·의선녀·자의선녀·황의선녀·녹의선녀가 파견되어 반도원의 선도를 채집한다. 여기서는 일곱 명의 선녀가 등장한다. 일곱은 북두칠성의 칠성신앙을 베이스로 하고 있으며, 남녀칠세부동석이라든지 일주일은 7일이라든지 셀 수 없이 많은 7에 대한 예를 열거할 수 있다. 또한 8에 대해서도 동아시아에서는 성스럽고 다양한 믿음을 가지고 있는데 음양이 조화를 이룬 모양으로 해석하며 지구와 우주의 번영하는 에너지 자체를 가리키기도 한다. 그러므로 매우 성스러운 숫자로 본다. 이에 팔선녀 선녀들의 기운을 밝고 활력 있게 묘사하기 위한 것으로 보인다.

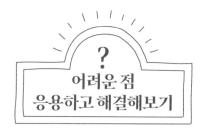

?
어려운 점
응용하고 해결해보기

 Q 요즘 공부에 집중이 되지 않아서 너무 힘이 듭니다. 팔선녀 카드가 나왔는데 어떻게 리딩할까요?

 A 앉아서 하는 공부는 지금 본인과 맞지 않네요. 몸을 움직이든가 다른 곳으로 가서 머리를 식히는 것이 낫겠습니다. 엔터테이너적인 요소가 많으니 그쪽을 참고하여 적성을 살펴보는 것도 방법이겠습니다.

• • • • •

 포인트 춤추고 예술적인 연회를 좋아하며 여기저기 이동하는 것이 즐거운 팔선녀이다.

 유의점 게으르고 비생산적으로 보여지기도 하니 이 점도 참고하자.

전 래 이 야 기

'금강산선녀설화'라고도 하고 전국적으로 널리 분포되어 있으며 '백조처녀설화(白鳥處女說話)'라 하여 범세계적으로 분포되어 있다. 나무꾼이 사냥꾼에게 쫓기는 사슴을 숨겨 주었더니 사슴은 은혜의 보답으로 선녀들이 목욕하고 있는 곳을 일러주며 선녀의 깃옷을 감추고 아이를 셋 낳을 때까지 보여 주지 말라고 당부한다. 사슴이 일러 준 대로 선녀의 깃옷을 감추었더니 목욕이 끝난 다른 선녀들은 모두 하늘로 날아 돌아갔으나 깃옷을 잃은 한 선녀만은 가지 못하게 되어 나무꾼은 그 선녀를 데려다 아내로 삼는다. 아이를 둘까지 낳고 살던 어느 날 나무꾼이 선녀에게 깃옷을 보이자 선녀는 입어 보는 체하다가 그대로 아이들을 데리고 승천한다. 어느 날 사슴이 다시 나타나 나무꾼에게 하늘에서 두레박으로 물을 길어 올릴 터이니 그것을 타고 하늘로 올라가면 처자를 만날 수 있을 거라고 일러 준다. 사슴이 일러준 대로 하늘에 올라간 나무꾼은 한동안 처자와 행복하게 살았으나 지상의 어머니가 그리워져서 아내의 주선으로 용마를 타고 내려오는데, 이때 아내는 남편에게 절대로 용마에서 내리지 말라고 당부한다. 지상의 어머니가 아들이 좋아하는 호박죽(또는 팥죽)을 쑤어 먹이다가 뜨거운 죽을 말 등에 흘리는 바람에 용마는 놀라서 나무꾼을 땅에 떨어뜨린 채 그대로 승천한다. 지상에 떨어져 홀로 남은 나무꾼은 날마다 하늘을 쳐다보며 슬퍼하다가 죽었다. 그리고는 수탉이 되어 지금도 지붕 위에 올라 하늘을 바라보며 울음을 운다는 것이다. 이러한 내용을 기본으로 하여 하늘로 올라가는 두레박의 줄을 선녀 아내가 끊어 버렸다고도 하고, 천상의 시험을 거쳐 하늘에서 잘 살았다고도 전하며, 사슴 대신 노루가 등장하기도 한다. 이 설화는 원래 몽골 등의 북방 민족 사이에서 이루어진 「조녀설화(鳥女說話)」가 점차 남하하여 중국으로 이행됨에 따라 중국 도교의 영향으로 신선 세계와 관련을 맺으면서 조녀가 선녀로 변이되어 전파된 것으로 추정된다.

팔선녀

참고 이미지

■ 출처 참고: 290p, 291p

17 도깨비 ⋮ Goblin

17. 도깨비

전래 이야기에 단골로 등장하며 여러 이름으로 불려진다. 보이지는 않고 소리만 내는 도깨비도 있고 모습을 드러내는 도깨비도 있다. 장난기가 많아서 엉뚱한 짓을 저지르기도 하고 성격은 거친 편에 속하며 미련하기도 하고 건망증이 있으되 순진한 면도 있다. 음주가무를 좋아한다.

Keyword

혼란스러운 일이 일어난다. 일의 결말을 예측하기가 어렵다. 판세가 돌변한다. 좋았던 일은 나빠지고 나빴던 일은 다시 좋아진다. 횡재수가 있다. 현실적이지 않은 일이 생긴다. 앞뒤가 맞지 않은데도 홀린 듯이 실수를 저지르게 된다. 유흥과 관련된 일. 양면적이다.

 돋보기

도깨비 방망이는 만능 아이템

울퉁불퉁하게 생겨서 무엇이든지 뚝딱 만들어내는 신기한 방망이. 이 방망이를 우연히 손에 넣게 되어서 큰 부자가 된 이야기가 민담으로 전해온다. 반면 마음씨 고약한 사람이 의도적으로 방망이를 구하러 갔다가는 도깨비들에게 호된 봉변을 당한다. 고로 방망이는 사람을 알아보는 것이다. 어리숙한 도깨비가 처음은 속아서 방망이를 넘겨주었지만 두 번은 안 속는다. 도깨비를 그리면 늘 방망이가 같이 따라붙는데 오래된 물건, 헛간에 세워둔 농기구나 빗자루가 변화된 것으로 보기도 한다. 그래서 도깨비는 가끔 외발로 그려지기도 한다.

 작가의 의도

혹 떼러 갔다가 혹을 붙였다든지, 도깨비가 혹을 떼어주고 재물을 주었다든지 하는 옛날이야기가 아니더라도, '도깨비 같은 놈'이라는 표현은 지금도 현대인의 대화 중에 자주 쓰이고 있다. 도깨비는 사람이 아니다. 그렇다고 천신으로 분류되지도 않는다. 하지만 우리 민족에게 익숙한 도깨비는 해학적이고 비범하며 해괴망측한 장난질이 총망라된 존재로서 사람과는 분명히 구별되는 존재다. 무속에서는 허주라고 해서 사람이 죽어서 혼령이 되어 잡귀가 되는 것을 가리킨다면, 도깨비는 그와는 조금 다른 강렬한 개성을 갖고 있다. 그들은 자연물 속에서 오래되어서 그 정기가 뭉쳐서 발생한 연유가 많은데, 그렇기에 사람들과 매우 친숙하며 사람들에게 먼저 말을 걸어오기도 하고 그다지 악한 일을 벌이지도 않는 환상적 존재들이다. 도깨비는 사람이 죽어서 변한 것도 아니고 그렇다고 천상에 직위를 갖고 계신 신령도 아니다.

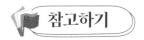 **참고하기**

도깨비 터

때로 '도깨비 터'라고 하는 지역이 있는데 일반인들이 들어가서 살기에는 좀처럼 힘든 곳을 가리킨다. 하지만 이러한 장소도 잘 다스리기만 하면 도깨비 방망이처럼 많은 재물을 벌어주는 곳으로 변신하기도 하니 참으로 알다가도 모를 일인 도깨비의 성격을 그대로 말해주는 것만 같다. 도깨비 터를 인수한 사람은 도깨비를 위한 고사를 지내기도 하는데 좋아하는 떡이나 막걸리, 묵사발 등을 가져다 놓고 자기편이 되어서 많은 재물을 불려주십사 하고 빈다.

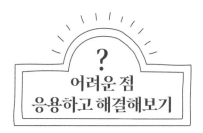
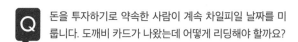
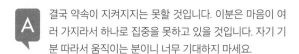

Q 돈을 투자하기로 약속한 사람이 계속 차일피일 날짜를 미룹니다. 도깨비 카드가 나왔는데 어떻게 리딩해야 할까요?

A 결국 약속이 지켜지지는 못할 것입니다. 이분은 마음이 여러 가지라서 하나로 집중을 못하고 있을 것입니다. 자기 기분 따라서 움직이는 분이니 너무 기대하지 마세요.

• • • • •

포인트 ┃ 자기 멋대로 하는 경향이 강한 도깨비를 너무 신뢰해서는 곤란하다.

유의점 ┃ 나중에 뜬금없이 좋은 제안을 하면서 나타날 수도 있으니
내 중심을 잘 잡아야 한다.

도깨비 덕에 부자가 된 사람

조선 시대 강원도 영월군 쌍용리에 가난하게 살던 하대룡이라는 사람이 만석꾼이 될 수 있는 명당자리 이야기를 우연히 노승에게 듣는다. 그는 노승을 협박해 그 명당자리가 어디인지를 알아내고, 움집을 짓고·산다. 명당자리에 움집을 짓고 살던 하대룡은 도깨비들이 놓고 간 황금으로 가득 찬 상여를 발견한다. 하대룡은 상여에 든 황금을 팔아서 땅을 사 농사를 지어 만석꾼이 된다. 어느 날 도깨비들이 자신들의 황금으로 산 땅이 자신들의 것이라며, 땅을 떠가지고 가려 하나, 그럴 수 없어 자취를 감추고 만다. 그리하여 하대룡은 도깨비들이 놓고 간 황금 덕분에 부자가 되었다고 한다.

■ 출처 참고: 291p

18 구미호 Legendary Fox with Nine Tails

18. 구미호

꼬리가 아홉 개가 달린 여우로 신통력을 지니고 있다고 하며 이 신통력은 남을 이롭게 하기도 하지만 해롭게도 한다. 손에 든 구슬은 그 힘을 나타낸다. 미모의 여인으로 둔갑하기도 한다.

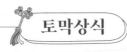

Keyword

신통한 일의 변화, 사건이 한 가지로 진행되지 않고 여러 가지 양상으로 변화된다. 득과 실을 구분하기 어려움, 매혹적인 존재, 일반적인 판단으로 결론내기 어려우니 신중하게 지켜보아야 한다. 재물과 연애에 있어서는 나쁘지 않다. 신비한 현상이 일어난다. 양면적이다.

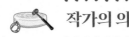 토막상식

쑥 태우기

집안에 안 좋은 일이 생기거나 기운이 좋지 않을 때 정화하는 방법으로 쑥을 태우기도 한다. 약쑥이나 말려둔 쑥 등은 부정풀이용으로 미리 정해진 장소에 보관해 두었다가 조금씩 꺼내 쓰는 방법이 좋다(태우는 그릇도 정해놓고 쓰도록). 소금을 한 겹 깔고 그 위에 쑥을 놓고 태우면서 여기저기 연기가 골고루 배게 한 다음 창문과 대문을 열고 환기하도록 한다. 연기가 자욱해질 때까지 할 필요는 없다. 주변에 사는 이웃들도 배려해야 하니까. 혹시 불이 난 줄 알고 신고가 들어갈 수도 있으니 주의하자!

 작가의 의도

한때 인기리에 방송되었던 '전설의 고향'이라는 TV프로그램이 있었는데 단골 등장인물이 바로 구미호였다. 여우가 꼬리가 9개나 달렸으니 변신의 귀재이며 남자를 홀리는 데에는 아주 일가견이 있다. 여우는 신통력이 매우 많지만 결국 소원은 인간으로 화하는 것이었고 안타깝게도 소원을 이루기 전에 실패하여 눈물을 흘리면서 원통해 하는 것이 주된 이야기 소재였다. 그런데 이 구미호는 대부분 여자로 표현되어있는데 이 점에 대해서는 중세 유럽의 마녀사냥에 대해서 생각해 볼 여지가 있다. 지금에 와서 그 마녀들에 대한 해석은 많이 달라졌으며, 시대를 앞서가는 지혜로운 여인들이거나 당대의 권력자들에게 위협이 될 만한 존재라든가, 아니면 남성우월주의 시대에서 남자들의 말을 거역하는 자존감 높은 여성들의 기를 꺾어놓기 위해 인위적으로 만들어진 틀이었다는 해석이 지배적이다. 아마도 동양의 마녀사냥은 바로 이 구미호가 아니냐 생각된다. 물론 유럽처럼 화형에 처하는 끔찍한 일은 피했지만 아무리 재능이 뛰어나고 노력해도 이룰 수 없었던 옛날 우리 여인들의 한(恨)에 대해서 깊이 생각해 볼 일이다.

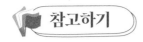

참고하기

꼬리 아홉에 얽힌 진실

이는 숫자 9와도 연관이 있다. 완전수로 일컬어지는 수는 사실 8인데 이보다 하나 더 높은 숫자이며 사람의 정신을 상징하니 구미호가 사람을 홀리는 데는 이유가 있나 보다. 아홉수는 꽉 채워졌기에 극상이자 더 나아갈 일이 없으니 앞으로는 꺾어질 일만 남았다고 본다. 흔히 아홉수로 끝나는 나이에는 그 액땜을 한다는 속설이 있는데 29, 39세의 나이를 넘어서 30, 40이라는 전혀 다른 나이대로 진입하게 되는 두려움을 은유적으로 설명한 것 같기도 하다. 고대의 전각화에서 구미호는 해와 달을 상징하는 삼족오와 두꺼비와 같이 서왕모의 곁에 함께 그려져 있는 경우가 많다. 흔히 구미호는 인간을 홀리는 요물로 여겨지지만 고대로 올라갈수록 신령과 비슷한 모습으로 묘사되기도 한다. 특히 여우 구슬은 구미호가 인간의 정기를 흡수할 때 사용하는 물건으로, 인간이 먹은 뒤 하늘을 보면 천문을 알며 하늘의 이치를 깨우치고 땅을 보면 풍수와 지리 등 땅의 이치에 통달할 수 있었다고 전해진다. 구미호의 신통력을 극대화하는 물건이다.

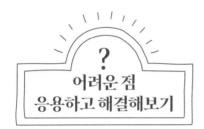

? 어려운 점 응용하고 해결해보기

Q 프리랜서로 일을 하는 게 나을지 어느 회사에 소속이 되어서 일을 하는 게 나을지 궁금한데 구미호 카드가 나왔습니다. 어떻게 리딩하나요?

A 어느 환경에서건 잘 적응하는 능력이 있으니 큰 갈등은 하지 않아도 됩니다. 자신의 재능을 잘 펼칠 수 있는 곳을 선택하시면 좋겠네요 겉으로 보이는 제약은 본인에게 걸림돌이 되지 않습니다.

• • • • •

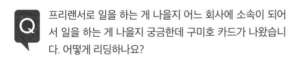

포인트 구미호는 머리가 좋아서 스스로 판단하는 것이 빠르며 제약과 구속을 싫어한다.

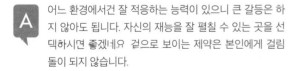

유의점 원숭이도 나무에서 떨어진다고 한다. 재능 있는 사람일수록 한 우물 파기가 힘들다.

전래이야기

한·중·일의 구미호 전설

은나라의 주왕은 한때는 총명한 왕이었으나 천하의 미인인 달기를 만나서 정신이 흐려지는 바람에 타락하였다고 한다. 많은 충신과 백성들이 이들의 횡포에 고통을 당하고 나라는 드디어 망국의 길로 접어들게 된다. 그런데 이 달기가 사실은 구미호의 변신이라고 한다. 주나라의 무왕이 달기를 잡아서 처형했다고는 하지만 변신술에 능한지라 도망을 쳐서 우리나라와 일본까지 흘러 들어갔을 지도 모를 일이다. 삼국시대에는 비형랑이 여우인 길달을 시켜서 나랏일을 보게 한 기록이 있으며, 고려 말의 승려 신돈 또한 꼬리가 아홉 달린 늙은 여우로 불렸다. 조선 시대의 규원사화에도 흰 구미호의 등장이 기록되어있으나 그다지 사악한 존재는 아니었던 듯하다. 일본에서는 최고 음양사인 아베노 세이메이의 조상으로 다시 등장하게 된다. 일본에서는 꽤 명망 있는 가문을 일으킨 모양이다. 전부 다 같은 여우일지는 확실치 않지만 나라별로 여우를 대하는 문화적인 관점을 엿볼 수가 있다.

구미호
참고 이미지

01

02

■ 출처 참고: 291p

이국(異國)의 신

Exotic God

19. 이국의 신

무역과 문물교류가 활발하던 시기에 들어온 외국의 사절이 신으로 형상화 되었다. 자신들의 본향에서도 어느 정도는 지위와 영토를 거느리고 살던 존재들로서 동양인이 볼 때는 특이한 취향과 재주를 가진 것으로 여겨진다. 팔에 앉은 앵무새는 남을 그대로 따라하는 재주 외에도 이 신이 원하는 대로 모습을 바꾸어 심부름을 하기도 한다.

Keyword

외국과 연관된 일, 또는 사업, 먼 거리의 여행, 전통적이지 않은 것과 연관이 있다. 변화무쌍하며 새로운 것을 받아들여야 할 시기이다. 앞서가는 사람, 신문물 상징. 특이하거나 남다른 취향의 업무나 사람과 연결되며 그다지 나쁘지 않다. 주변 사람들의 시선보다는 자신의 관점에서 움직이는 것도 나쁘지 않다.

돋보기

저 멀리는 유럽에서 볼 법한 성이 펼쳐져 있고 신사의 어깨에는 앵무새가 앉아있다. 또 신사가 짚고 있는 지팡이도 뭔가 마법을 부릴 것 같다. 그런데 의외로 우리나라 삼국유사에도 앵무새 이야기가 전해져온다. 신라 제42대 흥덕왕 때 이야기로 어떤 신하가 당나라에 사신으로 갔다가 앵무새 한 쌍을 구해서 흥덕왕에게 바쳤다고 한다. 앵무새는 사이가 좋아 잠시도 떨어지지 않았다. 그런데 얼마 후 암컷이 죽고 말았고, 외로운 수컷은 매일 슬프게 울기만 해서 흥덕왕은 앵무새가 슬프게 우는 것을 안타깝게 생각한 나머지 거울을 달아주었다. 거울에 비친 앵무새를 암컷으로 생각하게 해 외로움을 덜어 주려고 한 것인데 수컷은 거울에 비친 앵무새가 암컷 앵무새인 줄 알고 부리로 거울을 쪼다가 결국 자기 자신임을 알아차렸다. 이 사실을 안 앵무새는 더욱더 슬프게 울다가 죽고 말았다고 한다. 의리의 상징이다. 흥덕왕은 왕비가 죽은 후 평생 독신으로 지냈다고 하는데 그 삶이 앵무새와도 닮았다.

작가의 의도

현대에 와서 밝혀진 사실로 고대부터도 외국과의 빈번한 교역이 가능했다고 한다. 신라 천마총에서 발굴된 수입 유리그릇들은 당대 무역의 규모를 말해주고 있으며 고대 신라인들은 황금보다 수입된 유리 제품을 더 좋아했다고도 전해진다. 이집트, 중앙아시아, 시리아와 팔레스타인에 이르기까지 광범위하게 수입된 물자들을 보면 그들이 전해준 이국의 문화와 신에 대한 이야기 또한 따라 들어왔음을 쉽게 짐작할 수 있을 것이다. 물론 가장 가까이는 중국에서 들어온 신령들이 현재 무속의 많은 부분을 차지하고 있는데 일부는 더 멀리서 오시게 된 신령도 분명히 존재한다는 점이다. 오래된 신령은 가끔 어떤 기물에 붙어서 같이 이동을 하기도 하는데 이런 점에 착안한다면 현대에는 비행기 타고 외국을 밥 먹듯이 드나드는 시대인지라 더 많은 외국의 신령이 바다 건너 대륙 건너 이 땅에 오시지 않나 하는 생각을 해 보았다. 물론 한국어는 통하지 않겠지만 신들의 세계에선 신어(神語)로써 감응을 하실 테니 전혀 문제 될 것이 없겠다.

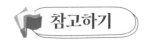

악신을 내쫓는 외국인 처용의 등장

처용을 아랍, 페르시아인이라고 보는 사람들은 처용 설화의 배경인 울산 개운포가 통일 신라 시대 무역항으로 번성하였던 곳이며, 많은 아라비아 사람들이 개운포에 와서 신라와 국제 무역을 하였기 때문으로 본다. 이러한 사실만 보아도 다양한 외국인들이 당시에도 들어와 많은 활동을 하였으며 나라에서 인정받아 고위직을 누리다가 사후에는 신으로 승격되는 일이 있었던 모양이다. 처용은 이후 그 얼굴을 그려서 대문 앞에 붙여놓으면 역신이 침입하지 못한다고 하여 벽사부적의 주인공이 되었다.

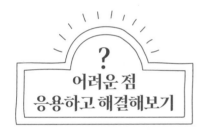

?
어려운 점 응용하고 해결해보기

Q 회사의 상사와 트러블이 있습니다. 이유를 모르겠지만 상사를 상징하는 카드를 뽑으면 이국의 신이 나옵니다. 어떻게 리딩해야 할까요?

A 이국의 신인만큼 속내를 짐작하기란 어렵지만 정작 소통의 방법에 문제가 있는 것은 아닐까 생각해봅니다. 미리 이러이러한 사람일 것이라고 단정해놓고 대하기에 더 어려워질 수도 있습니다. 외국인이라고 하더라도 보편타당한 상식에 대해서는 선 문화권이 인정하고 있기 때문에 그러한 상식선에서 서로 소통하도록 노력해봅시다.

· · · · ·

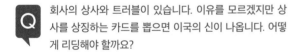

포인트 오히려 이국의 신이므로 도움을 주려는 기상천외한 기술을 알려줄지도 모르는데 앞질러 나만의 잣대로 판단하고 있는 것은 아닐지?

유의점 낯선 사람이나 색다른 문화를 접하는 것은 흥미진진하기도 하지만 서로 신뢰가 쌓이기 전까지는 매너가 중요하다.

전래이야기

쿠시나메-페르시아 왕자와 신라 공주의 결혼

사산조 페르시아가 아랍인(이슬람 제국) 군대의 침공으로 멸망하자 페르시아의 왕자 아비틴이 도망쳐서 당나라로 망명했으나, 중국의 대 혼란기에 이란인들의 안전이 위협받자 주변국 마친왕이 "바실라(신라)는 파라다이스처럼 아름다운 곳이며, 침략으로부터 안전하다"며 추천 편지와 함께 신라로 가는 뱃길을 알려주었다. 신라에 도달하니 신라왕 타이후르가 그를 환대하였고, 아비틴은 신라왕 타이후르와 폴로 경기를 하거나 사냥을 즐기기도 했다. 또 신라-이란 연합군을 결성하여 신라에 침입해 온 중국군을 물리치고, 중국의 성을 두 달간이나 봉쇄하고 마침내 함락시켜 세력을 대륙에까지 떨쳤다. 전쟁 후 신라로 돌아온 아비틴은 신라 공주 프라랑과 결혼했다. 아비틴은 행복한 결혼생활을 누렸고, 공주 프라랑은 아들을 임신했다. 그런 어느 날, 그의 꿈에 신이 나타나 계시했다. 그대의 아들이 아랍의 폭정자 자하크를 물리치고 멸망한 페르시아를 위해 복수하리라는 것이었다. 이에 아비틴은 프라랑과 함께 이란으로 귀국했다. 이란에 온 프라랑이 아들을 낳았으니 이름을 페레이둔이라 했다. 그러나 아비틴은 자하크에게 잡혀 곧 처형당하고 말았다. 훗날 아들 페레이둔은 원수 자하크를 철끈으로 묶고 그의 군대를 물리쳐 이란의 구국영웅이 되었다. 페레이둔은 이 소식을 외조부 타이후르에게 보냈으나 그는 이미 세상을 떠난 뒤였고, 왕위를 이어받은 아들 가람에게 전달되었다. 페레이둔은 자신을 도와준 신라를 어머니의 나라이자 '은인의 나라'로 받들어 양국은 영원한 우호를 다지게 되었다.

이국의 신
참고 이미지

■ 출처 참고: 291p

외국의 무녀(巫女)들 : Foreign Shamans

이국적인 의복의 세 무녀가 도구를 들고 신을 맞이하기 위해 앉아 있다. 이들은 단순히 기도만 하는 것이 아니라 춤과 노래와 악기를 연주하여 신을 기쁘게 하는 역할도 담당하였다. 화려한 의복이 우리나라의 무녀와는 사뭇 다르다.

Keyword

즐겁고 흥겨운 나날이 당분간 지속된다. 큰 소득은 없으나 자잘한 이익을 가져다주는 사람들과 만난다. 미래를 위해서 사교적인 모임에 자주 나가는 것도 나쁘지 않다. 예술과 관련된 일, 유흥과도 연관된다.

20. 외국의 무녀들

 돋보기

류큐 왕국에 대해서는 국내에 많이 알려진 것이 없다. 일본열도 최남단에 위치한 오키나와에 있었던 신비한 고대의 왕국이며 실상 일본 본토와 전혀 다른 문화를 누렸다. 대대로 여사제를 통해 하늘에 기도를 올리는 전통이 있었고 섬 곳곳에 기도를 올리는 영적 장소가 있었다. 그곳은 현재도 보호지역이자 관광지로 주목받고 있다. 특히 왕족에서 여사제를 배출하여 무려 4백 년 가까이 제사를 집전하였다고 한다. 고대 우리나라에서 여사제를 통해 천제를 올리던 전통과 매우 흡사하다. 바다 건너 먼 곳에서 이처럼 유사한 전통이 지속되고 있었다니 매우 놀랍기도 하다. 그들은 혹시 마고의 후예들이 아니었을까? 상상의 나래를 펼쳐본다. 오른쪽의 그림은 어디선가 많이 본 듯한 여성이다. 예전 우리네 할머니의 모습 같아 정겹다.

01

 작가의 의도

일본의 비미호 여신을 모시고 있는 세 명의 여사제 신령들이다. 각각의 역할이 있는데 제의의 흥을 돋우고 여신의 뜻을 받들어 심부름하며 신궁의 청정함을 지키기 위해 상시 보조를 서고 계신 분들이다. 우리나라에도 이 같은 신령들이 많이 계셨겠지만 그 원형을 보존하지 못하였다는 점이 매우 안타깝게 생각이 되는데, 아마 백제 시대나 가야 시대에 그 전통이 일본으로 건너가서 지금까지 유지되지 않았나 하는 추측을 해본다. 만일 그렇다면 여신들께서는 하위 여사제 신들을 두시고 뜻을 펼치셨으며 더 품격 있고 격조 있는 생활을 하셨을 것으로 상상해본다. 우리에게서는 잊혔으나 외국에서 뿌리를 내린 옛문화를 만신 타로카드에서 되돌아볼 수 있었으면 하는 바람이다. 우리나라에는 선녀로 표현할 수도 있겠지만 조금 더 자세한 존호와 직분에 관해서 연구되었으면 좋겠다.

미코에 대하여

원래는 신탁에 질문해서 다른 사람에게 전하는 것이 무녀들의 역할이었다. 일본의 고신도(古神道)에서는 일찍부터 신을 달래기 위한 여러 행위가 이루어졌는데, 그 가운데 특히 기도사(祈禱師)나 신직(神職) 등이 '영매'로서 '몸주'가 되는 신을 자신의 몸에 받아들이는 이른바 신내림(神降し)이나 신들리기(神懸り) 같은 의식이 이루어졌는데 이를 간나기(巫)라 불렀다. 이것을 주관했던 여성이 일본에서 '무녀'의 시초였다고 여겨진다. 현대의 일본에서 무녀란 신사에 근무하며 주로 신관들의 보조 또는 제사에서 가구라(神樂)나 춤을 바치는 여성을 가리킨다. 특별한 자격 제한은 없지만, '신관' 자격을 가지는 여성이 무녀로서 신사에 근무하는 경우도 있다. 덧붙여 무녀는 일본에서의 남녀 고용기회 균등법의 적용을 받지 않으므로 주로 여성에 한정해서만 모집하는 것이 인정되고 있다.

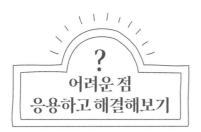

어려운 점
응용하고 해결해보기

Q 맡은 일이 확대될 것 같습니다. 회사 안에서 나의 입지가 궁금한데 외국의 무녀들 카드가 나왔습니다. 어떻게 리딩 해야 할까요?

A 지금은 움직이기에 적기인 것 같습니다. 대외적으로 남에게 나를 알리는 기회도 될 것입니다. 조용하게 수동적으로 있기에는 시간이 아깝습니다. 석극적으로 일을 해나가도 좋습니다.

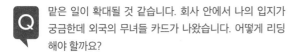
포인트 │ 외국의 무녀들은 화려한 제사를 준비한다. 무엇보다 활동적인 시기이다.

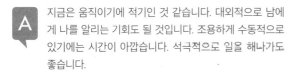
유의점 │ 남의 시선을 받으니 그만큼 언행에 신경을 써야한다.

전 래 이 야 기

요즘도 무속인들의 집 대문에는 높은 대나무(神木)를 매달고 흰색과 적색의 깃발이 매달려 있는 것을 볼 수 있다. 오방기는 다섯 가지의 색인데 이 두 가지 색의 깃발을 중점적으로 매다는 것은 일본의 신사에서도 주로 쓰는 색과 매우 유사한 점이 있다. 흰색은 천신을 상징하고 점을 볼 수 있다는 뜻이며 적색은 굿까지 주관할 수 있다는 뜻으로 지상에 일어나는 모든 신의 영험함을 뜻한다고 한다. 따라서 무속인들의 집 앞에는 이 두 가지 색이 보통 많이 내걸려 있다. 민족과 문화는 달라졌어도 색에 대한 의미와 전통은 지켜져 가고 있는 것 같아서 매우 신기하다. 바다 건너 일본에서는 여러 종교가 어우러져서 평화를 기원하는 행사를 이어오고 있다. 매년 원폭 위령제가 나가사키시 마츠야마 공원에서 거행된다. 기독교와 불교, 신도 등의 성직자와 시민 500여 명이 모여 함께 평화를 기원하는 행사이다. 현직 종교 관계자로 구성된 사람들이 행사를 이끌며 50년 가까이 행사가 이어져 오고 있다고 한다. 신사의 무녀가 액막이 행사를 하면 불교에서 평화의 기도를 올리고 카톨릭에서는 합창을 선보인다. 또한 천리교에서는 전통 아악을 연주하기도 한다. 식의 마지막에는 참가자 전원이 합창을 하면서 대미를 장식한다. 서로 다른 종교끼리 반목하지 않고 자신들의 특색을 선보이면서도 함께 어우러져서 지역문화를 살리는 것이 보기 좋다.

외국의 무녀들
참고 이미지

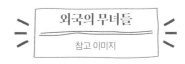

■ 출처 참고: 291p.

21 선녀

21. 선녀

사람들이 차려놓은 제물을 받고 있는 선녀가 기도를 올리는 모습에서 신령스러움이 느껴진다. 천진난만하지만 사람의 예법과는 다르며, 신들과 사람 사이의 전령 역할을 하기도 한다. 높으신 신들의 옆에서 시중을 들기도 하지만 속세로 내려와서 가끔 활동하기도 한다.

Keyword

젊은 사람, 나이가 조금 어린 사람과 연관된 일, 젊은 여인일 수도 있다. 그다지 나쁘지 않은 일이지만 경솔하게 처신해서는 안 된다. 도중에 변덕, 변심이 일어날 수 있다. 실권자가 아닌 제2인자의 일이다. 남의 말을 잘 들어서 귀가 얇아질 수도 있겠다.

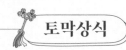 토막상식

선녀를 모시는 무속인들은 날개옷이나 부채 등을 구비하고 있다. 족두리나 아기자기한 장신구를 갖추기도 하는데 나이가 더 어린 선녀들은 간식이나 아이들이 좋아할 만한 것을 찾기도 한다. 남성으로서 선녀를 모시는 무속인들은 화장을 하거나 여성스러운 복장을 즐기며 언행 또한 여성스럽다. 보통 선녀들의 역할은 주된 신령님들의 보조적 역할이기 때문에 단독으로 일을 처리하기는 어렵고 간단한 점사를 본다거나 할 때 그 개성을 느낄 수 있다. 주로 모시는 지엄한 신령님이 안 계시고 홀로 선녀만 모시는 경우에는 실수가 있더라도 제어할 웃어른이 없는 관계로 난처한 일이 벌어지곤 한다.

 작가의 의도

나이 든 선녀가 아니라 아주 어린 선녀이다. 경상도 지역에서는 명도라고 해서 아기나 어린 신령을 몸주신으로 모시고 점사를 보는 경우가 많다고 전해진다. 그 경우 집안에서 일찍 죽은 아기의 영혼을 말하는데 큰 신으로 분류가 되지 않고 점사에만 능하다고 평가된다. 따라서 찾아오는 신도들의 고민에 대해서 크게는 해결을 못 해주고 상담하는 역할에 그치게 된다. 하지만 어린아이이기 때문에 거짓말을 하지 않는다는 장점이 있다. 또 반면에 자기가 갖고 싶은 것은 떼를 쓰는 경향도 있고 장난을 칠 때도 있어서 점의 결과가 틀리기도 하고 일관성이나 정확도가 결여되기도 한다. 그러나 그 모든 것은 어린 선녀의 개성이기도 하다. 특히 큰 신령님들의 심부름을 자처하고 무속인이 자기가 모시고 있는 큰 신령님이 계신다면 그곳에 보내어 그 신령님의 말씀을 전달해오는 역할도 자주 하곤 한다.

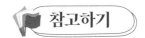

참고하기

선녀와 관련된 꿈은 거의 길몽이다. 하늘의 존재로 여겨지는 선녀인지라 특별한 재능이 있다고 여겨져서인지 매우 좋은 의미를 갖는다. 좋은 사람을 만나고 행운을 차지하며 일을 완성하고 큰 상을 받는 등 여러 분야에서 만족스럽다. 한편 선녀의 모습을 하고 꿈에 자주 나타나서 이성교제를 하는 꿈은 그다지 좋지 못한데 젊은 남자들의 경우는 정기가 손상이 되고 실생활이 무기력하게 되는 등의 부작용이 생기는 경우가 대부분이라고 한다.

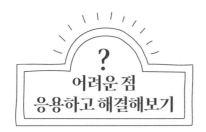

?
어려운 점
응용하고 해결해보기

Q 남들 앞에 나서서 일해야 하는데 자신감이 없습니다. 선녀 카드가 나왔는데 어떻게 리딩할까요?

A 어떤 동기 부여가 된다든지 계기가 된다는 점에서는 좋습니다. 굳이 위축될 필요도 없습니다. 남들이 쳐다보는 자리에 있거나 그런 역할을 해야 할 때는 당당하게 해도 됩니다.

· · · · ·

포인트 선녀의 특성상 외부적으로 표출하면서 발랄하고 명랑하게 드러내는 것이 좋다.

Q 오랫동안 공들인 일이 이제 결과가 나와야 하는 시점인데 기대에 미치지 못해서 마음이 힘듭니다. 선녀 카드가 나왔는데 어떻게 리딩할까요?

A 공은 들였지만, 사실은 이익이 될 수 있는 구조가 처음부터 아니었던 듯합니다. 원점으로 돌아가서 요인을 잘 생각해 보시기 바랍니다. 기분에 진행했거나 감정적으로 과도한 기대를 걸었던 것은 아닐까요.

· · · · ·

포인트 선녀는 용의주도하게 일을 이끌어가지는 못한다. 그 과정을 즐길 뿐.

유의점 순수한 마음은 큰 화를 당하지 않는 장점도 있으니 너무 절망하지 말 것.

전래이야기

이웃나라 일본의 선녀이야기도 우리나라와 매우 닮은 줄거리를 갖고 있다. 영조왕통의 다음 시대를 맡은 찰도왕에게는 다음과 같은 전설이 있다. 우라조에 사는 오키나와의 오쿠마 후루야라는 가난한 농부가 숲속 강에서 미역을 감고 있는 선녀를 만났다. 오쿠마 후루야는 순간적으로 날개옷을 숨기게 되었고 이에 돌아갈 수 없게 된 선녀를 자기 집으로 데리고 가게 된다. 그 후, 두 사람은 슬하에 1남 1녀를 두었으며, 남자 아이의 이름을 샤나모이라고 지어주었다. 하지만 후일 우연히 날개옷을 발견한 어머니는 선녀가 되어 하늘나라로 다시 돌아가게 되었다. 성인이 된 샤나모이는 카츠 렌아지의 딸과 결혼하게 되었고 더욱 부유해진 그들 부부는 일본 상인들에게 철을 구해 농기구를 만들어 마을 농부들에게 나누어 주기도 하였다. 마을은 풍요로워지고 온 나라에 그의 명성이 자자하여 백성들의 신망을 얻게 되었다고 한다. 이와 같이, 텐이나 영조와 같이, 시대를 혁신하는 영웅은 비범한 운명 아래에서 태어난다고 하며 어머니가 선녀인 이 신화가 그것을 뒷받침 해준다.

■ 출처 참고: 291p

22 동자

22. 동자

화로에 찻주전자를 끓이고 있는 동자, 누군가에게 곧 차를 올려야 하는 모습이다. 매우 경건하게 자신의 본분을 다하고 있다. 신이지만 조금 젊은 신이며 성실하게 역할을 수행하려고 한다. 신들과 사람 사이의 전령 역할을 자주 한다.

Keyword

젊은 사람, 나이가 조금 어린 사람과 연관된 일, 젊은 남자일 수도 있다. 그다지 나쁘지 않은 일이지만 경솔하게 처신해서는 안 된다. 도중에 변덕이나 변심이 일어날 수 있다. 실권자가 아닌 제2인자의 일이다.

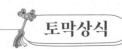

토막상식

어린이들도 나이가 되면 어린이집, 유치원 등 배울 곳을 찾아다녀야 한다. 물론 어른들의 보살핌 속에 그러하지만, 아무튼 예전보다는 배움의 시간이 당겨진 것은 분명하다. 옛날에는 초등학교에 입학하는 것이 전부였지만 요새는 영재 교육 등등해서 겨우 옹알이하는 아기에게도 동화책을 읽어주는 등 부산을 떠는 시대가 되었다. 그렇다면 요즘 동자들은 어떨까 생각을 해본다. 동자는 선녀보다 무척 나이가 어리게 묘사되는 경우가 많다. 청소년기에 접어든 동자는 거의 본 적이 없다. 놀기 좋아하고 천진난만한 동자도 급이 있다. 지엄하신 신령님들 아래에서 수발을 들면서 보고 배우는 동자가 있는 반면 아무리 오랜 세월이 지나도 가르침을 받을 신령님을 만나지 못해서 제자리걸음인 동자도 있다. 그래서 많이 배운 동자는 어린아이 말투로 자신을 드러내기는 하지만 박학다식하여 어른들을 꼼짝 못 하게 만든다. 게다가 나이가 몇 백 살이나 되도록 오래 공부를 한 산신 동자 같은 경우는 이름만 동자이지 우리 조상님보다 훨씬 웃어른이신 것이다.

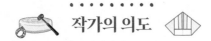

작가의 의도

선녀와 마찬가지로 어린 남자아이다. 신령들께선 가끔 동자나 선녀를 대동하여 다니기를 즐기시는데 산신도에서 보면 차를 끓여 올리는 등, 여러 가지 수발을 드는 동자를 쉽게 구경할 수 있다. 어린아이들은 천진난만한 동심으로 가득 차 있어서 이러한 역할을 하는 데 적합하기도 할 것이다. 속세에 찌든 어른들은 다시 태어나도 이렇게 높으신 신령들의 보조역할을 할 만한 순수한 존재로 화하기 어려울 것이기 때문이다.

사람들의 세상에서도 동심을 잃지 않고 살아가는 순수한 이들을 만나면 괜히 기분이 좋아지는데 하물며 신령들의 세계에선 오죽할까 싶다. 동자를 모시는 신당에는 아이가 좋아할 만한 것들이 가득한데 과자나 과일 등이 빠지지 않는다. 그림 속의 동자는 착하게도 산신께 올릴 차를 달이고 있는 중이다. 어른 혼령들이 재물이나 기타 물건에 끝없이 집착하는 것과 참으로 대조적이다.

 참고하기

동자보다는 더 성숙한 존재를 일컬어서 도령이라고도 한다. 젊은 총각을 가리키기도 하고 아직 결혼하기 전의 미혼남성을 의미하기도 한다. 동자가 어디엔가 의지하고 소속된 신령님이 계신다고 본다면 도령은 조금은 독립적인 존재로 묘사되기도 한다. 그렇다고 해서 어떤 위엄을 갖춘 존재로 그려지지는 못하는데 아마도 완전한 어른이 되는 것은 도령인 단계를 벗어나서 장가를 가고 상투를 틀어야 한다는 의식이 사람들에게 있어서일지도 모르겠다. 우리나라의 투표권은 18세부터 주어지는데 주민등록증이 나옴으로써 한 사람의 성인이 되어 자신의 권리를 행사한다는 의미가 있을 것이다. 하지만 그게 전부가 아니다. 진정한 삶의 성숙함이 주민증 하나가 나온다고 다 이루어지지는 않듯이 도령이라는 명칭만 주어진다고 해서 동자보다는 위계가 나은 신령이라고 해석해서는 안 될 것이다.

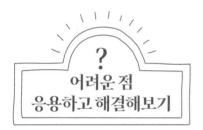

? 어려운 점 응용하고 해결해보기

 Q 남의 도움을 받아야 할 상황입니다. 하지만 성격상 아쉬운 소리를 잘 못해서 망설이게만 됩니다. 동자 카드가 나왔는데 어떻게 리딩을 할까요?

 A 어쩌면 상대방은 적극적으로 도와줄 생각이 있는지도 모릅니다. 부탁을 정식으로 하기를 바라는지도 모르고요. 너무 이것저것 재지 말고 마음 가는 대로 요청해보는 것도 나쁘시 않겠습니다.

• • • • •

 포인트 │ 동자는 계산 없이 천진난만한 장점이 있다. 힘든 시기에 굳이 자존심을 내세우지 않아도 될 듯.

 유의점 │ 이런 때에는 계산하고 계획을 하면 할수록 일이 더 꼬인다. 아이처럼 그냥 도전하는 게 낫다.

 전래이야기

오세암

불교에서는 동자승이나 동자와 관련된 기적에 관한 이야기가 많이 전해져 오는데 그중의 하나이다. 오세암(五歲庵)은 설악산에 있는 암자로 백담사에 속한다. 643년(선덕여왕 12년) 자장율사가 지었고, 당시에는 관음암(觀音庵)이라 불렸다고 한다. 조선 시대에 이 절의 스님이 고아가 된 남자 아기를 데려다 키우게 되었다고 한다. 늦가을이 되자 겨우살이 준비를 위해서 스님은 먼 마을의 장터로 다녀와야만 했다. 그때 혼자 남아있을 아이를 위해서 며칠 먹을 밥을 지어놓고 스님은 아이에게 당부를 했다. "밥을 먹고 저 어머니에게 관세음 보살이라고 부르면 잘 보살펴 줄 것이다." 그것은 탱화로 그려져 있는 관세음 보살상이었고 혼자 있는 아이가 외로워 할까봐 해준 말이었다. 스님이 장을 본 후에 암자로 올라오려고 할 때에 너무나 많은 폭설이 내려서 도저히 산에 오를 수가 없었다. 아무리 노력을 했으나 결국 포기하고 이듬해 봄에 눈이 녹을 때까지 기다리는 수밖에 없었다. 안타까운 마음은 가득했으나 어쩔 수가 없었던 것이다. 드디어 눈이 녹고 스님은 암자로 돌아왔다. 그런데 죽은 줄로만 알았던 아이가 법당 안에서 관세음 보살을 부르고 있었다. 스님이 너무나 놀라서 뛰어 들어갔더니 방안에 향기가 감돌고 있었으며 아이는 어머니가 언제나 와서 밥도 주고 같이 놀아주었다며 그림 속의 관세음 보살상을 가리켰다. 실로 놀라운 기적이었다. 이후로 스님은 부처님의 가피에 감사를 올리며 그 뜻을 길이 후세에 전하기 위해 관음암을 중건하고 오세암으로 고쳐 부르게 되었다고 한다.

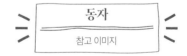
동자
참고 이미지

01

■ 출처 참고: 291p

수미산 중턱에서 동쪽을 관장하고 있는 천왕이며 권선징악을 담당하고 불법을 지키고 수호한다. 인간이 평화로운 생활을 하고 있는지 살펴주며 국토를 지킨다는 의미 또한 갖고 있다. 사천왕(四天王) 중의 한 분이시다. 색깔은 푸른색이다.

Keyword

일이나 인물에서 동쪽과 관련되어 있을 가능성이 높다. 해가 떠오르는 곳으로 모든 일의 시작이며 희망이고 씨앗을 상징한다. 부동산에 관련된 일이 발생하며 그다지 나쁘지 않다. 땅은 밝은 곳, 해가 드는 곳.

토막상식

지국천왕의 수하인 건달바

우리나라 말에 건달 같다는 표현이 있다. '건달바'에서 나온 말이다. 건달의 사전적인 의미는 1. 하는 일 없이 빈둥빈둥 놀거나 게으름을 부리는 짓 또는 그런 사람. 2. 아무것도 가진 것 없이 난봉을 부리고 돌아다니는 사람. 3. 아무것도 가진 것이 없는 빈털터리. 하지만 원래 불법에서는 그러한 의미가 아니고 건달바는 긴나라와 함께 제석천의 음악을 담당하는 신이며, 고기와 술을 먹지 않고 향만을 먹는다. 항상 부처님이 설법하는 자리에 나타나 정법을 찬탄하고 불법을 수호한다. 인도에서는 음악을 직업으로 하는 사람을 가리키는 말이었다. 또한 사람이 죽은 뒤 다른 몸을 받기 전인 영혼신(靈魂身), 즉 이른바 중음신(中陰身)의 다른 이름이기도 한데, 중음신은 향기를 찾아서 가고 머물고 향기를 먹고 살기 때문에 그렇게 불린다.

 작가의 의도

오래전에 들어온 불교는 이제 우리나라 고유의 신앙과 습합해서 거의 뿌리를 내렸다고 봐야한다. 그러기에 사찰의 입구로 들어설 때 좌우로 지키고 서 있는 사천왕은 낯설지 않고 우리들에게 매우 친근해졌다. 사천왕은 사왕천의 신들로서 처음에 부처님께서 불법을 널리 펴실 때 수호자 역할을 해달라고 요청하여 이 세상에 등장하셨다고 기록되어 있다. 그러기에 죄인들과 악한 잡귀를 혼내주고 불제자들을 보호하니 오늘날까지 매우 든든한 배경이 되어주고 계신다.

수미산(須彌山) 또는 수메루산, 메루산은 힌두교 및 불교의 세계관에서 세계의 중심에 솟아있다는 상상의 산이다. 본래 힌두교 신들이 산다고 전해지는 상상의 산인 메루산을 불교에서 수메루산이라는 이름으로 차용하였고 불경이 한문으로 번역되는 과정에서 수메루산은 한문식 단어인 수미산으로 불리게 되었다. 불교 문헌에 나오는 수미산은 황금과 은, 유리, 수정으로 이루어져 있으며 산의 중턱에는 사천왕, 정상에는 제석천이 있다고 한다. 사왕천(四王天)은 불교의 육욕천(六欲天) 중 첫 번째 하늘로, 수미산(須彌山)의 중턱에 위치하고 있다. 동서남북 사방에 각각 지국천(持國天), 광목천(廣目天), 증장천(增長天), 다문천(多聞天 또는 대비다문천(大悲多聞天)) 등 네 개의 하늘이 있으며, 각각의 하늘은 사천왕이 다스린다. 사천왕 중 동쪽을 수호하는 이는 지국천왕(持國天王)이다. 그는 안민(安民)의 신으로서 수미산 동쪽 중턱의 황금타(黃金埵)에 있는 천궁(天宮)에서 살고 있다. 16선신(善神)의 하나이기도 한 지국천왕은 선한 자에게 상을 내리고 악한 자에게 벌을 주어 항상 인간을 고루 보살피며 국토를 수호하겠다는 서원을 세웠다고 한다. 권속으로는 비사사와 건달바 등이 있다.

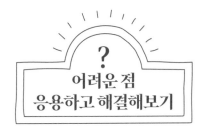

? 어려운 점 응용하고 해결해보기

Q 새로운 사업을 확장하려고 하는데 지금이 괜찮은 시기인지 궁금합니다. 사무실을 구하는 방향도 알고 싶고요. 동방지국천왕 카드가 나왔는데 어떻게 리딩해야 할까요?

A 지금은 새로운 도전을 하기보다는 기존에 하던 것을 살찌우는 것이 더 좋아 보입니다. 하지만 꼭 새로 시작하고 싶다면 기초를 단단히 하는 시간으로 여기고 금방 큰 이익을 보는 것은 조금 기다립시다. 방위는 동쪽이 길하겠습니다.

· · · · ·

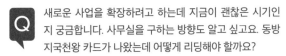
포인트 : 기존의 나라와 영역을 지키는 것에 그 의의가 있으시다는 뜻.

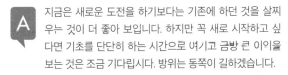
유의점 : 한 곳에 머물러 있으라고 하면 답답함을 느끼는 것이 사람의 변덕이다.

제석천의 하늘인 도리천에 묻힌 선덕여왕

도리천의 주인인 제석천은 전체 우주의 행정을 총괄한다. 도리천은 불교에서 말하는 육욕천(六欲天) 중의 두 번째 하늘로, 수미산(須彌山)의 정상에 위치하고 있다. 석가모니의 어머니인 마야부인이 죽은 뒤 다시 태어난 곳이 바로 도리천이다. 신라의 선덕여왕 또한 자신이 죽으면 도리천에 묻어달라고 말하기도 했다. 살아생전 총명하고 신비한 예언을 많이 한 것으로도 유명한 선덕여왕은 자신이 죽는 해와 날을 미리 이야기하였으며 실제 그날이 오자 승하하였고 자신이 미리 지정한 낭산 남쪽에 장사지낼 것을 명하였다. 이후 문무왕 대에 이르러 선덕여왕의 무덤 아래 사천왕사를 세웠는데 이는 불경에 사천왕천 위에 도리천이 있다는 내용이 그대로 실현된 것이었다. 참으로 신비한 이야기가 아닐 수 없다. 선덕여왕은 도리천에 다시 태어나서 제석천을 꼭 뵐 것을 희망했었던 것 같다.

동방지국천왕
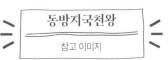
참고 이미지

02

03

04

■ 출처 참고: 291p

24 남방증장천왕 [Virudhaka] : South Guardian King

24. 남방증장천왕

방향으로는 남쪽을 상징하며 역시 사천왕 중의 한 분이다. 색깔은 적색이다. 증장이란 자꾸 늘어난다는 표현이며 사람들의 이익을 증대시켜주고 만물을 살리며 번영하게 하고 더욱더 번져가는 의미가 있다. 해가 따뜻하게 비추는 곳에서 자연의 생명이 자라나는 이치와 같다고 보겠다.

Keyword

지나친 욕심은 화를 부르니 과욕하지 않도록 주의해야 한다. 자신의 욕망이 자기 자신을 집어 삼키는 결과를 낳을 수도 있다. 재물이 늘어나고 주변 사람이 늘어나게 되니 한동안 행복할 수도 있다. 이럴 때일수록 미래를 준비하고 인정을 베풀어야 하겠다.

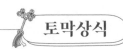 토막상식

도리천이 33천이라는 이유

불교의 우주론에 따르면, 도리천은 육욕천(六欲天) 가운데 두 번째 하늘로, 수미산의 정상에 위치하고 있다. 수미산 정상에는 동서남북 4방에 천인(天人)들이 사는 각각 8개씩의 천성(天城)이 있으며, 중앙에는 제석천이 사는 궁전인 선견성(善見城)이 있어 33천이라고 한다. 도리천 천인들의 수명은 1000세이고, 도리천의 하루는 인간 세상의 100년이다. 남방불교의 전설에 따르면, 고타마 붓다의 어머니인 마야부인이 죽은 뒤 다시 태어난 곳이 바로 도리천이다. 고타마 붓다는 완전한 깨달음을 증득한 후 얼마 지나지 않은 때인 우기(雨期)에 도리천으로 올라가서 어머니 마야부인을 위하여 석 달 동안 설법하였고 또한 이 기간 동안 잠시 지상에 내려와서는 10대 제자 중 지혜가 제일인 사리불에게 그 설법의 요약판을 설법하였다. 도리천은 우리 무속에서 중요하게 모셔지는 제석천의 거처이므로 기억을 해두는 것이 좋겠다.

 작가의 의도

오래전에 들어온 불교는 이제 우리나라 고유의 신앙과 습합해서 거의 뿌리를 내렸다고 봐야한다. 그러기에 사찰의 입구로 들어설 때 좌우로 지키고 서 있는 사천왕은 낯설지 않고 우리들에게 매우 친근해졌다. 사천왕은 사왕천의 신들로서 처음에 부처님께서 불법을 널리 펴실 때 수호자 역할을 해달라고 요청하여 이 세상에 등장하셨다고 기록되어 있다. 그러기에 죄인들과 악한 잡귀를 혼내주고 불제자들을 보호하니 오늘날까지 매우 든든한 배경이 되어주고 계신다.

남방을 지키는 증장천왕(增長天王)은 수미산 남쪽의 유리타(瑠璃埵)에 살고 있다. 그는 자신의 위덕을 증가하여 만물이 태어날 수 있는 덕을 베풀겠다는 서원을 세웠다고 한다. 남방증장천왕은 권속으로 귀신 구반다와 피려다를 부리는데, 구반다는 비사사처럼 사람의 정기를 빼앗는 귀신이고, 피려다는 죽은 사람의 영혼을 부리는 귀신이다. 사천왕들은 비범한 능력을 갖춘 분들인데 굳이 이렇게 잡신들이 필요한 이유가 무엇일까? 아무래도 많은 죄인을 잡아서 벌하고 다양한 대처를 하기 위해서는 이런 귀신들의 역할이 종종 필요했을 수도 있겠다는 상상을 해본다. 무속에서 다양한 신들의 계층이 존재하는 것과도 닮았다. 사람들의 세계나 신의 세계나 위계질서가 있음은 동일한 듯하다.

01

?
어려운 점
응용하고 해결해보기

Q 작은 가게를 운영하고 있는데 손님이 많이 밀려들어서 조금 더 확장할까 합니다. 너무 섣부른 결정인가 싶어서 걱정이 되는데 남방증장천왕 카드가 나왔습니다. 어떻게 리딩할까요?

A 소심하게 하지 말고 적극적으로 해도 될 것 같습니다. 바야흐로 기운이 상승하고 더 확대하면서 늘어나는 기운이 있습니다. 자만하지 말고 차근차근 포부를 넓혀가 봅시다.

• • • • •

포인트 | 증장이란 보다 더 확산하고 넓혀가는 데 의의가 있다.

유의점 | 이동수와도 같다고 볼 수도 있고, 사업을 확장할 때는 그만한 재능과 기운이 있어야 한다.

전래이야기

염마천의 염라대왕과 업경대

욕계 육천의 하나이며 도리천 위에 염마천인데 우리나라에서는 저승과 관련된 신앙을 낳았다. 아주 아득한 옛날, 염라대왕이 명부로 사람들을 불러들여 살아서 지은 죄를 심판하고 있었다. 죄를 많이 지은 사람은 지옥으로 보내고, 착한 일을 많이 한 사람은 극락으로 보내는 것이었다. 한데 염라대왕 앞에 불려 나온 사람들은 한결같이 죄는 조금도 짓지 않고 좋은 일만 했다고 자랑을 늘어놨다. 염라대왕은 생각다 못해 사람의 한평생을 환히 들여다볼 수 있는 업경대(業鏡臺)라는 거울을 만들었다. 누구든 그 거울 앞에 서기만 하면 사실 여부가 드러나기 마련이었다. 그러던 어느 날, 한 비구니 스님이 염라대왕 앞에 서게 됐다. 그런데 이상하게도 그 스님은 옷을 입지 않은 발가숭이였다. 염라대왕은 이 해괴한 장면에 눈살을 찌푸리며 호통을 쳤다. 고개를 떨군 채 묵묵히 염주만 굴릴 뿐 스님은 말이 없었다. 그러자 염라대왕은 업경대로 이렇게 된 연유를 비추게 하였다. 이때 거울 속에서는 세찬 눈보라가 일고 웬 거지 여인이 속살이 드러난 낡은 옷을 걸친 채 강추위에 몸 둘 바를 몰라 하였다. 이를 발견한 비구니 스님은 자신의 승복을 벗어 주면서 기운을 차리도록 격려했다. 거지 여인은 흐느끼며 고마워했다. 이 광경을 본 염라대왕은 기분이 흡족하여 껄껄 웃었다. 엄동설한에 떠는 걸인에게 자신의 옷마저 벗어준 이 여승은 극락으로 드실 분이라고 하면서 비단옷을 내어드리고 풍악을 울려 극락으로 가는 길을 안내하도록 하였다.

■ 출처 참고: 291p

25 서방광목천왕 [Virupaksa] : West Guardian King

25. 서방광목천왕

사천왕 중의 한 분이며 선과 악을 살펴 심판하는 천왕이다. 방향은 서쪽과 관련이 있다. 색깔은 흰색이다. 광목이란 눈이 크다는 뜻인데 그만큼 세상 속의 일을 세세히 넓게 보신다는 뜻이다. 부하로 용을 거느리기도 하는데 그 입에서 나온 여의주를 취하기도 한다.

Keyword

사건이나 사람을 편파적으로 보지 않고 다양한 시각에서 볼 줄 알아야 한다. 선한 것과 악한 것의 결말이 반드시 있다. 그러나 시기적으로는 금방 해결이 안 될 수도 있다. 상대방의 카드에서 이 카드가 나온다면 대단한 안목의 소유자이며 나를 파악하고 있다. 여의주, 즉 재물이나 성공적인 결과를 손에 틀어쥔 실무자이자 주요 인물일 가능성이 있다.

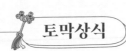

토막상식

도솔천은 욕계 육천의 네 번째 하늘로 매우 유명한 하늘이다. 미륵보살부처님이 줄곧 여기에 계시다가 지상으로 내려와 사람들을 교화하신다고 전해진다. 우리나라의 미륵신앙도 여기에서 비롯되었다. 일반 사람들도 공덕을 쌓으면 도솔천에 왕생할 수 있다고 신라의 원효스님이 말한 바가 전해지고 있고, 특히 백제의 무왕은 미륵보살이 있는 도솔천을 이 땅에 실현하기 위해서 익산에 미륵사를 창건하기도 하였다. 이 도솔천에 계시던 호명보살님이 인간 세계에 사람의 몸을 받아 태어나셨는데 바로 인도의 왕가에 탄생하신 싯다르타 부처님이라고 한다.

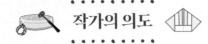

작가의 의도

오래전에 들어온 불교는 이제 우리나라 고유의 신앙과 습합해서 거의 뿌리를 내렸다고 봐야한다. 그러기에 사찰의 입구로 들어설 때 좌우로 지키고 서 있는 사천왕은 낯설지 않고 우리들에게 매우 친근해졌다. 사천왕은 사왕천의 신들로서 처음에 부처님께서 불법을 널리 펴실 때 수호자 역할을 해달라고 요청하여 이 세상에 등장하셨다고 기록되어 있다. 그러기에 죄인들과 악한 잡귀를 혼내주고 불제자들을 보호하니 오늘날까지 매우 든든한 배경이 되어주고 계신다.

서방광목천왕은 수미산의 서쪽에 살면서 서방을 지키는 천신이다. 범어로는 비루팍샤라고 부르며 음역하여 비루박차(毘樓博叉)라 한다. Virupa(귀 또는 여러 가지 색)와 aksa(눈 또는 근육)의 합성어를 광목(廣目), 악목(惡目) 등으로 의역한 것이다. 눈을 크게 부릅뜨거나 입을 크게 벌려 웅변으로써 온갖 나쁜 이야기를 물리친다는 뜻이다. 그 권속으로 여러 종류의 용과 부단나 등이 있다. 용은 하늘에서 구름, 비, 천둥을 관장하고, 부단나는 냄새나는 혹은 열병을 앓게 하는 귀신으로 아귀를 말하기도 한다. 나가를 부린다고 하는데, 나가(Naga)는 인도 신화에서 대지의 보물을 지키는 반(半)신 격의 강력한 힘을 소유한 뱀이나 용이다. 불교에서 나가는 경전을 수호하는 물의 신으로 종종 간주된다. 용왕들은 고타마 붓다의 생애를 묘사한 불전도에서도 볼 수 있다. 용왕 중 하나인 무칠린다는 태풍이 부는 동안 똬리를 틀어 고타마를 에워싸고 목 부분을 넓게 펴서 명상에 든 붓다가 비를 맞지 않도록 보호한다. 용왕은 비를 관장하고 강, 호수, 바다를 지킨다고 한다. 또한 번개로 인한 화재에서 지켜준다. 나가는 봄에는 하늘로 오르고 겨울에는 지하 깊은 곳에 산다.

01

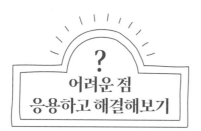

? 어려운 점 응용하고 해결해보기

Q 부모님이 물려주신 가게를 운영하고 있는데 싫증이 나서 부모님 몰래 팔고 다른 일을 해볼까 합니다. 서방광목천왕 카드가 나왔는데 어떻게 리딩해야 할까요?

A 아무리 물려주셨다고는 해도 마음대로 처분하는 것은 아닌 것 같습니다. 크게 실망하시거나 질타를 받으실 일이 생기고 가족 간의 사이도 안 좋아집니다. 정말 하기 싫다면 솔직하게 부모님께 말씀드리고 허락을 받는 것이 좋겠습니다.

・・・・・

포인트 | 부릅뜬 눈으로 지켜보고 있으니 부모님을 속일 생각은 옳지 않다.

유의점 | 그럼에도 그리하였을 경우에는 식구들에게서 인정을 못 받게 되니 비밀은 오래가지 못한다.

경주 사천왕사의 유래

사천왕사는 679년(신라 문무대왕 19년)에 창건되었다고 알려져 있다. 당나라 고종이 신라를 공격하려 하자 당시 당나라에 있던 의상(義湘)은 당에 갇혀 있는 김인문(金仁問)·김양도(金良圖) 등으로부터 사전에 이 내막을 듣고 670년(문무대왕 10년)에 귀국하여 사태의 긴급함을 문무대왕에게 알리고 명랑법사(明朗法師)로 하여금 679년에 사천왕사를 짓고 문두루(文豆婁)의 비법(秘法)을 써서 당병의 침략을 실패로 돌아가게 하였다고 한다. 《삼국유사》에는 신라 말의 혼란기인 경명대왕 3년에 사천왕사 오방신이 든 활의 줄이 끊어지고, 벽에 그려진 사자가 울고 그림 속에서 개가 뛰쳐나와 뜰을 노닐다 다시 그림 속으로 돌아가는 등의 괴이담이 수록되어 있다. 오사카에 가면 일본에서 가장 오래된 절인 사천왕사(시텐노지)가 있다. 일본 불교를 최초로 부흥시킨 쇼토쿠 태자가 창건한 절이다. 몇 차례의 화재가 있었지만 지금도 방문하면 복구되어 있는 절을 볼 수 있으며 오래된 시간의 흐름도 함께 느껴볼 만한 정취가 가득하다. 이는 백제에서 들어간 승려와 건축장인들이 세운 절로도 유명한데 정작 우리나라에는 사천왕사가 그 흔적도 남아있지 않으니 안타깝기 그지없다. 오랜 국난에 모두 폐허가 된 문화재와 유적들을 언젠가는 되살리는 날이 왔으면 좋겠다.

■ 출처 참고: 291p

26

북방다문천왕 [Vaisravana] : North Guardian King

부처님의 설법을 가장 많이 들으면서 불법을 수호하는 천왕이며 암흑계를 관리한다. 야차와 나찰을 부리는데, 야차는 민첩하고 유흥과 환락적인 존재로 그러한 일을 주관하고 숲이나 음습한 곳에 살고, 나찰은 두려운 존재라는 뜻으로 혈육을 먹고 탐낸다고 한다. 이러한 자들을 부리면서 천왕은 인간계를 다스린다. 색깔은 검정이다.

 Keyword

유리할 때는, 나보다 못한 자들을 잘 관리하는 직업에도 능할 수 있다. 유흥 관련. 그러나 불리할 때에는 빨리 빠져나오지 않으면 너무나 힘들게 될 수 있다. 부동산에 관련된 일이 발생하며 북쪽일 가능성이 높고 어두운 곳이 되거나 일반인들이 접근하기 힘든 사업이거나 그러한 일에 연루된다.

돋보기

비사문천

다문천왕(多聞天王) 또는 바이스라바나(वैश्रवण, Vaiśravana)는 불교의 사천왕 중 수미산의 북방을 수호하는 천왕이다. 비사문천(毘沙門天)이라고도 불린다. '부처의 설법을 빠짐없이 집중해서 듣는다'고 해서 다문천왕이라는 이름이 붙여졌다. 수미산의 제4층인 북방의 수정타(水精埵)에서 야차(夜叉)와 나찰(羅刹)들을 거느린다. 사천왕 중 나머지 천왕을 이끄는 우두머리로 유일하게 독립된 신앙인 비사문천 신앙을 형성한다.

작가의 의도

오래전에 들어온 불교는 이제 우리나라 고유의 신앙과 습합해서 거의 뿌리를 내렸다고 봐야한다. 그러기에 사찰의 입구로 들어설 때 좌우로 지키고 서 있는 사천왕은 낯설지 않고 우리들에게 매우 친근해졌다. 사천왕은 사왕천의 신들로서 처음에 부처님께서 불법을 널리 펴실 때 수호자 역할을 해달라고 요청하여 이 세상에 등장하셨다고 기록되어 있다. 그러기에 죄인들과 악한 잡귀를 혼내주고 불제자들을 보호하니 오늘날까지 매우 든든한 배경이 되어주고 계신다.

북방다문천왕은 권속으로 야차와 나찰을 거느리는데, 야차는 환락, 음식과 오락, 바람 등을 주관하면서 숲속이나 묘지, 골짜기 등에 사는 귀신이고, 나찰은 혈육을 먹는 귀신이다. 다문천왕은 불법 수호 이외에도 재복을 가져다주는 신으로 추앙되기도 하는데 이는 전적으로 힌두교의 영향이다. 사천왕이 불교의 세계관을 상징하는 사왕천의 신들이기도 하지만 오랜 세월 인도의 문화권에 스며들면서 다양한 형태로 섬겨지는 것을 알 수 있다. 각 사천왕마다 들고 있는 도구와 상징물들도 시간이 지나면서 조금씩 변화되기도 하고 각 나라별, 시대별로 차이를 보인다.

01

?
어려운 점
응용하고 해결해보기

 Q 업무 계약을 하기 전에 최종 회의를 앞두고 있습니다. 그 자리에서 제가 실수하지 않을지 걱정됩니다. 북방다문천왕 카드가 나왔는데 어떻게 리딩할까요?

 A 말하는 것을 줄이고 상대방의 이야기를 더 많이 듣도록 하세요. 그러면 큰 손해가 없을 것입니다. 들은 정보를 취합해서 최종적으로 계약에 유리한 조건을 성사시킬 수 있을 것입니다.

• • • • •

 포인트 | 다문, 즉 많이 들으라는 점에서 조언을 구할 수 있다.

 유의점 | 내가 하는 언행을 주시하면서 정보를 모으고 있는 사람이 있다고 해석할 수도 있다.

전래이야기

나찰이 된 어머니를 위해 중창한 조선 시대 신륵사

초여름 새벽에 한 젊은이가 과거를 보기 위해 어머니에게 인사를 하고 사립문을 나섰다. 해가 떠오르자 날씨가 무척 더웠다. 젊은이는 길을 가다가 강가로 내려가 얼굴을 씻고 주먹밥을 먹고 나서 깜빡 잠이 들었는데, 문득 잠에서 깨어나 주위를 살폈다. 옆을 보니 괴나리봇짐 안에 한 마리의 구렁이가 웅크리고 있었다. 젊은이는 괴나리봇짐을 던지고 구렁이를 향해 돌멩이를 던지려 하였다. 그러자 구렁이는 스르르 몸을 풀고 숲속으로 자취를 감추었다. 젊은이는 "그래, 저 구렁이가 사공에게 쫓기던 여인이 틀림없어!" 젊은이는 그제야 꿈이 생각났다. 젊은이의 꿈에 한 동자승이 스승의 심부름으로 사공에게 배를 태워달라고 하였다. "뭐? 강을 건너게 해달라고? 꼬마 상좌가 돈이 어디서 나서 배를 타려고 해. 중이라고 배를 거저 탈 생각은 아예 말아라." 동자승이 뱃삯을 내밀었다. "이 돈은 보은사[신륵사]를 중창할 시줏돈이에요. 스님께서 강 건너 대장간에 갖다주라고 하셔서 가는 길입니다." 동자승을 태운 배가 강 한복판으로 나갈 무렵 한 여인이 헐레벌떡 뛰어오며 뱃사공을 불렀다. "잠깐만 기다려 주세요.", "배를 이미 띄웠으니 다음 차례를 기다리시오." 동자승은 여인을 태우고 가자고 하였다. 사공은 하는 수 없이 배를 대고 여인을 태웠다. "고맙습니다. 스님.", "스님은 어디로 가세요?", "예, 저는 대장간에 가는 길입니다." 두 사람의 대화를 듣던 사공이 갑자기 노를 들어 여인을 후려쳤다. 그리고는 "이 요사스런 년아! 왜 하필이면 스님을 꼬이느냐!" 사공이 내리치는 노를 피해 물속으로 뛰어든 여인은 금방 한 마리의 큰 구렁이가 되어 달아났다. 그때 놀란 젊은이가 잠에서 깨어났던 것이다. 해가 서산에 질 무렵 젊은이는 나루터에 닿았다. 늙은 뱃사공이 빈 배에 앉아 있었는데, 꿈에서 본 사공과 매우 닮았다. "이곳이 여강나루가 아닙니까?", "여강나루이지요. 근데 젊은이는 새벽부터 길을 잘못 들었소. 젊은이는 오늘 낮에 강가에서 구렁이를 보았지요? 이 길은 저승으로 통하는 길이오. 나루를 건너면 보은사가 있지만 누구도 살아서 절에 닿은 사람은 없소.", "노인장, 저는 그럼 죽은 것입니까, 산 것입니까?", "죽지는 않았소이다. 다만 젊은이의 효심 때문에 여기에 이른 것이오. 당신 어머니는 오늘 아침 젊은이가 길을 떠나자 곧 숨졌소. 지금은 보은사 나찰(羅刹: 불교에서 악귀를 총칭하는 말)이 되었는데, 절이 퇴락해 거처할 곳이 없어 절 아래 동굴에 머무르고 있소. 근데 그곳은 원래 백사녀의 집이라서, 백사녀는 당신 어머니께 집을 빼앗기고 화가 나서 당신을 해치려 했던 것이오. 다행히 나한테 들켜 당신을 해치지 못한 것입니다.", "그러면 꿈속의 동자승이 저입니까?", "그렇소, 당신 진생의 모습이오. 전생부터 보은사 중창서원을 세운 당신은 아직도 그것을 이행 못 했소. 오늘 이런 기회도 모두 부처님의 계시입니다." 후에 젊은이는 과거에 장원 급제해서 여주 고을의 원님이 되었고, 보은사를 크게 중창했다고 한다.

■ 출처 참고: 291p

명부판관

Judges of the Dead

27. 명부판관

죽은 사람이 도착한 명부전 앞에서 그를 심판하기 위해 서 있는 판관들. 중앙의 신은 살아생전 행실을 적은 책을 들고 기다리고 있고, 악한 사람을 판별해서 그에 맞는 지옥에 던지기 위해 좌우로 엄한 신들 또한 대기 중이다.

Keyword

심판, 묵은 일이 드디어 해결된다. 판단이 나고 모든 것이 종결된다. 남에 의해 나의 일이 좌지우지된다. 약은 계책은 통하지 않는다. 관재가 발생한다. 종착역. 막다른 골목이다. 마음의 결심을 굳혀야 한다.

돋보기

강림도령(降臨道令)은 한국의 저승사자 중 하나이다. 제주도의 차사본풀이와 함경도의 진가장무가에 등장하는 인물이다. 그런데 강림도령은 사자를 데려가기 전에 옥신각신하는 것이 아예 아무 빈틈이 없는 다른 저승사자들에 비해서 인간미 있는 인물로 그려지기도 하는데 우리 민족의 죽음을 대하는 태도와 해학을 엿봄직하다. 저승길이라고 호락호락하게 가지 않겠다는 삶에 대한 끈질긴 생명력과 애착이 느껴지는 부분이다.

01

02

작가의 의도

죽은 이들을 다스리는 저승 명부의 관리들이다. 이들은 시왕의 재판을 보조하고 생전의 죄와 업에 대하여 망자들을 심판한다. 그림에서는 세 명의 차사들을 특징 있게 그려보고자 하였다. 이들은 시직사자(時直使者), 일직사자(日直使者), 월직사자(月直使者) 3명으로, 일명 '삼사자(三使者)'라고도 부른다. 삼사자는 망자(亡者)를 데리고 염라대왕에게 가는 존재이다. 따라서 망자가 편하게 갈 수 있도록 저승사자를 대접해야 한다고 여겨왔다. 그래서 초상난 집에서는 저승사자를 위한 제물을 차린다. 그 제물을 올려놓은 상을 사자상(使者床)이라

부른다. 사자상에는 밥과 짚신과 술잔과 동전 등을 세 개씩 올려두었는데 세 분이 같이 오신다고 생각했기 때문이다. 여기서도 삼(三)이라는 글자에 대한 신성함을 다시 한 번 떠올려볼 수 있을 것이다.

03

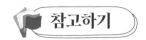

대수대명이라는 행위가 있다. 집안에 환자가 위독해질 것 같다든가, 초상이 날 것 같다든가 해서 불길한 기운이 침입할 것 같을 때 자신의 명을 대신할 것을 올리는 행위이다. 옛날에는 생닭을 올리거나 살아있는 가축을 직접 쓰기도 했지만, 요즘은 마른 북어에다가 환자의 속옷이나 손발톱, 머리카락을 동여매서 묻는다든가 하는 식으로 바뀌고 있다. 이러한 행위는 귀신을 속이는 일종의 주술행위인데 나름의 효과가 있었는지 지금도 종종 행해지고 있다. 대수대명을 행하고 나면 어느 정도는 병세가 완화되기도 했고 초상이 나는 것을 훨씬 더 뒤로 미룰 수가 있었던 모양이다. 귀신이라는 존재나 저승사자들에게 속임수를 행할 수 있었다는 점은 '귀신은 속여도 나는 못 속인다'라는 옛말을 떠올리게 한다. 의외로 영적인 존재들에 대해서 겁만 먹고 있는 게 아니라 적극적으로 살기 위해서 어떤 자구책을 강구했을 조상님들의 지혜와 애환이 느껴진다.

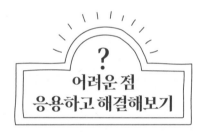

?
어려운 점
응용하고 해결해보기

 Q 부동산을 사고팔아야 하는 시점인데 계속 값을 깎으려는 사람들만 문의가 옵니다. 명부판관 카드가 나왔는데 어떻게 리딩할까요?

 A 지금은 팔아야 하는 시기가 맞습니다. 손해를 보고 팔 수도 있으니 마음의 준비가 필요합니다. 더 지체되면 그나마 팔 기회는 더욱 뒤로 미루어질 수 있습니다.

● ● ● ● ●

 포인트 명부판관이 당도했다는 것은 매우 시급하고 눈앞에 닥친 일이라는 암시가 있다.

 유의점 임박한 것을 모른다는 것처럼 불길한 것이 없다. 때를 아는 것이 행운이다.

전래이야기

수명을 늘린 사만이

옛날에 사만이가 살고 있었다. 어릴 때 부모님을 다 여의었는지라 집집마다 돌아다니며 밥을 얻어먹고 살았지만 행실이 착해서 사람들이 좋아했다. 어느덧 세월이 흐르고 마을사람들이 돈을 걷어서 사만이 결혼을 시켜주었다. 사만이 부인은 바느질 솜씨가 좋았다. 하지만 자식들이 늘어나자 살림이 더 궁핍해졌다. 부인은 자신의 머리카락을 잘라서 사만이에게 주며 장에 팔아서 아기들 먹일 쌀을 사오라고 시켰다. 그런데 돈을 손에 쥐게 되자 사만이는 엉뚱하게도 그만 그 돈을 가지고 조총을 사서 집으로 돌아왔다. 아내가 실망하여 퍼붓는 핀잔을 뒤로하고 사만이는 총을 들고 사냥에 나섰다. 하지만 제대로 사냥감이 있을 리가 없었다. 어느 날 해가 지는 숲속을 가고 있는데 발에 채이는 것이 있어 보니 해골이었다. 사만이는 그 해골이 혹시 자신을 지켜줄 조상일지도 모르겠다고 생각하고 집으로 가져와 큰 독에 모셔 놓았는데 그때부터 재수가 좋아지면서 사만이는 사냥감이 늘어나서 금방 부자가 되었다. 그러던 어느 날 꿈에 백발노인이 나타나서 경고를 하는 것이었다. 사만이의 수명이 다 되어서 내일 모레 저승에서 차사 세 명이 올 것인데 이들에게 음식과 옷과 신발을 대접하라는 것이었다. 사만이는 그대로 준비를 하고 차사들을 기다렸다. 차사들이 사만이 집 근처 삼거리에 도착하자 웬일인지 허기가 너무 지는 것이었다. 이들은 삼거리에 차려져있는 밥상과 음식을 허겁지겁 먹어치웠다. 그리고 나서 상의 아래를 보니 사만이 이름이 적혀있는 것이었다. 허락도 없이 음식을 먹은지라 이들 차사는 속이 탔다. 이런 경우에는 꼭 뒤탈이 있기 때문이었다. 차사들은 고민고민을 하다가 결국 사만이의 집에 도달했다. 그랬더니 거기에는 또 시왕맞이 굿판이 벌어지고 있는데다 옷과 띠와 신발이 각각 세 명 분량으로 마련되어 있고 황소 4만 3필까지 대령해있는 것이었다. 차사들은 이렇게 대접을 받고 사만이를 잡아갈 수도 없게 된지라 사만이의 수명 삼십 위에 점 하나를 더 찍어 천(千)자를 만들어버렸다. 이에 사만이는 삼천년을 살게 되었다고 한다. 삼천갑자 동방삭과 매우 닮은 우리나라의 전설이다.

■ 출처 참고: 291p

28. 삼도천

사람이 죽어서 저승으로 가는 도중에 있다는 강이며 생전의 죄의 가볍고 무거움에 따라 세 가지의 길이 있다고 한다. 이곳을 건너야 황천, 즉 저승의 세계로 들어갈 수 있다. 삼도천에서는 망자의 혼이 머무를 수가 없고 자신들이 건너야 하는 이 강가에서 헤매면서 강을 건널 차례를 기다린다고 봐야 한다.

Keyword

처분을 기다리는 수밖에 달리 내가 할 수 있는 일은 없다. 거대한 운의 흐름 속에 나는 작은 존재일 뿐 운명을 받아들이고 차례가 오기를 기다려야 한다. 그 뒤에 어떻게 될지는 알 수 없으나 지금으로선 그 방법밖에 없다. 이제껏 경험한 것과는 전혀 다른 시간이 기다리고 있다.

돋보기

삼도천(三途川)은 이승과 저승을 나누는 경계선에 있다고 하는 강이다. 불경에서 나온 것이지만, 그 전승에는 민간신앙이 적잖게 섞여 있다. 생전의 업에 따라 '유교도, 산수뢰, 강심연'으로 건너는 길이 세 가지로 나뉘게 된다. 죽고서 7일째 되는 날 이 내를 건너게 되며, 선량한 사람은 보화가 덮인 다리인 유교도(有橋渡)를 건너게 되고, 죄가 가벼우면 잔잔히 흐르는 산수뢰(山水瀨)를 건너게 되고, 죄가 무거우면 급류가 흐르는 강심연(江沈淵)을 건너게 된다고 한다.

01

02

작가의 의도

이승과 저승의 경계에 있는 강으로써 이 강을 건너게 되면 두 번 다시는 돌아올 수 없다. 매우 깊고 넓은 강으로 사람이 혼자 스스로 건널 수는 없게 되어 있다. 자신이 죽은 것을 자각할 수 없는 망자는 이 삼도천에 이르러서야 자신이 처한 현실을 깨닫게 된다. 하지만 지상에서 살 때의 재물 따위는 가지고 갈 수 없는 관계로 그림에서는 작은 보따리만을 가슴에 안은 초라한 행색의 여인으로 표현하였다. 죽음을 상징하는 해골 뱃사공이 천천히 배를 저어서 오는데 이 배를 제때 타고 건너는 것만 해도 다행일지도 모른다. 무속에서는 이렇게 제때 저승으로 가지 못한 영혼들을 달래주고 현실을 깨닫게 하며 삼도천을 제대로 건널 수 있도록 꽃배나 용선 등을 만들어서 굿거리에 실어서 보내주기도 한다.

그리스 로마 신화에도 이와 비슷한 강이 흐른다. 레테라는 여신의 이름을 딴 강으로 망자가 이 강의 물을 마시면 살아생전의 모든 기억을 잊는다고 한다. 사실 기억을 모두 가지고 가는 것만큼 힘든 일이 또 어디에 있겠는가. 그런 점에서 본다면 망각의 강은 고마운 것도 같다. 너무나 사랑하던 기억은 이제 다시 못 만나서 괴롭고, 용서하지 못할 기억은 잊지 않아서 괴로운데 모두 다 잊을 수 있다고 하니 그나마 망자에겐 위로가 아닐까 싶다. 하데스 왕국의 다섯 강은 상징적인 의미를 가지는데, 그중 아케론강은 슬픔과 비통함을 상징한다. 카론(Charon)은 그리스 신화에 등장하는 플루토 신이 지배하는 명계의 스틱스강 또는 그 지류 아케론강을 건네주는 뱃사공이다. 배 삯을 내는 사람만 배에 태워주기 때문에 고대 그리스에서는 매장을 할 때 1 오보로스 동전을 물려주는 관습이 있었다. 카론이 뱃삯을 철두철미하게 챙기기 때문에 만일 이 삯을 망자에게 챙겨주지 않으면 영원히 나루터에서 헤매야 한다. 그리스 신화에서 전쟁 중 적에게 죽임을 당한 장수의 시신을 어떻게든 돌려받으려고 하는 것이 바로 이 때문이다.

03

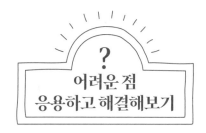

?
어려운 점
응용하고 해결해보기

 Q 헤어지지 못하고 계속 만나고 있는 사람이 있습니다. 어찌해야 할지 궁금한데 삼도천 카드가 나왔습니다. 리딩을 어떻게 하나요?

 A 이미 끝난 사이인 것을 알면서도 미련 때문에 붙잡고 있는 경우입니다. 과감하게 정리할 것을 권해 드립니다. 고인 물이 씩듯이 이러한 관계는 시간이 흐르면 더 악화되기만 할 뿐 나아지지는 않을 것 같습니다.

• • • • •

 포인트 | 망자가 된 사람이 배를 타고 떠난다는 것은 하나의 삶이 끝났다는 의미. 인연의 정리.

 유의점 | 회자정리(會者定離). 만나면 헤어지는 것이 인생이다. 미련은 독이 된다.

전 래 이 야 기

삼도천과 관련해서는 저자가 직접 겪은 실화를 실어볼까 한다. 이십 년 전쯤으로 거슬러 올라가는데, 어느 날 레스토랑을 운영하는 중년의 여인이 나에게 찾아와서 상담을 하였다. 그녀는 자신의 가게에 귀신이 출몰해서 일하는 아주머니와 주방장 등이 모두 그 귀신을 목격하였고 그 후로는 손님이 떨어져서 거의 문을 닫게 되었다고 했다. 다음날 다시 오겠다고 하고 여인이 돌아간 그날 밤에 나는 이상한 꿈을 꾸게 되었다. 홀로 길을 가고 있는데 저 멀리서 삼베로 만든 누런 상복을 입은 키가 큰 남자가 나를 보더니 아는 척하며 손짓을 하는 것이었다. 다가갔더니 그는 땅바닥에서 나무로 된 문을 들어 올리며 저 아래 지하로 내려가면 나를 기다리는 사람이 있을 것이니 사연을 들어보라고 하는 것이었다. 지하로 한참을 내려갔더니 난생처음 보는 풍경을 접하게 되었다. 강바닥이 전혀 보이지 않는 새까만 강물이 어디로 흘러가는데 너무나 깊고 넓은 강이더니 그 끝이 보이질 않았다. 게다가 내가 서 있는 곳은 강가의 돌바닥이었는데 한 포기 풀도 나지 않는 지극히 황량하기만 한 곳이었다. 어떻게 해야 할지 몰라서 어리둥절하고 있는데 저쪽 바위에 회색빛의 옷을 입고 머리를 스님같이 깎은 남자가 나에게 다가오더니 내 손을 잡고 연신 감사하다고 하는 것이었다. 남자는 키가 아담하고 상당히 초췌해 보였다. 나를 보더니 너무나 기뻐하는데 도무지 모르는 사람이라서 우리가 어디서 본 적이 있느냐고 하니 그런 적이 없고, 자기가 하도 답답해서 부탁을 해야 하는데 보시다시피 여기는 산 사람이 오는 곳이 아니니 어찌할 바를 모르겠다고 하였고, 내가 온다는 소문을 듣고 이렇게 기다리고 있었다는 것이었다. 하도 사정이 딱해 보여서 무슨 일이냐고 하니, 아까 땅 위에 서 있던 사람하고 자기가 사실은 바뀌어서 이 강을 건너지를 못한다는 것이었다. 강은 배가 정기적으로 오는데 그걸 놓치면 강가에서 수십 년을 기다려야 한다고 하면서 지상에 가면 꼭 이 사연을 저 사람에게 이야길 해서 배를 좀 보내 달라고 간청하였다. 그러면서 자기 사연을 들어주어서 너무나 감사하다고 연신 인사를 했고 그러다가 꿈이 깼다. 다음날 그 여인이 다시 방문했는데 자기 남편과 같이 왔다. 나는 아무래도 이 꿈이 당신들과 사연이 있는 것 같다고 하면서 간밤에 꾼 내용을 이야기했는데 남편이 얼굴이 하얗게 질리더니 사실을 털어놓는 것이었다. 그 사연은 아내도 평생 모르고 있던 이야기였다. 강가에서 배를 놓쳤던 남자는 자신의 형이고 자신은 그의 동생인데 아버지가 어릴 때 출생신고를 잘못하는 바람에 형제 간에 나이와 생일이 서로 뒤바뀌었다고 한다. 다시 정정하지를 못하고 특별히 불편한 것도 없어서 그냥저냥 평생을 살았는데 형이 사업이 망하고 이혼하게 되면서 상심하여 몇 년 전에 자살했다고 한다. 그런데 아무래도 자기와 생일이 바뀌는 바람에 불행을 겪은 게 아닌가 하고 동생은 마음의 짐이었는데 (사주대로 운명이 간다는 뜻) 이렇게 꿈을 들어보니 그게 맞는다는 것이다. 자기 생일이 아주 불행한 사주인데 그걸 형이 짊어지고 가서 막상 지하세계 삼도천 앞에 갔더니 배에 태워주지를 않았다는 것이다. 자기가 죽어야 했는데 다른 사람이 왔으니 안 태워 주었을 테고 그 바람에 형은 강가에 남겨졌다는 것이었다. 정말 깜짝 놀랄 만한 일이 아닐 수 없었다. 내 손을 잡으며 간청하던 망자의 얼굴이 떠올라서 나는 어떤 의식을 행하건 뭔가는 해드려야 되지 않겠느냐고 하니 남편은 알겠다고 하면서 자신은 무신론자인데 이번 기회로 저승세계가 있다는 것을 확실히 알았다며 연신 감사하다고 했다. 평소 영적인 세계를 무시하던 현실주의 남편을 바라보는 아내도 놀라긴 마찬가지였다. 삶과 죽음이 종이 한 장의 차이인지도 모른다. 그들 덕분에 나는 미리 삼도천을 구경할 수 있었다.

■ 출처 참고: 291p

29 용 ⋮ Dragon

29. 용

물을 상징하는 신적인 존재이며 사람의 삶에 필수 불가결한 물을 관장한다. 가정의 평안과 무병장수, 풍년, 풍어, 무사 항해를 관장하기도 하며 특히 나라를 지키는 호국신으로서 농사의 근본인 비를 관장한다. 초상이 나거나 출산, 부정한 상태일 때는 요청을 드려서는 안 된다.

Keyword

실제로 필요한 일이나 행위, 가정의 일이기도 하고 지역공동체의 일이기도 하다. 때로 주부의 일과 역할이 늘어남. 거짓말이나 위선으로는 일을 진행할 수가 없고 어차피 드러나게 되므로 처음부터 솔직할 필요가 있다. 큰 부자는 되지 않지만 평안한 생활을 영위하는 데에는 무리가 없다. 동쪽을 상징한다.

 돋보기

사해(四海) 바다를 관장하는 신. 기우, 풍어, 풍년, 무사 항해 등을 담당하는 신으로 모셔지는 것이 일반적이다. 바다와 멀리 떨어져 있는 내륙 지방에서는 샘이나 우물에서 용왕제를 지내기도 한다. 용신은 남성과 여성이 있다. 남신은 주로 해일과 바람을 관장하고, 여신은 비와 구름을 관장하는 것으로 믿어지고 있다. 민간에서는 용신을 수신(水神)으로 숭배하였으며, 비 오는 것을 관장하는 기능을 지녔다고 보았다. 수신으로서의 용신은 농경과 밀접하게 연관되어 있었다. 바다와 관련하여 보면 용신은 풍어와 풍파를 조절하는 신적 기능을 지닌 것으로 여겨지고 있다. 용궁에 거주하며, 용궁은 진기한 보물이 있는 곳으로도 인식되고 있다. 죽은 사람의 영혼이 잘 인도되기를 바라는 의미에서 용신이 숭배되기도 한다. 이것은 용신이 바다를 관장하는 신격이기 때문에 용왕을 잘 다독거려 줌으로써 망자의 혼으로부터 해코지를 당하지 않으려는 어촌민의 인식과 관련이 있다. 용신은 재래의 수신신앙에 불교, 도교의 용신이 습합되어 형성된 신격으로, 호법신·호국신으로서 불교적·국가적 차원의 제향 대상이 되기도 했다.

01

 작가의 의도

바다의 용신이시다. 용왕의 화신이기도 하며 때로는 지위가 높으신 신령님들을 등에 태우고 바다를 휘젓거나 운무를 일으키고 하늘로 승천하기도 하는 등 기기묘묘한 행적의 주인공이시다. 사람의 형상을 하고 있지 않으니 동물로 보아야 한다면 그것도 아닌 것이 쉽지지 띠 중에서 유일하게 환상의 영물인지라 실제로는 존재하지 않는 신의 영역으로 나누어지신다. 우리나라는 물을 귀하게 여기는 사상이 있고 산이 높아서 수질이 좋은 샘이 곳곳에 솟아나는, 그야말로 세계에서 가장 물이 좋은 나라가 아닌가 하는 자부심이 있다. 그러하니 물의 신인 용신이 우리 민족과 가까움은 지극히 자연스러운 현상이 아닌가 한다. 특히 재미난 점은 바다에만 계시지 않고 강이나 나무가 가득한 산에도 용이 계신다는 사실이다. 깊은 숲속의 깊은 샘에 지내고 계시다가 짙은 안개가 낀다든지 큰 비가 온다든지 할 때 하늘로 승천을 하시기도 하니 산 기도를 갔다가 용신을 만난다고 놀라는 일은 없도록!

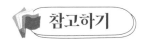

참고하기

용띠와 개띠가 사이가 안 좋은 이유?

사주학 상으로 충돌, 즉 부딪히는 위치에 자리 잡은 용과 개는 속 이야기가 따로 있다. 깊은 물속에서 오랜 기간 수도를 하고 이제 승천을 하려는데 낮에는 사람들의 눈이 있어서 홀로 조용히 새벽 시간을 틈타서 이루어져야 할 일이다. 이때 막 하늘로 오르려 할 때 개가 이 장면을 보고 짖는 바람에 용이 다시 땅으로 떨어졌다는 이야기다. 한 번 승천의 기회를 놓친 용은 오랜 세월을 다시 기다려야 했던 모양인데 아무 상관도 없는 개 한 마리 때문에 일이 이렇게 되었으니 정말이지 장애물 갑(甲)인 것이다. 그런데 개의 입장에서도 할 말이 있는 것이 평상시와 달리 이상한 모습이 하늘에서 펼쳐지고 있으니 놀라서 짖었다는 것이다. 훼방을 놓을 생각이 처음부터 있던 것은 아니라고 변명할 것이다. 아무튼 용과 개는 서로 충돌은 잦지만, 덕분에 많은 일거리가 늘어나는 점에서는 좋은 면도 있어서 개띠가 용띠해를 맞이한다든지 용띠가 개띠해를 맞이한다든지 아니면 그런 달(음력 3월은 용의 달, 음력 9월은 개의 달)이 오면 백수에게도 일거리가 나타나는 조짐으로 본다. 심심할 새가 없는 것이다. 요즘 같은 세상에는 일거리 있는 것이 반갑다. 물론 일한 만큼 보상이 있어야겠지만.

? 어려운 점 응용하고 해결해보기

Q 막상 내가 빌려준 돈도 못 되돌려 받고 있는데 사람들이 모두 나에게 손만 벌리고 있습니다. 용 카드가 나왔는데 어떻게 리딩할까요?

A 금전운이 막히는 것은 물길이 막혔거나 돌지 않는 것과도 같습니다. 나에게 영원히 머물러 있을 것 같은 돈도 사실은 계속해서 흐르고 또다시 들어오는 것을 반복합니다. 지금 정체 기간인데 당분간은 막힌 곳을 뚫는다는 의미로 주변의 인간관계부터 대청소를 하시는 게 어떨까요? 정리를 하다 보면 해답이 나올지도 모릅니다. 안 되는 것은 안 된다고 선언하고 과감히 행동합시다.

• • • • •

포인트 | 썩은 물에서 용이 노닐 수 없듯이 고여 있는 고민과 기운에서는 금전운이 돌지 않으므로 새로운 사람을 만나고 다른 시각에서 해법을 찾자.

유의점 | 형편이 어려워질 때 진정한 우정과 인간관계를 테스트 할 수 있다고들 한다.

전래이야기

계룡산의 용추계곡에 얽힌 일화를 소개한다. 그다지 오래된 이야기는 아니기에 더욱 용신의 힘을 강력하게 느껴볼 수 있을 듯하다(암용추와 수용추 두 군데가 있다고 한다). 1958년 여름, 당시 두마면 부남리 수용추 계곡 인근에는 임도(林道)를 내기 위해 산길 공사가 한창이었다. 이 지역에는 기암괴석 등 암반이 많아 공사가 꽤나 어려웠다. 하는 수 없이 공사업체는 폭약을 이용, 돌을 부수곤 했는데 어느 날 폭파 후 불행히도 수용추는 물론 수용추계곡 곳곳이 돌로 메워져 버렸다. 이를 안 주민들은 이곳엔 용이 살았고, 계룡산신이 있는 곳이라며 하루빨리 메워진 수용추를 복원하라고 공사업체에 요구했다. 주민들은 만약 이 돌멩이들을 치우지 않으면 계룡산신이 노해 재앙을 가져다줄 것이라고 믿었다. 그러나 계곡이 워낙 깊고 인근에 마땅한 공터가 없어 치울 수가 없었다. 고민 끝에 마을 주민들은 회의를 열고 수용추 앞에서 정성스레 음식을 준비하고 용왕과 산신께 기도를 올렸다. 인간들의 힘은 미약해 이 돌멩이를 치울 수 없으니 신(神)의 힘으로 이루어질 수 있도록 간구(懇求)한 것이다. 주민들은 이 같은 기도를 연이어 3번이나 올렸다. 기도가 끝난 후 갑자기 비가 억수같이 쏟아졌다. 다음 날 새벽 주민들이 계곡에 가보니 바위 돌로 메워졌던 수용추는 단 1개의 돌멩이도 없이 예전과 같아졌다. 기도의 영험인지, 많은 비 때문인지 몰라도 수용추는 감쪽같이 옛 모습을 되찾은 것이다. 그 후부터 주민들은 비가 오던 날 수용추 속에 있던 수용이 승천하면서 주위를 깨끗이 정리했다고 믿었다. 이런 일이 있고 난 뒤 신도안 주민들은 수용추의 신비스러움을 똑똑히 목격하였으므로 이 일대를 신이 있는 곳이라고 더욱 깊이 믿게 된 것이다. 그리하여 1년에 몇 번씩 정기적으로 산해진미를 차려놓고 기도드리는 것을 잊지 않았다. 이 같은 현상은 계룡대로 수용된 이후에도 몇 차례 더 반복됐다고 한다.

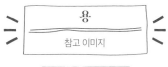
용
참고 이미지

02

■ 출처 참고: 291p

호랑이

Tiger

30. 호랑이

한국인을 대표하는 동물이며 신앙의 존재이기도 하고 산신과 동일시되기도 한다. 위엄이 있으면서도 상대를 헤아릴 줄 알고 신성하면서도 친근한 이미지이다. 선함과 정의를 상징하며 신령을 지키고 우직하며 간교하지 않으나 때로 지혜가 모자라는 어리석음도 보여준다.

 Keyword

머무를 때와 움직일 때의 변화가 매우 심하며 한번 변화가 일어날 때는 그 기세를 꺾기가 어렵다. 결과가 좋을 때도 있고 좋지 않을 때도 있으나 끝이 나야지 길흉을 알 수가 있다. 그다지 긴 시간이 필요하지 않다. 체면과 겉치레가 조금 중요시 된다. 실속이 없을 수 있으나 그보다는 보여지는 것에 치중하는 편이다. 서쪽을 상징한다.

 ## 돋보기

호랑이의 순 우리말은 범이다. 호랑이와 관련된 이야기는 너무나도 많다. 현실은 한편으로는 가혹하기도 했는데 '호환 마마'가 가장 무서운 일이었던 옛날에 이 호환이 바로 호랑이에게 물려가는 죽음을 뜻했던 것이다. '조선 사람들은 1년의 반은 호랑이한테 물려죽은 사람의 문상을 가고, 나머지 반은 호랑이 사냥을 다닌다'는 중국 속담이 있을 정도이다. 한반도는 산이 많은지라 호랑이가 서식하기에 아주 좋은 환경이었는데 소나무를 대대적으로 많이 심어서 그 아래 잡풀이 자라지 않게 함으로써 시야를 확보하게 하는 것은 특히나 호랑이를 먼 데서도 알아볼 수 있게 하고자 하는 절박함이었다고 본다. 민가 주변에는 특히 소나무가 많이 심어져 있는 것을 오늘날에도 많이 볼 수가 있다. 이러한 실정이었지만 무조건 위험하기만 한 동물로 여긴 것은 아니니 2천년 전에 쓰여진 후한서에 '동이족들은 호랑이를 신으로 모셔서 매년 제사를 지낸다'는 구절이 말해주듯이 오래전부터 신령한 동물로 여겨왔다.

  ## 작가의 의도

은혜 갚은 호랑이라던지, 자식처럼 노인에게 효도를 다하는 호랑이라던지 하는 전설을 들으면 무섭기만 한 존재가 아니라 사람보다 더한 인간미를 나타내는 영물이 아닌가 싶다. 호랑이는 산신의 화신이기도 하시지만 거의 산신 곁에서 호위하는 역할로 많이 부각되어 있다. 절의 산신각에 그려져 있는 산신도에는 여지없이 호랑이가 늘 세트로 그려져 있기 마련이다. 그만큼 산신을 곁에서 수호하고 잡스러운 존재들이 다가오지 못하도록 아예 바리케이트를 쳐놓고 있는 역할인 셈이다. 호랑이는 용맹하고 직진밖에 모른다. 오죽하면 좌청룡 우백호라고 하겠는가. 오른쪽에 호랑이가 있다는 뜻은 오른손으로 모든 일을 처리하기에 그만큼 신속하고 진취적이란 뜻이겠다.

01

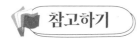

호랑이 관상을 갖춘 사람

호랑이 상은 눈매가 날카롭고 눈꼬리가 올라가 있으며 눈썹 숱이 많아 이목구비가 다른 동물상에 비해 훨씬 뚜렷한 것이 특징이다. 남을 제압하는 기운이 눈빛에서 뿜어져 나오며 함부로 상대하기 힘든 위압감이 대단하다. 진취적이고 호전적인 기질이 강해, 남성의 경우 대통령이나 정·재계 인사들에게서 많이 나타나는 관상으로 알려져 있기도 하다. 백수의 제왕으로 군림하는지라 역시 사람들의 세계에서도 패권을 논하는 자리에는 호랑이 상을 갖춘 사람들이 여럿 등장한다. 하지만 한편으로는 드세 보이거나 팔자가 세 보인다는 편견이 있는 인상이다. 특히 여성에게는 이성 관계나 사회생활에 부정적인 영향을 미칠 수 있다고 하는데 현대는 남성적인 직업을 가진 여성들도 많고 사회적인 진출에 앞장서는 시대이므로 여성 역시도 호랑이 상을 갖추었다면 엄청난 카리스마와 기개가 있어서 그 덕을 볼 것이라고 추측된다. 또한 호랑이들은 원숭이와 사주상 충돌이 있으니 참고로 하면 좋을 것이다. 그러한 해가 돌아오든가 그러한 달이 되면(음력 1월은 호랑이달, 음력 7월은 원숭이달) 가급적 힘든 일은 피하고 대인관계도 조심하면 무난하겠다. 왜 원숭이와 호랑이가 맞지 않느냐에 대해선 나무 위에서 내려오지 않고 약만 올리는 원숭이를 제 아무리 백수의 제왕인 호랑이라 해도 잡아서 혼을 내줄 수가 없기 때문이라고 한다. 원숭이 또한 가만히 있지 않고 호랑이 머리 위로 나무열매를 집어던지는 장난에 재미를 붙였을 것이니 가관은 이를 두고 이르는 말일 수도.

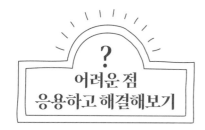

어려운 점
응용하고 해결해보기

Q 시합에 나가서 승부를 봐야하는데 상대방을 생각하면서 뽑으니 호랑이 카드가 나옵니다. 어떻게 리딩해야 할까요?

A 결코 만만치 않은 상대입니다. 이쪽에서 준비를 제대로 하지 않으면 이길 수 없습니다. 하지만 호랑이도 단점과 급소는 있는 법이니 주도면밀하게 파악을 한 다음에 시합에 임해야겠습니다. 대충대충 정보를 모아가지고는 안 됩니다. 철두철미한 준비를 해야 합니다.

• • • • •

  호랑이를 이기려면 엄청난 실력의 포수가 되어야 할 터이니 요령만 가지고는 안 될 일이다.

  아무리 백수의 제왕이라고 하더라도 허점은 있는 법이니 주눅들지 말고 잘 찾아보자.

인왕산의 호랑이와 국사당

풍수에 좌청룡 우백호라고 할 때 경복궁의 우백호에 해당하는 곳이 인왕산이라고 한다. 여기에는 그 옛날 너무도 많은 호랑이가 출몰하여 사람들의 걱정이 이만저만이 아니었는데 '인왕산을 모르는 호랑이가 없다'는 말까지 있을 정도였다고 한다. 현대 무속인의 성지 중에 손꼽히는 인왕산 국사당은 예전에는 국가적인 제사를 지내던 곳이었으며 당연히 왕과 나라의 태평성대를 발원했던 장소이다. 조선 시대가 열리면서 도읍을 정할 때 이성계와 무학대사가 서울을 둘러싼 지형 지물을 관찰하였고 이때에 특히 중요하게 부각되었다. 인왕산의 산세는 호랑이가 웅크린 형상으로 거대한 바위산이다. 양기가 가득한 곳이니 당연히 호랑이와 인연이 있다. 인왕산과 얽힌 호랑이 전설 중에는 포악한 호랑이만 등장하는 것은 아니다. 옛날 옛적에 인왕산에 호랑이 부부 한 쌍이 살고 있었다. 호랑이 부부는 금슬이 매우 좋았고, 그들은 사람들을 보면 나쁜 사람인가 좋은 사람인가를 구분할 수 있었다. 그래서 무악재를 넘나들며, 평소에는 사람들에게 해를 끼치지 않지만, 행실이 못된 사람이 고개를 넘을라 치면 어김없이 해코지를 하고는 하였다. 그러던 어느 날 인왕산에 산불이 발생했다. 이때 암컷이 먹을 것을 찾아 인가로 내려갔다가 포수의 총에 맞아 죽고 말았다. 그 사실을 알게 된 수컷이 포효하며 슬프게 울부짖다가 바위에 머리를 부딪치는 것으로 아내의 뒤를 따랐다. 이때 바위 한쪽이 떨어져나갔다. 그 모양이 마치 자살한 수컷 호랑이처럼 생겼고, 해가 중천에 뜨면 이 바위에 반사된 햇빛이 마치 호랑이 눈에서 나는 광채와 같았다. 암컷을 쏘아죽인 포수는 이 빛에 두 눈이 멀었다고 한다.

호랑이
참고 이미지

■ 출처 참고: 291p

31 업신 [Eopsin] : Goddess of Storage and Wealth

31. 업신

집안의 재물을 지켜주는 수호신의 하나로 집안의 보이지 않는 곳에서 가족과 함께 지낸다. 업신이 나가게 되면 집안의 기운이 쇠퇴한다고 믿었다. 집안에 업신이 있다는 것은 재물이 모이고 부자가 된다는 의미이기도 했다. 한국인이 좋아하는 복의 의미가 업(業)에 함축되어 있다.

Keyword

좋은 운이 계속해서 이어질 수 있다. 모르는 게 약이다. 나를 돕는 사람이나 운을 내가 모르고 있을 수도 있지만 지금의 상황은 매우 낙관적이다. 금전운에서 특히 길하다. 일의 흐름은 나의 편에서 진행되고 있다. 자만하지 않고 과욕을 부리지 않는다면 당분간 나의 운은 계속해서 잘 흘러가게 될 것이다.

 돋보기

뱀 중에서도 구렁이가 가택신의 대표 격인 업신이 된 것은 우연이 아닐 것이다. 속담에 '구렁이 담 넘어가듯이'라는 표현이 있는데 일을 은근슬쩍 얼버무리는 것을 비유하는 말이다. 그만큼 우리나라 사람들과 친숙한 셈이다. 또한, 뱀은 이중적인 동물이기도 한데 겨울잠을 자는 동안에는 그 흔적을 찾을 수가 없으며 정기적으로 허물을 벗고 새로운 몸으로 변신하니 불멸의 상징이기도 하다. '구멍에 든 뱀 길이를 모른다'라는 말은 어떤 사람의 재주나 재물이 얼마인지 헤아리기 어렵다는 말이다. 구렁이는 뱀 중에서도 몸이 큰지라 권력자를 상징하기도 하며 많은 알과 새끼를 낳기에 풍요와 다산의 의미가 있다. 당연히 가택신으로 모시기에 부족함이 없는 모양새이다.

 작가의 의도

업신은 가택을 지켜주고 가족의 번영을 도와주며 함께 살아가는 신령들의 총칭이다. 두꺼비 등도 업신으로 여겨지지만, 여기에서는 큰 구렁이를 그려보았다. 지금처럼 아파트 생활을 하는 현대인들은 이해하기 힘들지만, 대자연과 더불어 살아가던 조상님들에게는 다양한 동물들이 집안을 찾아와서 둥지를 틀거나 자리 잡는 것에 대해 매우 관대했고 다 같이 살아가는 것에 대해 오픈된 시각이었음을 알 수가 있다. 오죽하면 구렁이조차도 업신으로 생각을 했겠는가! 업신을 잘 대우하면 집안의 재물이 크게 일어나고 반대로 홀대를 하게 되면 폐가망신을 하게 된다고 생각했다. 그러기에 집안을 수리하는 일에서도 이 업신들이 놀라거나 집을 나가게 될까 봐 매우 조심하였다. 또한 다른 가택신들처럼 늘 같은 장소에서 그 역할을 행하는 것이라기보다는 소리소문 없이 들어와서 머물다가 소리소문 없이 나가버린지라 이로 인하여 사람들은 집안에 업신의 유무를 가족들의 부귀와 장수로 판단하였다. 그렇기에 업신은 늘 초대해 마지않는 신이었다.

가정의 운세와 재물을 관장하는 신으로 가택신(家宅神) 중 유일하게 실물의 동물 형상을 하고 있다. 대표적으로 집 구렁이와 두꺼비가 업신의 현현이라 믿어졌으며 그 외에도 족제비나 소, 개도 업신이 될 수 있었다. 더 나아가서는 사람도 인업이라 하여 '업동이', '업며느리'라 불리기도 하면서 재물운을 가져다주는 존재로 여기기도 했다. 또 다른 형태로 업가리가 있다. 대개 집 뒤란에 위치한다. 짚으로 주저리를 틀어 놓은 형태이며, 주저리 안에 나무막대기를 박아 놓았다. 막대기는 대개 밤나무 막대기이다. 그 안에 한 되 정도 들어가는 단지에 콩이나 벼를 넣어 둔다. 주저리는 가을에 고사를 지내기 전에 갈아주며, 이전의 주저리는 불사른다. 지역에 따라서는 소나무 가지를 해를 거듭하며 쌓아두어 업가리의 규모가 큰 예도 있다. 가을에 집 고사를 지낼 때 함께 고사의 대상으로 삼는다.

? 어려운 점
응용하고 해결해보기

 조상 대대로 내려오는 물건이 있는데 지금 유행하는 인테리어와 맞지 않아서 처분하려고 하는데 업신 카드가 나왔습니다. 어떻게 리딩해야 할까요?

 그것을 단순히 물건으로만 보아선 안 될 것입니다. 후손이 잘되기를 바라는 조상님들의 마음이 집중적으로 모여 있는 물건으로 보입니다. 굳이 장식하는 것이 어렵다면 깨끗한 방이나 장소에 잘 보관해두는 것도 좋은 방법입니다.

· · · · ·

 보기에는 별것 아닌 것 같아도 늘 복을 주는 근본이 있다고 봐야 한다.

 남이 오랫동안 쓰던 물건을 받아서 가져올 때에도 그 집안의 업신을 생각해보자.

 전래이야기

뱀신랑 이야기

'구렁덩덩 서(徐)선비', '뱀신랑' 등으로도 불리며, 전국적으로 널리 구전되고 있다. 어떤 할머니가 자식을 기원하여 뱀아들을 낳았다. 이웃집의 세 딸이 아이를 구경하러 왔다가 뱀아들을 보고는 셋째 딸만이 호감을 보였다. 뱀아들이 자라서 어머니에게 이웃집 딸과 혼인시켜달라고 해서 어머니가 가서 청혼하니, 두 딸은 거절하고 셋째 딸이 좋다 하여 혼인하였는데, 첫날밤에 뱀은 허물을 벗고 잘생긴 남자가 되었다. 그 뒤 뱀신랑은 낮에는 뱀으로, 밤에는 사람으로 지내다가, 얼마 뒤 완전히 뱀 허물을 벗었다. 뱀신랑은 셋째 딸에게 뱀 허물을 주면서 남에게 절대로 보이면 안 된다고 당부하고는 과거를 보러 떠났다. 그 사이에 셋째 딸의 실수로 두 언니가 뱀 허물을 발견하고는 태워 버렸다. 뱀신랑은 허물 타는 냄새를 맡고는 다시는 돌아오지 않고 정처 없이 길을 떠났다. 남편을 찾아 나선 셋째 딸은 밭을 가는 사람, 빨래하는 여자, 까치한테까지 길을 물어 마침내 지하세계로 들어가 남편이 사는 곳을 찾아갔다. 뱀신랑은 새 여자와 혼인해 살고 있었는데, 셋째 딸은 노래를 불러 남편이 자기를 알아보게 하였다. 셋째 딸은 새 여자와 물 길어 오기, 호랑이 눈썹 가져오기 등의 내기를 하여 이기고, 드디어 뱀신랑과 다시 결합하여 행복하게 살았다는 설화이다. 막내딸이 뱀신랑을 찾아가는 노정기나 시험 과정은 매우 깊은 신화적 상징성을 함축하고 있으며, 이러한 막내딸의 시련은 한국 서사문학의 저변에 뿌리박혀 있는 여성 수난과도 그 맥을 같이한다고 볼 수 있다. 결국 이 설화는 신비스러운 경험을 통해서 고난을 극복하고 온전한 행복을 향한 투지를 보여준다는 점에서 적극적인 의의를 내포하고 있다.

■ 출처 참고: 292p

당산나무 : Village Guardian Deity Tree

32. 당산나무

신목(神木), 마을을 지키는 수호신이자 성스러운 구역으로 언덕이나 산기슭에 있다. 마을에 불길한 일이 있을 때 이를 풀기 위해 신목에 제사를 올리기도 한다. 또한 지역공동체를 상징하기도 하며 고대로부터 전해져오는, 우주의 중심에 자라고 있는 나무 설화(신단수)에서 보듯이 정치, 경제, 신앙의 중심이다.

Keyword

쉽게 외면할 수 없는 강력한 현실적 제재. 개개인의 생각보다 전체의 의견을 따라야 한다. 쉽게 변하지 않는 전통, 금세 변화가 이루어지지 않는다. 대다수의 의견에 동화되어 따라가더라도 손해 볼 것은 없다. 조직 내에서의 일, 공동체 안에서 해결되어야 할 일.

돋보기

우리나라 고조선 신화에 신단수라고 하여 성스러운 나무를 언급한 구절이 있는데, 북유럽의 위그드라실이라고 하는 생명의 나무와도 비견될 만한 것이며 전 인류가 가진 공통분모라고 볼 수 있다. 신단수는 환인의 아들 환웅이 지상으로 처음 강림한 곳에 있는 나무이며 고대의 도시는 이 신단수를 중심으로 이루어졌다고 한다. 고대인들의 시작점에 함께 등장하는 신목(神木)은 우연한 것이 아니며 사람들이 대자연을 바라보는 시각이 어떤 것인가를 다시 한번 알려주는 지표라고 볼 수 있다. 이러한 당산나무가 없는 곳에는 크고 작은 돌탑이 쌓여있는 것을 심심치 않게 볼 수 있는데 이또한 신목의 기능을 대신한다고 볼 수 있다. 나무와 이 돌탑 등은 하늘의 기운을 땅으로 이어주게 하는 연결 구실을 하였는데 사람이 제아무리 혼자의 힘으로 잘사는 것처럼 보여도 결국에는 하늘과 땅의 에너지가 없이는 생존할 수 없다는 것을 옛사람들은 경험치로 잘 알고 있었던 듯하다.

작가의 의도

예전에는 마을 입구에 꼭 하나씩 큰 나무가 자리 잡고 있었다. 지금은 국가에서 보호수로 지정해서 함부로 베지 못하도록 하지만 근대에 발전의 바람을 타고 도로가 나고 주택이 현대식으로 지어지면서 이 귀중한 당산나무들은 많이 사라지게 되었다. 개인주의가 극성인 지금에서는 이해할 수 없지만, 이전 사회는 마을을 단위로 공동체 의식이 강력했고 이를 지탱해 주는 상징적 존재가 당산나무였다. 마을을 지켜주는 수호신이었으니 큰 사고나 액운이 침입하지 않도록 막아주었다. 당산은 따로 건물을 지어서 모시기도 했지만 큰 나무 자체에 깃들어 있는 경우도 많았으니 신목(神木)으로서 위엄과 신령함은 마을 내에서는 최고일 수밖에 없었다. 특히 여타 신령이 눈에 보이지 않는 존재였다면 나무는 마을을 오가는 많은 이들이 실제 맨눈으로 늘 바라볼 수 있는 실물이었으며 사시사철의 변화에 따라 꽃도 피고 낙엽도 떨구는 등 대자연의 집약체를 드러내는 위대한 존재였다.

01

단군신화에서 환웅이 무리를 이끌고 하늘에서 내려왔던 곳의 신성한 신목(神木)을 신단수라고 한다. 『삼국유사』와 『제왕운기』에 그 기록이 나타나는데 『삼국유사』에 의하면 환웅이 3,000의 무리를 이끌고 태백산정에 있는 신단수 아래에 내렸다는 것이다. 그런데 『제왕운기』의 기록은 약간의 차이를 보인다. 3,000의 무리가 3,000의 귀신으로, 단(壇)이 단(檀)으로 다르게 나타나 있다. 더욱 커다란 차이는 두 기록에서 나타나는 신단수에 관한 관념의 차이다. 『삼국유사』에서는 "언제나 단수 아래에서 웅녀가 빌어 아기 가지기를 원하였다."라고 되어 있다. 반면에 『제왕운기』에서는 "웅이 그 손녀로 하여금 약을 마셔 사람의 몸을 가지게 한 뒤 단수신과 혼인하여 생남하게 하였다."라고 되어 있다. 『삼국유사』의 신단수가 영험이 있는 기원의 대상이라면, 『제왕운기』의 신단수는 신수(神樹)의 관념을 나타낼 뿐만 아니라, 수인신(樹人神)의 형태까지도 보여준다. 신단수는 환웅이 내려온 곳이고, 아기를 기원할 수 있는 대상이므로 천신숭배사상과 수목 신앙이 결합한 형태를 간직한다. 신단수의 후대의 모습은 서낭나무·당산나무 등으로 연결되며 그에 대한 신성성과 기원의 관념은 지속된다. 신단수는 이처럼 민간신앙적 측면에서 수목 신앙의 원형을 간직하고 있으면서도, 만주나 몽고 등지의 동계 문화권에서부터 북구 지역에 이르기까지 두루 등장하는 세계수·무수(巫樹) 등과 밀접한 관련이 있다.

02

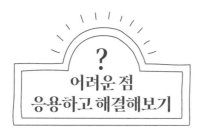

어려운 점 응용하고 해결해보기

 Q 올해의 운을 보았더니 주의할 부분에서 당산나무 카드가 나왔습니다. 어떻게 리딩을 하나요?

 A 나를 포함하여 지인, 가족, 친지 등 포괄적인 인간관계에서 신경을 써야 할 일이 생기겠습니다. 공적인 일이나 회사 안에서의 일이라면 다 함께 진행해야 할 업무를 맡게 됩니다.

・ ・ ・ ・ ・

 포인트 │ 마을 전체를 수호하는 당산나무이므로 개별적인 상황이 아닌 공동의 일에 적합하다.

 유의점 │ 개인주의적으로 변하는 현대에 공동의 이익을 위해서 양보하는 것은 중요한 미덕이다.

 **전래이야기**

옛날 하늘의 선녀가 땅에 내려와 나무 밑에서 쉬다가 나무 신의 정기와 인연을 맺어 아들을 낳았다. 선녀는 하늘로 올라가고 소년은 나무 밑에 가서 나무를 아버지라고 부르며 놀아서 나무 도령이라고 불리게 되었다. 하루는 나무가 소년을 부르더니 앞으로 큰비가 와서 자기가 넘어지거든 자기의 등에 타고 일렀다. 어느 날 갑자기 큰비가 내리기 시작하더니 그치지 않아서 세상이 온통 물바다를 이루었다. 넘어진 나무를 타고 떠내려가던 나무 도령은 살려달라고 애걸하는 개미를 만나 아버지인 나무의 허락을 받고 그 개미들을 구해 주었다. 또 모기떼들도 구해 주었다. 마지막에 한 소년이 살려달라고 하는 것을 보고 구해 주자고 하였더니 나무가 반대하였으나 나무 도령이 우겨서 그 소년을 구해 주었다. 비가 멎고 나무 도령 일행은 높은 산에 닿았다. 두 소년은 나무에서 내려와 헤매다가 한 노파가 딸과 시비를 데리고 사는 집에 정착하게 되었다. 구해 준 소년은 그 딸을 차지하려고 노파에게 나무 도령을 모함하여 어려운 시험을 당하게 하였다. 그럴 때마다 구해주었던 동물들이 와서 도와주어, 결국 나무 도령은 그 딸과 결혼하였고, 구해 준 소년은 밉게 생긴 시비와 결혼하였는데 이 두 쌍이 대홍수로 없어진 인류의 새로운 시조가 되었다.

■ 출처 참고: 292p

33 혼례 · · · Wedding

한 쌍의 원앙새가 놓여진 상차림이 결혼을 말해주고 있다. 한국의 전통 결혼식으로 이는 백년해로를 상징하고 앞으로 신랑, 신부의 미래에 부귀영화와 행복이 함께하기를 기원하는 의미이다.

Keyword

의견의 합일, 일치, 연합, 계약이 이루어짐, 장기적인 계약이 성사됨, 행복한 순간, 만인의 주목을 받으며 더 없이 안락한 기간을 보낼 수 있다. 소소한 잘못은 용서되고 이해될 수 있다. 관용적인 태도로 일을 진행하면 유익하다.

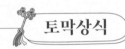

토막상식

결혼하는 꿈이나 큰 잔치가 벌어지는 꿈 중에서 음식을 먹는 꿈이 있는데 이것은 길하지 않게 여긴다. 때로는 꿈을 꾸고 난 후에 몸이 아프기도 한다. 이렇게 잔치집의 음식을 가려서 먹는 것은 실제로도 그러한데 거기에서 따라붙은 좋지 않은 기운을 같이 받아들인다는 의미가 있었던 듯하다. 살아가면서 여러 일가친척이 다 모이는 것은 이렇게 혼례 때도 있지만 연로한 어른이 돌아가셔서 모이는 때도 있다. 아무튼 잔치에는 사람들을 따라다니는 온갖 잡귀와 잡신도 함께 동행을 하게 되니 그 음식의 부정함을 가리는 것은 옛사람들에게는 아주 중요했던 듯하다. 그런 의식이 지금도 현대인의 무의식에까지 남아있는 지도 모를 일이다.

작가의 의도

전통 혼례상의 일부를 그려보았는데 두 마리의 깎은 기러기를 중심에 놓았다. 사이좋게 살아가라는 의미이기도 하고 기러기는 한 번 짝을 맺으면 죽어도 다른 짝을 맺지 않는다고 하여 부부 간의 정조를 상징하기도 한다. 평생을 사랑하고 아껴주라는 의미일 것이다. 또한 고려 시대만 해도 신랑이 신부 댁으로 가서 혼인한 전통이 있었는데 조선 시대로 접어들면서 모계 중심에서 부계 중심으로 넘어오면서 다 잊혀지게 되었

다. 이때 신부 댁에 도착한 신랑은 신부 어머니께 기러기를 드리는 예(전안례)를 가장 처음으로 행한다고 한다. 아름다운 풍습이 아닐 수 없다.

01

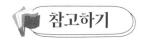
서옥제(壻屋制)는 고구려에서 혼인하던 풍습으로 데릴사위제 가운데 하나이다. 사위집이라고도 한다. 《삼국지》〈위지〉동이전 고구려조에 따르면, 고구려 사람들은 말로써 혼약이 정해지면 처가에서 큰 본채 뒤에 작은 별채를 짓는데, 이를 서옥(사위집)이라 하였다. 해가 저물 무렵 남편이 처가 문 밖에 와서 이름을 밝히고 꿇어앉아 절하며 안에 들어가서 아내와 잘 수 있도록 요청한다. 이렇게 두세 번 청하면 아내의 부모가 별채에 들어가 자도록 허락한다. 자식을 낳아 장성하면 아내를 데리고 남편 집으로 돌아간다. 이는 고대한국의 원시사회가 모계제사회였다고 주장하는 근거의 하나이다. 서류부가는 남자가 혼인을 한 뒤 일정 기간 처가에서 살다가 남자 집으로 돌아와 사는 혼인 형태이다. 이러한 서류부가의 혼속을 사위가 처가에 장기간 머물며 노력을 제공하는 봉사혼으로 규정하기도 한다. 이를 조선 중기 효종 때의 《반계수록》에는 "사대부가는 고루 구간하여 사위가 처가에 유한다. 그러므로 처를 취하지 않고 장가든다."라고 표현하였다. 수천 년 내려온 서류부가의 혼속은 체류 기간이 조선 후기에 와서 1~3년으로 단축되었다.

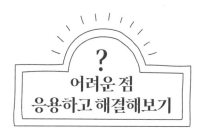

?
어려운 점
응용하고 해결해보기

Q 오랫동안 장사를 하면서 물건을 납품받던 곳을 바꾸려고 하는데 뒤탈이 없을까요? 혼례 카드가 나왔습니다. 어떻게 리딩할까요?

A 아직은 바꿀 시기가 아닌 듯합니다. 조금 더 신중하게 결정을 하는 게 좋겠네요. 그래도 어려운 시절에 서로 도움을 주던 사이 같은데 서둘러 인연을 끝내는 느낌이 드네요.

• • • • •

포인트 │ 서로 배필이 되고자 약속하는 카드이므로 가볍게 관계를 정리해서는 안 된다는 의미가 강하다.

유의점 │ 작은 이익을 위해서 의리를 저버리게 되면 나중에 힘들어졌을 때 아무도 돌보지 않는다.

전래이야기

설씨녀(薛氏女)는 신라 진평왕 때의 사람으로 경주 율리에 살고 용모가 단정하고 행동이 발랐다. 그런데 어느 날 설씨녀의 아버지가 국경을 지키는 일에 징발되어 가야 했다. 설씨녀는 몸이 아픈 아버지 대신 나가려고 하였으나 여자의 몸으로는 그러지 못하였고 걱정만 하였다. 이때 평소에 설씨녀를 흠모하던 사량부 출신의 가실이 자신이 대신 가겠다고 했다. 그러자 아버지는 가실을 설씨녀와 결혼하게 하겠다고 약속을 하였다. 그러자 설씨녀가 말했다. "혼인은 인간의 중요한 도리이므로 갑작스럽게 할 수는 없습니다. 제가 이미 마음으로 허락하였으니 죽어도 변함이 없을 것입니다. 바라건대 당신께서 변방 지키는 일을 교대하고 돌아오시면 그런 후에 날을 잡아 혼례를 올려도 늦지 않을 것입니다."라고 말하고는 거울을 둘로 쪼개어 각각 한 조각씩 신표로 가지자고 하였다. 가실은 자신이 기르던 말을 한 필 주면서 반드시 쓸 일이 있을 것이라 일렀고, 결국 둘은 작별하고 떠났다. 본래 군역은 3년이었으나, 나라에 전투가 벌어져 다른 사람으로 교대하지 못하고, 어느새 6년이 흘렀다. 이에 설씨녀의 아버지는 3년이 훨씬 지났다면서 다른 이와 혼인하게 하려 하였으나, 그녀는 신의를 저버릴 수 없다며 거절하고 도망치려 했으나 잡히고 말았다. 그리고 마구간에 가실의 말이 눈에 들어오자, 크게 탄식하고는 눈물을 뚝뚝 흘렸다. 이때, 가실이 야위고 남루한 모습으로 집안으로 들어왔다. 집안에 있던 모든 사람들은 가실이 아니라고 하자, 가실은 깨진 유리 한쪽을 던졌다. 설씨녀가 이를 맞추어 보고는 흐느껴 울었고, 아버지와 집안사람 모두가 기뻐하여 어쩔 줄을 몰랐다. 마침내 설씨녀와 가실은 혼인을 하여 해로했다.

■ 출처 참고: 292p

34 출산 : Childbirth

아직 잠들어 있는 마을에는 어스름한 안개가 깔려 있고 누군가의 집에 이제 막 새 생명이 태어났다. 가족 이외의 다른 사람은 출입 할 수가 없다는 것을 알리는 금줄이 대문 앞에 드리워져 있다. 이것은 부정한 기운을 막는 것으로 태어난 아기가 건강하게 자랄 수 있도록 하는 목적이 있다.

Keyword

금기시 하는 것은 지키는 것이 좋다. 나의 기쁨을 남에게 알릴 때에는 조심해야 한다. 시기와 질투가 있을 수 있으니 처세를 신중하게 해야 한다. 은밀한 기쁨이 있다. 소문을 조심하고 당분간은 근신하는 것도 나쁘지 않다. 가족 간에라도 지켜야 할 것이 있다. 나의 접근을 상대가 거부할 때에는 잠시 거리를 두어야 한다. 무리하게 진행하면 그르친다.

 돋보기

아기가 태어났다는 것을 알리는 금줄이 집 앞에 드리워져 있다. 사내아이가 태어나면 고추와 숯을 걸고 여자아이가 태어나면 작은 생솔가지와 숯을 건다. 그림에서는 고추와 솔가지가 같이 있는 것으로 보아 쌍둥이가 태어난 것으로도 보인다. 상상에 맡기겠다. 길게는 3주 정도 쳐놓았던 금줄은 걷어낸 후에는 깨끗한 물에 띄워 보내거나 소각했다. 특히 금줄을 한 기간에 식구들은 상가(喪家) 출입을 하지 않았다. 상주와 과부, 월경 중인 여성 등은 부정한 이로 간주되어 이들은 엄격히 출입이 제한되었다. 마을은 이른 아침이라 아직 잠들어 있고 낮은 안개마저 깔려있어 신비롭게 보이기도 한다. 한 가정에 큰 경사가 났다는 것을 동네 사람들이 곧 알게 될 것이다. 기쁨은 조용히 찾아오는 것인지도 모른다. 또 몇 대 독자가 태어난 집에서는 아들이 태어났는데도 딸이라고 이웃에게 속이기도 하는 등 혹시라도 모를 시샘이나 저주로부터 보호하기 위한 방편을 쓰기도 했다고 한다. 금줄이 드리운 집에는 이웃도 왕래를 삼가라는 의미가 있는데 옛 어른들의 지혜가 아닐 수 없다. 요즘같이 문명이 발달한 시대에도 지켜져야 하는 예이다. 아직 저항력이 부족한 아기니까 최대한 외부의 나쁜 기운이 들어오는 것을 제지해 주어야 한다.

작가의 의도

출산에 있어서 익히 한국인에게 알려진 삼신은 한국 신화의 여신, 즉 인간이 태어나도록 아이를 점지해 주는 탄생신으로 창조신 마고신 이후로 가장 친근하고 유명한 여신이시다. 집 안에 대를 이을 자식이 태어나지 않으면 부귀영화가 무슨 소용이 있으며, 삼신이 아이를 낳게 해주시지 않는다면 벌써 인류는 멸망했으리라는 것이 삼신 신봉자의 입장이다. 삼신은 자기 집안 조상신 중에서 한 분이 잉태를 위한 역할을 도와주시기 위해 삼신으로 좌정한다고 여겨지며 우리 한민족이 면

면히 받드는 성스러운 숫자 3을 상징하는 위대한 능력의 신이라는 뜻으로도 해석할 수 있다. 그러니 가택신으로 받들어 모셔지기도 한다. 삼신이 동하지 않으면 아기가 생기지 않는다고 하는데 이는 맞는 말이다. 아직 현대 의학으로도 임신의 비밀을 다 풀지 못했다는 점에서 더 힘을 발휘한다. 단순히 임신하고 출산을 한다는 의미가 아니라 나와 집안과 인연이 있는 귀한 자손이 태어나게 점지를 해 주신다는 점에서 얼마나 인간관계를 귀하게 여겼는지를 알 수 있는 대목이다.

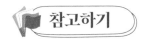
삼칠일에 차리는 삼신상

아기가 태어나고 21일째 되는 날 미역국과 백설기 등을 준비해서 삼신할머께 고마움을 표시하는 상차림이다. 대부분 백일상 정도로만 알고 있는데 사실은 삼칠일에 차리는 삼신상이야말로 아기가 탈 없이 자랄 수 있도록 삼신할머께 도움을 요청하는 최고의 예의라고 하겠다. 매주간 차려서 3번 정도 행하는 지역도 있다. 요즘은 이런 전통이 사라지는 것 같아서 안타깝다. 백일상, 돌상은 패키지로 대여하는 곳도 많던데 삼신상도 예쁘게 해서 많이들 이용하고 전통을 살렸으면 하는 희망을 가져본다.

01

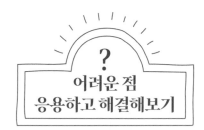

?
어려운 점
응용하고 해결해보기

 Q 갑자기 멀리 여행을 갈 일이 생겼는데 언제쯤으로 계획할까요? 출산 카드가 나왔습니다.

A 당분간은 여행을 가지 않고 머무르는 것이 더 좋습니다. 나중에도 기회는 얼마든지 있으니까요. 무리해서 가게 되면 건강을 해친다든가 물건을 잃어버린다든가 해서 썩 추천해드리지 않습니다.

. . . . .

 아기가 태어났으니 당연히 장거리 여행은 힘들다.

 오랜 기간 임신 때문에 행동반경이 불편하다가 출산으로 해방되니 신중함이 떨어진다고 본다.

 Q 새롭게 시작한 일이 지지부진하고 재미가 없습니다. 그만두어야 할까요?

 A 우물가에서 숭늉을 찾는 격입니다. 이제 걸음마도 하기 전인데 너무 성급한 마음입니다. 차분히 마음을 가라앉히고 원점에서 모든 것을 생각해봅시다. 모처럼 잡은 기회인데 경솔하게 그만두면 후회할 수도 있습니다.

. . . . .

 신생아에게 태어나자마자 어른처럼 걸으라고 하는 것과 같다.

 조급하게 서두르면 될 일도 안 되는 법이다. 진득함이 필요하다.

전 래 이 야 기

제주도 무속 신화에는 삼신에 대해서 다음과 같은 설화가 전해온다. 동해 용왕 따님아기가 자라면서 여러 가지 죄를 지었으므로 용왕은 딸을 죽이려고 하였다. 어머니는 딸을 삼승할망으로 인간 세상에 보내어 목숨을 살리려고 석함에 담아 띄워버리도록 용왕에게 간청하였다. 어머니는 급히 딸에게 아기를 잉태시키는 방법을 가르쳐주었지만, 해산시키는 방법을 미처 가르쳐주기 전에 동해 용왕 따님아기는 석함에 담겨 바다에 띄워지고 말았다. 석함은 인간 세계에 표착되고 자식이 없는 임박사에게 발견되어 열렸다. 동해 용왕 따님아기는 임박사를 따라가서 먼저 어머니가 가르쳐준 대로 임박사의 부인에게 아기를 점지하였다. 아기는 뱃속에서 점점 커갔지만, 해산시킬 줄 모르니 낭패였다. 열두 달이 넘어가자 급한 김에 임부의 겨드랑이로 아기를 꺼내려 하니, 아기와 어머니가 모두 죽게 될 판이다. 임박사는 이 억울함을 옥황상제에게 호소하였다. 옥황상제는 현명한 명진국 따님아기를 골라 삼승할망으로 보내어 이를 해결하도록 하였다. 두 처녀는 도중에서 만나 삼승할망직을 놓고 서로 다투기 시작했는데, 끝이 없자 옥황상제에게 가서 판결을 받기로 하였다. 내력을 들은 옥황상제는 두 처녀를 보고 꽃 가꾸기 내기를 해서 이기는 자에게 삼승할망의 자격을 주겠다고 하였다. 두 처녀는 각각 모래밭에 꽃을 심어 가꾸었는데, 명진국 따님아기의 꽃이 크게 번성하였다. 옥황상제는 경쟁에 이긴 명진국 따님아기를 삼승할망으로 임명하여 인간 세상에 가서 잉태를 돕도록 하고, 동해 용왕 따님아기에게는 저승에 가서 아이의 사령(死靈)을 차지하는 구삼승할망이 되라고 하였다. 이래서 명진국 따님아기는 삼승할망이 되어 서천꽃밭의 생불꽃, 환생꽃을 차지하여 그 꽃을 가지고 분주히 돌아다니며 인간에게 잉태를 주고 해산시키고 15세까지 키워주며, 동해 용왕 따님아기는 아기에게 병을 주어 잡아가서 저승에서 그 영혼을 차지하는 신이 되었다. 그래서 명진국 따님아기는 삼승할망·생불할망·인간할망 등이라 부르고, 동해 용왕 따님아기는 구삼승할망·저승할망 등이라 부른다.

출산
참고 이미지

02

■ 출처 참고: 292p

35 행복한 가족

Happy Family

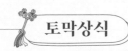

단란한 세 가족이 모여 앉아 식사를 하고 있다. 소박한 서민의 모습이다. 마당 아래도 닭들이 병아리와 모이를 먹고 있다. 평화로운 그림에서 재물이 넉넉하지 않아도 진정한 행복을 엿볼 수 있다.

Keyword

일상적이고 소소한 즐거움이 이어진다. 가족 안의 일도 제자리를 찾아가고 타인 간의 일이나 직장 생활도 무난하게 나아갈 수 있다. 지나친 욕심만 부리지 않는다면 한동안 이러한 평화가 이어질 전망이다.

토막상식

길상(吉祥)이란 좋은 일이 있을 조짐을 의미하기도 하고, 살아가면서 행복이 이루어지기를 바라는 모든 소망을 상징한다. 동서고금 남녀노소를 불문하고 이러한 좋은 운수에 대한 것은 가정 내 가족의 건강과 재물이 늘어나는 것과 무병장수를 기본으로 한다. 그래서 집안에 이러한 행운이 계속해서 들어오게 하려고 물건이나 그림 등을 많이 갖추었는데 집을 지을 때부터 이러한 의식은 시작되었다. 전통 한옥을 지을 때 기둥이나 대들보가 다 설치된 다음에 마룻대를 올리는 것을 상량이라고 하는데 마룻대는 건물의 가장 높은 위치에 수평으로 놓인 큰 기둥이고 서까래들이 여기에 걸쳐지게 된다. 요새 인기 있는 서까래 있는 촌집들은 리모델링을 하려는 요소로 서까래가 잘 살아있는지부터 확인한다. 마룻대를 올리면 거의 모든 일이 완성되므로 잔치를 벌여서 목수들에게 성의를 다해 대접하고 마을 사람들과 기쁨을 나눈다. 현대에 돈만 주고 집을 짓고 끝나버리는 무미건조한 거래와는 전혀 다른 행사이다. 이때 이 집을 짓게 된 내력을 글로 적는데 그것을 상량문이라고 한다. 그 가족을 위한 염원을 적어 넣기도 하고, 물을 상징하는 용(龍)과 귀(龜)를 마주 보게 써서 화재를 막고자 노력하였다. 모든 행복의 시작은 이 집안에서 시작하는 것이기 때문이다. 이는 미신이라고 하기보다 우리 전통의 아름다움이고 나눔의 미학이 아닐 수 없다. 현대에도 작게나마 이러한 나만의 상량문이 있었으면 하는 바람이다.

작가의 의도

소박한 집안 마루에 가족들이 앉아 오순도순 식사하며 즐거워하는 모습이다. 사실 행복은 거창한 것에 있지 않고 이러한 일상 속에 있는 것이다. 늘 곁에 있기에 놓치고 사는 것이다. 마당 아래에는 기르는 가축들도 자신들의 식구와 행복한 한 때를 보내고 있다. 가족이 아프지 않고 큰 근심 없이 한 끼의 식사를 함께하는 것은 요즘 시절에도 점점 보기 드물어지고 있다. 혼자 사는 가구가 많아지고 가족 간에도 교류가 뜸한 세상이라 더 귀한 그림으로 보인다. 그때보다 먹을 것은 더 풍족해졌는데 왜일까?

옛날 한옥을 방문할 일이 생기면 아주 작은 방의 사이즈에 한 번 놀라고 마당에서 바라보이는 자연의 풍경에 한 번 더 놀란다. 요새는 침대를 쓰다 보니 우선 드는 생각이 그 작은 방에 침대 하나 들여놓기란 무리라는 것이다. 그냥 요를 깔고 생활을 하기에도 정말 좁아 보인다. 특히 남자들은 약간 몸을 구부려서 들어가야 할 것 같은 출입문 등은 소인국에라도 온 것 같은 착각이 든다. 특히나 방이 작은 것은 날이 추워지면 아궁이 난방을 하고 살아야 하는데 열 손실을 최소로 줄이기 위해 고안된 사이즈라고 한다. 그래야지 긴긴 밤을 걱정 없이 보낼 수가 있었던 모양이다. 덕분에 가족끼리 어깨를 맞대고 살면 우울증을 느낄 겨를이 없었을 것 같다. 현대에 큰 집에 혼자 살면서 우울증을 느끼는 사람들이 많이 늘어나고 있는 것과 비교된다. 사람이란 가족과 적당히 부대끼면서 살 때 가장 행복한 건지도 모른다.

어려운 점 응용하고 해결해보기

Q 회사 면접을 보고 나서 고민이 됩니다. 그다지 발전 가능성이 없어 보이는데 행복한 가족 카드가 나왔습니다. 어떻게 리딩해야 할까요?

A 겉으로만 판단하는 것일 수 있습니다. 근무하게 되면 의외로 소소한 보람과 행복을 느낄 만한 회사라고 생각이 들 겁니다. 거창하지만 아무런 실속이 없는 것보다는 훨씬 낫습니다.

• • • • •

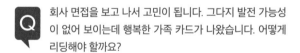
(포인트) 마음의 욕심을 조금 내려놓으면 가장 가까이에 있는 행운을 쉽게 발견할 것이다.

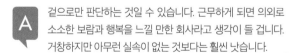
(유의점) 자신이 처한 상황과 능력을 오해하는 경우도 있으니 겸손함이 필요하다.

전래이야기

용궁에서 온 강아지의 보은으로 해인을 얻어 해인사를 세운 노부부

옛날 가야산 깊은 산골에 늙은 부부가 살고 있었다. 부부는 자식 없이 외롭게 지내고 있었는데 어느 날 귀여운 강아지 한 마리가 집으로 들어왔다. 부부는 적적함도 달랠 겸 강아지를 정성스레 길렀다. 강아지는 무럭무럭 자랐고 3년이란 시간이 흘렀다. 부부의 집으로 온지 3년이 되는 날, 크게 성장한 개가 사람처럼 말을 하며 "저는 동해 용왕의 딸입니다. 죄를 짓고 개가 되어 육지에 왔다가 3년을 보내고 이제 용궁으로 돌아가려 합니다. 저를 잘 보살펴주신 두 분을 수양부모님으로 모시고 싶습니다."라고 하였다. 부부는 놀람과 기쁨이 교차하였다. 개는 "제가 용궁에 돌아가 두 분의 보살핌을 받은 것을 말씀드리면 아버님께서는 두 분을 용궁으로 모셔가 후한 대접을 하시면서 갖고 싶은 물건을 가져가라고 할 것입니다. 그러면 '해인'이라는 도장을 고르십시오. 해인은 두드리고 원하는 물건을 말하면 무엇이든 다 얻을 수 있는 신기한 물건이니 남은 삶을 편안히 보낼 수 있으실 겁니다."라고 말하고 사라졌다. 며칠 뒤 용궁에서 부부를 찾아왔다. 노인은 아내에게 인사를 하고서 가마를 타고 용궁에 도착했다. 노인이 화려한 궁전의 모습을 보고 감탄할 즈음 공주가 나와서 반갑게 맞아주었다. 용왕도 나와서 공주를 3년간 보살펴 준 은혜에 고마움을 전했다. 노인은 산해진미가 가득 차려진 음식과 후한 대접을 받고 한 달을 지냈다. 문득 아내 생각이 나서 돌아가고자 하니 용왕이 "이곳을 떠나시기 전에 용궁을 두루 구경하시고 마음에 드는 물건이 있으시면 고르십시오. 감사의 선물로 드리려 합니다."라고 하였다. 노인은 공주가 했던 말이 떠올라 갖가지 금은보화를 다 뿌리치고 "해인을 기념으로 가져가고 싶습니다."라고 말했다. 용왕은 깜짝 놀라 주저하였지만 자신이 했던 약속을 어길 수 없었다. 용왕은 "해인은 용궁에서 매우 소중한 것입니다. 잘 보관해두었다가 먼 훗날 절을 짓게 되면 많은 사람들을 이롭게 할 것입니다."라며 노인에게 해인을 건넸다. 다음날 노인이 용궁을 떠나는데 공주가 눈물을 흘리며 "부디 조심히 가시고 해인을 잘 간직하세요."라며 작별 인사를 하였다. 노인도 작별을 하고 가야산 산골로 돌아왔다. 노인은 아내에게 용궁에서 있었던 일들을 이야기해 주고 해인을 두들겨 원하는 것들을 얻었다. 부부는 매우 기뻤다. 해인으로 편안하게 여생을 보내다 죽음에 이르러 절을 지었다. 부부가 죽자 해인을 절에 보관하게 되었고 이에 따라 절의 이름을 해인사라 부르게 되었다고 한다.

02

■ 출처 참고: 292p

36. 그네 타기

봄이 되어 꽃이 만발할 때에 화려하게 꾸미고 나와서 아가씨는 그네를 탄다. 더 높이 올라가기 위해 애쓰고 자신을 과시하느라 바쁘다. 그 아래에는 선망의 눈길로 올려다보는 신분이 낮은 여자들이 보인다.

Keyword

남에게 나를 드러내는 시기로 그다지 나쁘지 않다. 환경적인 것도 받쳐준다. 추종자들이 생긴다. 그만큼 나의 일이 늘어난다. 시간을 뺏긴다. 딱히 득이 되는 일이 생기기보다는 자신의 기분을 맞추는 것에 만족해야 한다.

토막상식

그네뛰기는 특히 단오에 행해졌는데 음력 5월 5일이다. 일 년 중에서 가장 양기가 왕성한 날이어서 매우 큰 명절로 여겨져왔는데 현대에는 그 의미가 퇴색된 것 같아 매우 아쉽다. 우리나라는 고대 마한 시절부터 파종이 끝난 5월에 군중이 모여 신에게 제사하고 가무와 음주로 밤낮을 쉬지 않고 놀았다는 기록이 있다. 이런 기록으로 미루어 볼 때 단오는 절기상 봄 농사를 마치고 잠깐의 휴식 시간을 가지며 신에게 제사도 지내고 흥겹게 지내며 풍요를 기원했던 것으로 보인다. 특히 조선 시대에는 군현 단위마다 큰 단오제가 행해졌다. 그중 가장 대표적인 것이 강릉단오제이다. 강릉단오제는 전통 민속축제의 원형을 그대로 간직한 단오축제이다. 일제강점기나 한국전쟁을 거치면서도 강릉단오제가 맥을 이어온 것은 노인과 무녀들이 소규모라도 빼놓지 않고 단오제를 치렀기 때문이라 한다. 강릉단오제는 단옷날을 전후하여 펼쳐지는데 산신령과 남녀 수호신들에게 제사를 지내는 대관령국사성황모시기를 포함한 강릉 단오굿, 전통 음악과 민요 오독떼기, 관노가면극(官奴假面劇), 시 낭송 및 다양한 민속놀이가 개최된다. 음력 3월 20일 제사에 쓰일 신주(神酒)를 빚는 데서 시작하여 단오 다음날인 5월 6일의 소제(燒祭)까지 약 50여 일이 걸리는 대대적인 행사이다. 강릉단오제는 중요무형문화재 제13호로 지정되어 있으며 2005년 11월에는 유네스코가 지정하는 인류 구전 및 무형유산 걸작으로 등재되었다.

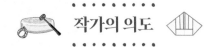

작가의 의도

꽃 피고 초록이 물씬물씬 자라나는 봄날에 아리따운 아가씨들이 그네를 타고 있다. 누가 더 예쁘게 하고 오는지, 누가 더 높이 그네를 타는지 내심 경쟁이 치열하다. 이럴 때 성춘향과 이도령도 만났다고 하지 않은가. 젊은이들의 계절임이 분명하다. 그네를 타면서 많은 사람의 시선을 받는 것은 요즘 젊은이들의 SNS 경쟁과도 비슷하다. 자기를 알리고 더 많은 관심을 받기 위해서 한껏 치장하고 드러내기에 바쁘다. 관객도 있고 경쟁자가 있어야 덜 심심한 모양이다.

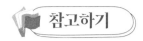
봄맞이 행사에는 지역별 화전놀이 풍습도 있었다. 이는 진달래가 피는 음력 3월에 행하여졌다.

안동 _ 시부모님의 승낙을 얻어 삼월 삼짇날 전후로 날을 잡고 화전놀이를 할 준비를 한다. 대략 30~60명 정도의 여성들이 참여하는데, 시어머니들은 며느리들이 자유롭게 놀 수 있도록 따라가지 않는다.

여수 _ 남녀가 서로 다른 장소에서 화전놀이를 즐긴다. 남자들은 뒷산 꽃 바위 주변, 부녀자들은 서쪽 쌍바위 샘 밑에 천막을 친다. 해가 저물면 남자들은 농악을 울리며 마을로 돌아와 밤새 술을 마시면서 뒤풀이 놀이를 한다. 화전놀이 하는 날 노랑나비나 호랑나비를 먼저 보면 만사가 태평하지만, 흰 나비를 먼저 보면 상복을 입거나 나쁜 일이 생긴다는 속설도 있다.

나주 _ 삼색 유산놀이라고도 한다. 삼색이란 양반, 평민, 천민을 일컫는데 신분을 뛰어넘어 모두 함께 즐긴다는 점이 특이하다. 놀이 경비는 놀이패들이 집마다 쌀과 돈을 거두어서 마련한다. 이른 아침에 술과 음식을 장만하여 놀이 장소인 맛재에서 산신제를 지낸 후 본격적으로 놀이를 벌인다.

대구 _ 곱게 단장한 후 화전놀이를 떠난다. 술을 마시고 춤을 추며 노는 것은 물론, 시댁 식구와 신랑을 흉보기도 한다. 또 진달래꽃의 꽃술을 걸고 잡아당겨서 먼저 끊어지는 쪽이 지는 꽃싸움을 벌인다.

제주 _ 정소암 화전놀이가 유명하다. 정의 현감이 성 안의 관리, 하인, 관에 소속된 기녀들을 데리고 정소암이라는 냇가로 데려가 큰 잔치를 베풀었다. 이때 칼춤을 추었는데, 이것은 비명에 죽은 죄인의 영혼을 위로하기 위함이다.

의의와 가치 _ 바깥출입이 자유롭지 못했던 여성들에게 화전놀이는 정기적으로 당당히 나가 놀 수 있는 거의 유일한 기회였기 때문에 가급적 많은 사람이 모여 성대하게 준비했다. 반면 남성들의 화전놀이는 봄맞이 풍류 중 하나로, 가까운 친구 몇 명이 뭉쳐 즐기는 부정기적 친목 도모회였다. 조선 시대 남녀를 구분하는 유교적 통치이념이 화전놀이라는 문화에 영향을 미친 결과다.

02

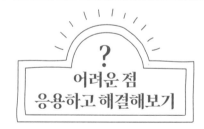

?
어려운 점
응용하고 해결해보기

 Q 마음에 둔 사람이 있는데 좀처럼 제게 적극적으로 나오질 않습니다. 왜 그럴까요? 그네뛰기 카드가 나왔습니다. 어떻게 리딩할까요?

 A 지금은 마음이 들떠 있기도 하고, 한 사람에게 집중하기 힘든 시기입니다. 적당히 상대방의 반응을 보면서 자기의 행동을 정하려는 마음도 있어 보입니다.

• • • • •

 포인트 왔다 갔다 하는 그네뛰기를 보면 그 마음도 이해가 간다.
한군데 정해지지 않은 마음.

 유의점 이런 시기에는 적극적으로 다가가 본들 상대방에게 휘둘리기 십상이다.

 전 래 이 야 기

그네뛰기로 만난 인연

성춘향과 이몽룡을 모르는 사람이 없다. 그만큼 유명한 이야기다. 남원의 이름난 미녀 춘향이 몸종 향단이와 함께 단옷날 그네를 뛰고 있던 차에 마침 구경 나온 양반가의 후계자 몽룡이 그녀를 보게 되고 한눈에 반하게 되어 펼쳐지는 사랑이야기다. 중국 『송사(宋史)』에는 고려 현종 때 중국에 사신으로 갔던 곽원(郭元)의 말을 빌려 "고려에는 단옷날에 추천 놀이를 한다."고 한 기록이 있어서, 고려 중엽에는 이미 단옷날의 그네뛰기가 민간에 널리 행하여졌음을 알 수 있다. 그러나 그네뛰기의 역사는 훨씬 더 오랜 것으로 추측된다. 그네뛰기 풍속이 우리나라 문헌에 최초로 보이기는 『고려사』 열전 최충헌전(崔忠獻傳)에 "단오절에 충헌이 그네뛰기를 백정동궁(柏井洞宮)에 베풀고, 문무 4품 이상을 초청하여 연회를 사흘 동안 하였다."는 기록이다. 또한, 『고려사』 열전 최이전(崔怡傳)에는 "5월에…… 관원들을 초청하여 연회 할 때에 채붕(彩棚)을 매어 산같이 만들고 수를 놓은 장막과 깁 휘장을 둘러치고 그 가운데는 그네를 매어 무늬 놓은 비단과 채색 꽃으로 꾸몄다."고 하였다. 또, 같은 책 신우전(辛禑傳)에는 "우왕이 거리를 순행하고 드디어 수창궁(壽昌宮)으로 가서 임치(林橋) 등과 같이 그네뛰기를 하였다."고 한다. 고려 시대에 그네뛰기가 호화스럽게 성행되었음을 알 수 있다. 또한, 『한림별곡』 제8장은 그네놀이를 주제로 삼고 있어 주목되거니와, 이규보(李奎報)의 『동국이상국집』에도 단옷날과 한식날의 그네뛰기에 대한 시가 한 수씩 있어서, 그네가 조정과 민간에 걸쳐 널리 성행되었음을 알 수가 있다. 또, 조선 시대에도 그네뛰기는 민간에서 더욱 성행하였다. 『경도잡지(京都雜志)』를 비롯하여 조선 후기의 여러 세시기에는 한결같이 "항간에서 그네뛰기를 많이 한다."고 기록되어 있다. 그네를 소재로 한 각 지역의 그네노래와 단오노래, 「관등가(觀燈歌)」와 같은 월령체노래 등의 민요를 통해서도 그네가 민간에 널리 퍼져 있었으며, 단오절의 대표적인 여성 놀이였음을 알 수 있다.

■ 출처 참고: 292p

37 널뛰기

Korean Jumping Seesaw

37. 널뛰기

어린 티를 벗지 못한 아가씨가 널뛰기를 하면서 담장 밖의 남자에게 눈길을 주고 있다. 이 남자와 약속이 된 것인지, 아니면 지나가는 남자에게 흥미를 느끼는 것인지 모르겠으나 널뛰기보다는 밖의 세상에 정신이 팔려있는 것은 틀림이 없다.

Keyword

젊은 날의 일탈, 또는 그렇게 하고 싶은 마음. 아무런 결과를 바라지 않는 자연스러운 행동이나 철이 없다. 근처의 사람들이 알아차리지 못하는 자신만의 은밀한 즐거움. 사춘기, 자유에 대한 갈망.

돋보기

 널뛰기와 똑같은 놀이가 알래스카 원주민의 전통놀이인 점을 고찰하면 수천 년 전 동북아시아 고대로부터 유래되었다고 봐야 한다. 고려 시대 여성들은 말타기·격구(擊毬) 같은 활달한 운동을 하였다는 기록이 있어, 널뛰기 역시 놀이의 성격으로 보아 당시의 여성들이 즐겼을 것으로 짐작된다. 혹자는 조선 시대 부녀자들은 주로 집안에서 갇혀 살았기 때문에 널뛰기로 공중 높이 뛰어올라 담장 밖의 세상을 살펴보았다고 하지만 전통 민속도를 보면 야외에서도 많이 행해진 점을 볼 때 근거가 없어 보인다. 널뛰기에 얽힌 속설이 있는데 처녀 시절에 널을 뛰지 않으면 시집을 가서 아기를 낳지 못한다는 말이 있다. 정초에 널뛰기를 하면 일 년 중 가시에 찔리지 않고 지낼 수 있다고 하여 상당히 긍정적인 해석이라고 보겠다.

작가의 의도

집안 규수가 바깥으로 나다니는 일은 쉽지 않았다. 마당 한쪽에 널뛰기를 한다는 명목으로 담장 밖을 내다보는 아가씨의 모습이 너무나 애교스럽게 보인다. 그 와중에 지나가는 선비의 뒤통수를 감상하기까지 한다. 기분이 널뛰기를 한다는 말이 있는데 정말 제대로 된 표현이 아닌가 한다. 감정이 이리 왔다 저리 갔다 하면서 중심을 잡기 힘들다는 뜻이다. 살면서 이렇게 널뛰기를 할 수 있는 시간도 청춘에나 가능한 것이지 나이가 들면 그마저도 감흥이 떨어지지 않겠나 생각해 본다.

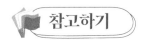

양기가 가장 충만한 날 단오

널뛰기는 설날이나 단옷날에 행해지던 민속놀이다. 짧은 치마를 입고 3척이나 높이 올라갈 만큼 널을 뛰었다는 묘사를 보아선 우리나라 옛 여인들은 매우 격한 운동도 즐겨 했던 것 같다. 단옷날에 대해서는 단오의 단(端)은 첫 번째를 의미하고 오(午)는 다섯을 의미하는 오(五)의 뜻으로 통하므로 매달 초하루부터 헤아려 다섯째 되는 날을 말한다. 예로부터 음양사상에서는 홀수를 양(陽)의 수라 하고, 짝수를 음(陰)의 수라 했는데 양의 수를 상서로운 수로 여겼다. 그래서 양수가 겹치는 날인 3월 3일, 5월 5일, 7월 7일, 9월 9일은 모두 홀수의 월일이 겹치는 날로 길일로 여겼다. 우리 조상들은 이런 날이면 어떤 일을 해도 탈이 생기지 않는다고 생각했으며 그중에서 단오는 일 년 중 인간이 태양신을 가까이 접할 수 있을 정도로 양기가 가장 왕성한 날이라 하여 큰 명절로 여겨왔다.

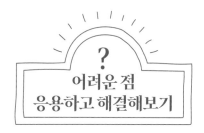

어려운 점 응용하고 해결해보기

Q 물건을 사기로 한 사람이 자꾸 값을 깎으려고 합니다. 가격을 많이 내렸으니까 이번에는 거래하겠지요? 그런데 널뛰기 카드가 나왔습니다. 어떻게 리딩할까요?

A 아직은 확신하기 이른 듯합니다. 마음이 반반이니까요. 아무래도 가격 흥정을 더 하려고 할 공산이 큽니다. 먼저 연락은 하지 마시고 기다려보도록 하지요.

• • • • •

(포인트) 올라갔다 내려갔다 하는 널뛰기를 생각해보자.

(유의점) 이럴 때는 상대방에게 끌려 다니면서 일희일비할 것이 아니라 내가 중심을 잡아야 한다.

전래이야기

우리나라 왕 중에서도 특히 아름다운 용모에 대한 언급이 있다. 예나 지금이나 미남미녀들은 인기가 좋았던 모양이다. 정조가 쓴 일기 '일성록'에 따르면 손자를 아꼈던 영조가 정조의 외모를 칭찬했던 구절이 있다. 영조가 "세손은 온축된 생각이 있고 면모도 자못 전과는 달라졌다"고 하니 홍봉한이 "점점 더 나아짐을 느낀다. 사람 중에는 어렸을 때는 말랐지만 장성해서는 건장한 경우가 있는데 이는 좋은 징조."라고 말했다. 이창의는 "세손은 타고난 용모가 탁월하니 이는 국가의 무궁한 복."이라고 덧붙였다(영조 36년 3월 20일). 정조의 할아버지 영조(1694~1776)는 당시 최고의 미인상이었다고 전해진다. 쌍꺼풀지고 길쭉한 눈과 오똑한 코에 조그마한 입술을 가졌는데 어머니의 외모를 물려받은 것으로 추정된다. 영조 어머니 숙빈 최씨가 양반 출신도 아니면서 무수리에서 정1품 빈까지 신분 상승한 것을 보면 숙빈 최씨가 상당한 미인이었을 가능성이 있기 때문이다.

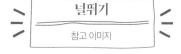
널뛰기
참고 이미지

01 02

■ 출처 참고: 292p

귀부인

Noble Lady

38. 귀부인

대갓집 마님이 마루에 앉아서 마당을 쓰는 하인들을 바라보고 있다. 그러나 황급하게 벗어둔 남자의 신발에서 뭔가 낌새가 이상함을 알 수 있다. 혹여 하인들이 눈치를 챈 것인지 확인하려는 마님의 눈길이 느껴진다. 신발의 주인공은 누구일까?

Keyword

비밀이 있으나 탄로 나기 전이어서 전전긍긍이다. 이미 탄로 난 상황일 수도 있다. 이중적 관계, 구설수에 휘말린다. 위험한 장난을 하고 있다. 속마음을 들키지 않기 위해 애써야 한다. 서로 입장이 다르다.

토막상식

부끄러운 일의 최고봉 망신살

재수가 없는 일이 생기거나 남부끄러운 일을 당하면 '망신살이 뻗쳤다'라는 표현을 쓴다. 우리나라 사람들은 망신을 당하는 것도 살(煞)이 끼어서 그렇다고 생각해 온 모양이다. 살이 안 꼈으면 유야무야 넘어갈 수도 있었던 셈이다. 그러니 일을 저질러 놓고도 운수가 좋아서 만천하에 폭로가 되지 않으면 망신살이 뻗치지 않는 것이고, 반대가 되면 망신살이 제대로 들어온 것이다. 세상에 발 없는 말이 천 리를 간다고 한다. 입단속은 가장 기본이다. 하지만 주변의 눈들까지 어떻게 속이겠는가. 허위사실 유포를 해서는 안 되겠지만 아니 땐 굴뚝에 연기 나겠느냐고 한다.

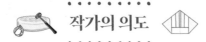

작가의 의도

대갓집 마님이 대청마루에 앉아서 웬일인지 종들의 눈치를 보고 있다. 짐짓 아닌 척은 하지만 그 속을 알 수는 없는 노릇이다. 유명한 가문의 집안에서 벌어지는 일들은, 그들 역시 사람인지라 일반 백성들과 크게 다르지 않았을 것이다. 다만 너무나 큰 부와 명예를 갖고 있었기에 밖으로 새어 나가지 않도록 아랫사람들의 입단속을 철저히 해야 했을 뿐 아니라, 본인들 역시도 짐짓 아닌척 하고 살아가야 하니 긴장감이 몇 배는 더 했을 것이다.

참고하기

조선 시대 이전의 고려와 삼국 시대까지만 해도 가정 내에서 여성의 지위는 매우 높았다고 한다. 여성이 호주가 될 수 있었고, 호적에는 아들과 딸을 구분하지 않고 나이 순서대로 기재했다. 큰딸과 나이 어린 아들이 있으면, 딸을 먼저 적고 아들을 나중에 썼다. 여자가 재혼하는 것도 자유로웠고 자녀 균등 상속이 일반적으로 이루어졌다고 한다. 이는 아들과 딸에 차별을 두지 않았음을 의미한다. 남편이 먼저 죽으면 재산 분배권을 아내가 가지기도 했다고 하는데 상속에서 여성이 크게 차별받지 않았던 것으로 보인다. 이는 남존여비 유교 문화를 강조한 조선 시대로 넘어오면서 크게 바뀌는데 17세기경에 이르러서는 여성이 밖에 나가서 자유롭게 활동할 수 없었으며, 배우는 것에도 제한을 받았고 시댁을 위해 거의 한평생을 바쳐야 할 만큼 힘겨운 시절로 접어들었다. 그렇다고는 하지만 가정 안에서는 고방 열쇠를 틀어쥐고 살림에 대해서 큰소리치면서 사는 현명한 여자들이 많았으니 남자들이 아무리 밖에서 잘난 척 하더라도 이 집안일에는 간섭하지 못하였다고 한다.

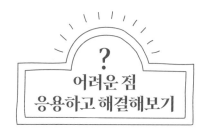

?
어려운 점
응용하고 해결해보기

 Q 동업하기로 한 사람이 말을 바꿉니다. 다른 속셈이 있는 것일까요? 귀부인 카드가 나왔는데 어떻게 리딩할까요?

 A 상대방은 지금 다른 계산을 하고 있는 듯합니다. 아니면 동업의 조건에 대해서 다시 생각해 본다든가 조언을 구하는 다른 대상이 있어 보입니다. 침착하게 더 기다려보시고 먼저 연락은 피하시는 게 낫겠지요.

• • • • •

 포인트 : 옆 눈을 돌리며 눈치를 보는 귀부인의 모습에서 다른 속내를 읽어본다.

 유의점 : 앞으로 신뢰하면서 계속 같이 가야할 대상으로 적합한지 의심을 가져야 할지도 모른다.

전래이야기

조선남여상열지사(손종흠 교수 저작)에 나온 이야기 몇을 소개한다. 사대부의 15가지 간통 논쟁을 다루고 있는데 '실록'을 바탕으로 한 이 책은 남자는 군자의 예, 여자는 부인의 예를 갖춰야 한다는 도와 예의 '껍데기' 속에 감춰졌던 갖가지 추문들을 흥미롭게 폭로한다. 책에 따르면 당대 명재상들도 스캔들을 피해갈 수는 없었다. 청렴결백의 선비로 알려진 세종 때의 정승 황희(1363~1452)가 친구의 아내와 간통했다는 혐의로 1428년 사헌부(왕족과 조정의 관리를 사정·감찰하던 부서)의 탄핵을 받는다. 박포는 고려 말 때부터 관직 생활을 함께한 그의 친구. 정종 2년 박포가 2차 왕자의 난을 일으킨 주모자로 지목돼 죽임을 당한 후 그의 아내가 황희의 도움을 청하러 오면서 둘의 관계는 시작된다. 남편이 죽은 뒤 종복과 정을 통한 그녀가 이를 말리는 집안의 우두머리 종을 매질로 죽이고, 사실이 탄로 나자 황희를 찾아온 것이다. 황희는 집 뒷마당 토굴에서 박포의 아내를 기거하게 했고, 그녀의 안부를 확인하러 들락날락하다 둘은 눈이 맞게 된다. 조선 최고의 문장가 변계량(1369~1430)은 아내를 두고 다시 부인을 맞은 일이 확대되자 사직상소까지 올린다. 첫째 부인 권씨와 이혼하고, 둘째 부인 오씨와 사별한 뒤 궁중 내시인 이촌의 딸과 혼인했으나 그녀를 부부의 예로 대하지 않자, 화가 난 이촌이 딸을 친정으로 데려온다. 결국 변계량이 다른 아내를 들인 것이다. 이에 이촌은 변계량이 일부일처제를 위반했다고 사헌부에 소송을 제기한다. 참으로 번듯하게 지킬 도리를 지켜가며 점잖게 살았을 것만 같은 그들에게도 사생활로 인한 허점은 늘 존재했던 모양이다.

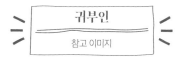

귀부인
참고 이미지

01

■ 출처 참고: 292p

초립동

Young Man in Straw Hat

39. 초립동

어른이 되기 전의 사춘기 시절로 보이는 초립동이다. 봇짐을 메고 어디론가 길을 가던 중에 길에서 개구리를 만났다. 무료한 참에 말동무가 생긴듯 반가운 표정이다. 어른의 심부름을 가는 도중이라면 시간이 지체되겠다.

Keyword

미성숙하지만 자기만의 생각이 있다. 망중한(忙中閑) 작은 즐거움, 약간의 휴식은 자신을 위해서도 좋다. 본격적인 일을 하기에 앞서 서론이 길다.

돋보기

초립은 조선 시대 남성들이 쓰던 갓으로, 풀이나 대오리를 엮어 만들었다. 신분에 구분없이 사용하기는 했지만, 신분에 따라 초립을 짜는 날 수를 사족(士族)은 50죽, 서민은 30죽으로 구분하였다. 조선 후기로 오면서 일반인의 관모로 정착되었고, 사대부가에서는 관례를 마친 어린 남자의 쓰개가 되면서 초립동(草笠童)이라는 말이 유래되었다. 또 별감이 상복으로 홍포(紅袍)를 입을 때 주황 초립을 쓰고 호수를 꽂았다.

작가의 의도

처음으로 집을 떠나서 먼 길을 가는 앳된 청년이다. 친척 집을 방문하기 위해 산을 넘어가야 할지 아니면 타지로 일거리를 구해서 가는지는 모를 일이다. 태어나서 어느 정도 나이가 차면 부모의 곁을 떠나 독립하는 것은 당연한 일이다. 하지만 제대로 된 준비나 정신적인 무장이 안 되어 있다면 대문을 나서는 직후부터 시선을 빼앗길 만한 것들은 주변에 너무나 많이 널려있다. 세상에 처음 발을 내딛는 청년을 유혹할 만한 것들은 도처에 있기 마련인 것이다. 하지만 언제까지 그리고 살 수는 없는 노릇이다. 하지만 그것을 깨닫기까지도 많은 시행착오를 겪어야 할 것이다.

문경새재는 당시에는 참으로 험한 산이었다. 산이 높고 굽이가 많다 보니 당시의 사람들이 이 고개를 넘는 데 그만치 어려움이 뒤따랐다. 그리고 이 고개를 넘다 보면 산적이 간혹 출현하여 과거를 보러 가는 선비들을 위협하고 돈을 뺏는 등 각종 범행으로 당시 사람들을 공포에 떨게 했던 고개이기도 하다. 그것이 아니더라도 호랑이가 출몰하였으니 오죽했으리. 그러다 보니 문경새재를 넘어야 할 선비나 장사꾼들은 공포감에 떨면서 새재를 넘게 된다. 이렇게 넘는 것도 혼자는 이 고개를 넘는 일은 흔치 않았다. 앞에서 언급했듯이 여러 사람이 모여서 떼를 지어서 넘어야만 편하게 넘을 수가 있었던 것이다. 그만치 문경새재 혹은 조령으로도 불리는 이 고개는 우리들이 꼭 알아야 하는 역사적인 고개다. 수많은 과객이 청운의 꿈을 안고 웃으면서 이 고개를 넘어 서울로 갔다가 과거에 낙방하여 돌아오는 사람들에게는 한이 담긴 슬픔의 길이기도 하다.

?
어려운 점
응용하고 해결해보기

Q 마음에 드는 데서 같이 일하자고 제안이 왔습니다. 초립동 카드가 나왔는데 어떻게 리딩할까요?

A 만약 같이 일하게 된다면 두 가지의 경우를 생각해볼 수 있습니다. 본인의 능력이 부족해서 원하는 목표에 도달하지 못할 수 있고, 의외로 일터가 본인이 원하는 만큼 수준 높은 곳이 아니라는 것을 알게 될 수도 있습니다.

• • • • •

포인트 초립동은 뭘 해도 어설프다. 아직은 어리므로, 더 성숙해져야만 한다.

유의점 사람은 누구나 자기 위주로 생각한다.
반대의 경우를 늘 염두에 두어야 실수가 없다.

전래이야기

초립동의 한을 풀어준 어사 박문수

박문수가 서울로 과거를 보러 가다가 버드나무 아래에 앉아 쉬고 있었다. 그때 마침 초상 중에 상제가 타는 가마인 삿갓가마가 지나가는데 그 안에 타고 있는 여자가 미인이었다. 박문수는 미인이 가마에서 밖을 내다보는 모습을 보고 한눈에 반하여 삿갓가마가 들어가는 대갓집으로 따라가서 하룻밤 묵어가기를 청하였다. 그날 밤 그 집에 묵게 된 박문수는 밤중에 오줌이 마려워 변소를 찾다가 못 찾는 바람에 담벼락에 오줌을 싸고 있었다. 그러다가 어떤 총각이 담을 넘어 집 안으로 들어오는 것을 보았다. 박문수는 도둑인가 하였으나 대수롭지 않게 넘기고 말았다. 다음 날 박문수는 주인에게 인사하고 다시 과거를 보러 가기 위해 길을 떠났다. 박문수가 길을 가다 뽕나무 아래에서 쉬고 있는데 한 초립동이가 다가와 과거를 보러 가느냐고 물었다. 박문수가 그렇다고 하자 초립동이는 품 안에서 글이 적혀 있는 종이 하나를 꺼내 주며 이대로 써내면 급제할 것이라고 하였다. 박문수는 과거를 보러 가서 초립동이의 말대로 하여 급제를 하고 암행어사가 되었다. 박문수는 팔도를 돌아다니다가 예전에 묵었던 대갓집을 다시 찾았다. 박문수는 과거를 보러 가는 길에 하룻밤 묵어가겠다고 하며 주인을 청하였다. 그런데 주인의 안색이 좋지 않은 것이었다. 박문수가 그 이유를 물으니 주인은 하나뿐인 아들을 장가들였는데, 아들이 밤에 변소에 갔다가 호랑이에게 물려가 죽어서 그렇다고 하였다. 박문수는 주인의 말을 듣고 과거 담을 넘어 들어왔던 총각이 떠올랐다. 의심이 든 박문수는 이를 조사해 보기로 하였다. 박문수는 건넛마을의 서당에 가서 공부를 하는 사람들 중에 눈에 띄는 한 총각을 불렀다. 그리고 어디서 글을 배웠느냐고 물었다. 총각은 경상도 어디에서 배웠다고 대답하였다. 박문수는 역졸들을 불러 총각을 잡아들였다. 주인이 며느리로 맞은 여자의 친정이 경상도였는데, 여자와 눈이 맞은 총각이 시집가는 곳까지 따라와 신랑을 죽인 것이었다. 박문수는 사건을 해결하고 임금에게 장계를 올렸고, 이에 임금은 박문수를 기특하게 여겼다.

■ 출처 참고: 292p

선비

Classical Scholar

40. 선비

이제 갓 어른이 된 듯한, 깔끔하게 차려입은 선비가 냇가 앞에 서있다. 수심이 깊은지 어쩐지 알아보려고 나뭇가지를 들고 있는 것일까. 행여 옷이 젖을까봐 어떻게 할까 생각 중인 것 같다.

Keyword

약간의 갈등이 있다. 그다지 큰일은 아니지만 순간적인 판단을 해야 한다. 남이 보기엔 한심한 상태일 수도 있지만 자기 자신에게는 매우 심각하다. 경솔한 선택이 될 수도 있으니 신중한 것이 나쁘지 않다.

돋보기

선비들의 하루 일과는 새벽 3시 기상으로 시작되었다고 한다. 6시쯤에 부모님과 어르신 새벽 문안을 드리고 또 공부를 하고 손님을 접대하는 등 분주하지만 대부분은 독서를 빠뜨리지 않는다. 밤 10시가 넘으면 취침에 들곤 했다고 하는데 수면 부족이 아니었을까 싶을 정도로 엄청난 일과를 소화해야 했다. 그저 팔자 좋은 선비 노릇만은 아니었던 듯하다. 또 마을마다 옷을 잘 짓는 여인들이 있었는데 유물 속에서 전해져 오는 당시의 옷을 살펴보면 그 바늘땀에 놀라게 된다. 그만큼 손바느질 기술(재봉틀이 없던 시절)이 대단했던 것이다. 기계보다 더 정교하고 곱게 옷을 짓는 여인들의 집에는 항상 일감이 넘쳤다. 그런데 한 번 세탁을 하기 위해서는 일일이 솔기를 다 뜯어서 세탁하고 난 후에 다시 바느질을 했다고 하는데 옷감이 귀했던 시절이니 옷을 거의 새로 짓는 것과 같은 고된 일이었을 것이다. 옷감이 조금이라도 덜 상하게 하려는 노력이었을까? 하긴 강가에서 방망이로 두들겨서 때를 빼는 세탁법이었으니 그럴 법도 하다. 도포(道袍)는 한국에서 통상 예복으로 입던 남성의 겉옷을 이르는 말이다. 깃은 두루마기의 깃과 같으며 동정이 있다. 소매는 넓은 두리소매이고, 섶과 무가 있으며 뒷길의 중심선이 진동선부터 터어 있다. 옷감은 명주·비단·공단·모시·생모시·베·광목 등이 사용되고, 색상은 초록색·청색·다홍색·미색·백색 등으로 다양하다. 조선 시대의 도포는 그 폭으로 신분을 가늠할 수 있었으며 보통 양반의 것보다 상민의 도포는 그 폭이 아주 좁아서 걷어도 별 차이가 없었으며 옷자락의 폭도 비슷한 양상을 보였다. 1897년에는 예복 및 의복의 간소화가 시행되면서 남자의 다양한 포(袍)도 흑색 두루마기 하나로 간소화 되는 등 큰 변화를 가져온다. 원래 도포는 양반들에게 국한됐던 옷이지만 조선 후기에 들어서면서, 서민들에게도 제사 때에 한해 착용이 허용됐다.

01

작가의 의도

잘 차려입은 선비가 연회에라도 가는지 돌다리를 건너야 할 모양이다. 그는 지팡이를 하나 구해서 물의 깊이를 재어보려 한다. 아무래도 자신의 옷자락이 물에 젖을까 봐 염려하는 듯하다. 신중한 사람일 가능성도 높아 보인다. 사람은 자신의 지위에 맞는 처신을 해야 하는 법이고 때로는 그가 하는 언행으로 그 사람의 지위를 역으로 가늠해볼 수 있기도 하다. 선비는 길을 돌아서 갈 생각이 없어 보이며 나름의 고집으로 꼭 돌다리를 건널 요량인 것 같은데 강이 만만치 않아 보인다.

한량에 대하여

한량(閑良), 할냥 혹은 활량(弓~)은 원래 고려 후기와 조선 시대에 "과거에 급제하지 못한 무반"을 뜻하는 말이나, 보통 "일정한 직사 없이 놀고먹는 양반 계층"으로 넓게 쓰였다. 또한 고려 말·조선 초기의 사족(士族) 자제 가운데 피역의 수단으로 호적과 군적에 등재하지 않았기 때문에 직·역(職役)이 없는 미사한량자제(未仕閑良子弟)에 대하여, 고려 말부터 국가는 그들을 호적에 등재하고 강제로 추쇄(推刷)하여 군역에 충정(充定)하려는 노력을 계속하였다. 조선 왕조 건국 후에는 한량 자제의 추쇄충군(推刷充軍) 정책이 더욱 강화되어, 태종·세종조에는 그들을 중앙과 지방의 여러 병종(兵種)에 속하게 하고, 세조 때부터는 단일 병종에 귀속시키려는 정책이 추진되었다. 또한 사족 자제로서 궁술 등 무재(武才)를 닦은 무역한량자제(無役閑良子弟)에 대하여 국가는 계속하여 그들의 무재를 국방력에 흡수하려 하였다. 그리하여 세종 무렵부터는 그들에게 일정한 시험을 거쳐 갑사(甲士)직을 제수하였고, 중종 때부터는 그들에게 무과 응시를 허용하여 한량 자제가 무인으로서의 성격을 굳혀가게 된다. 따라서 조선 후기에는 한량의 의미가 무과 및 잡과 응시자를 가리키거나, 호반(虎班) 출신으로 아직 과거에 급제하지 못한 사람 또는 궁술의 무예가 뛰어난 사람이라는 뜻으로 고정되어 갔다.

?
어려운 점
응용하고 해결해보기

 같이 일을 하게 된 사람의 인품이 어떤지 궁금해서 카드를 뽑았더니 선비 카드가 나왔습니다. 어떻게 리딩할까요?

 그렇게 경계하지 않아도 될 사람인 듯 보입니다. 나름 그쪽도 신중한 성격 같으니 하나씩 맞추어 가면 좋겠네요. 예의를 벗어나지 않고 상식선에서 교류하면 충분히 괜찮은 사람일 것입니다.

• • • • •

 선뜻 돌다리를 건너지 않고 살펴보는 선비의 모습에서 꼼꼼함이 느껴진다.

 섬세하고 신중한 사람을 대하듯이 모든 사람을 대하면 실수가 없을 것이다.

과거 보는 선비 이야기

과거에 계속해서 낙방을 하는 선비가 있었다. 아홉 번이나 낙방을 해서 이제는 삶의 희망이 없다고 생각하고 나무에 목을 매려 하고 있었다. 마침 그곳을 지나가던 백발의 노인이 만류하며 이야기하는 것이었다. "병들어 죽는 것도 서러운데 대체 무슨 이유로 죽으려는 게요?" 선비는 가던 길 가시라면서 남의 일에 참견 말라고 했다. 하지만 계속 백발노인이 물어오는지라 자초지종을 이야기를 하였다. 그러자 노인은 내일 특별한 과거시험이 있으니 거기에 가서 큰 종이에 매 연(鳶)자를 쓰면 반드시 합격하리라고 하였다. 아니나 다를까 달려가 보니 시험이 치러지고 있었다. 선비가 답지를 써내는데 감독관이 무슨 글자냐고 물으니 선비가 당황하여 빙빙 연자라고 대답을 하였다. 감독관이 대체 무슨 말인지를 몰라 서있을 뿐인지라 풀이 죽은 선비는 그만 낙방했다 생각하고 걸어 나오고 있었다. 그런데 다른 선비 한 사람이 또 시험을 보러 들어가고 있는 것이었다. 이 선비는 자신이 놓친 답으로 그 선비라도 급제를 하라는 심정에 답을 가르쳐주면서 꼭 매 연자라고 답하라고 해주었다. 자기는 실수로 빙빙 연자라고 해서 떨어졌지만 당신은 꼭 합격할 것이라고 말해 주었다. 이 선비가 들어가서 답을 써낼 때에 감독관이 무슨 글자냐고 물으니 "서울말로 아뢰리까 시골말로 아뢰리까?"라고 대답하였다. 이에 감독관이 모두 다 대답해 보라고 하니 이 선비가 "서울말로는 '매 연'자 이고, 시골말로는 '빙빙 연'자입니다."라고 하였다. 이에 감독관이 아, 그러냐면서 아까 그 시골선비도 불러오라고 하였다. 이리하여 둘 다 동시에 과거에 급제하였다고 전해진다.

■ 출처 참고: 292p

41 금의환향 · · · · Returning Home in Glory

41. 금의환향

출세하여 다시 고향에 돌아오는 것을 말한다. 오래 전에 먼 길을 떠났던 청년이 이제 과거에 장원급제하여 임금님이 하사한 말을 타고 비단 옷을 입고 마을에 들어오니 사람들이 환호하고 부러워한다.

Keyword

시험이나 테스트에 합격한다. 좋은 결과가 있다. 오래 기다리던 소식에 답이 있다. 또는 잊고 있던 일이나 사람에서 즐거운 소식이 온다. 성공과 명예가 함께하는 두 가지의 행복을 모두 누린다.

 돋보기

어사화는 장원급제를 한 사람이 쓸 수 있는 관모에 꽂는 꽃인데 임금님이 종이로 만들어 하사했다고 한다. 이 어사화는 계수나무 가지를 쓰기도 하고 능소화를 꽂기도 했는데 특히 능소화의 꽃말은 명예와 영광을 나타낸다. 양반의 집에는 능소화를 가꾸어서 자신들의 지위를 과시하였으며 평민들은 감히 능소화를 심지 못했다고도 전해진다.

01

 작가의 의도

장원급제한 인물의 영광된 장면을 표현했는데, 지금으로 치면 서울대에 수석으로 입학을 했거나, 원하던 높은 지위의 공무원 시험에 합격했거나, 최고의 회사에서 온 스카우트 제의를 수락했다거나, 다양한 해석이 가능하겠다. 집안에서는 이러한 인재가 배출되었으니 가문으로서는 최고의 영광이 아닐 수 없겠다. 요새도 작은 마을에서는 좋은 학교에 합격한 자제가 있으면 가족들이 플래카드를 동네 이 귀에 내걸며 자랑을 하기도 한다. 그렇게 하지 않더라도 이 그림은 온 세상이 다 알게 되는 자랑거리를 표현하였다.

참고하기

조선 시대 선비들이 과거 합격에 매달렸던 매우 중요한 이유로서 '방방(放榜)'과 '유가(遊街)'를 들 수가 있다. 방방은 합격자 발표의 식으로 대궐에서 왕이 직접 합격자들에게 합격 증서를 하사했던 성대한 행사였다. 이 행사에는 합격자 가족과 친지들의 참석이 허락되었는데, 합격자를 호명하면 부형과 친척들이 따라 들어와 왕에게 절을 하게 되어 있었다. 특히 합격자를 호명할 때는 아버지의 이름을 먼저 부르게 되어 있었다. 또한 유가는 합격자들이 시가행진을 하는 행사였다. 이때 합격자들은 관복과 함께 머리에 어사화를 꽂고 햇빛 가리개를 한 채 나라에서 마련해 준 말을 타고 가족과 친지와 함께 시내를 행진했다. 이처럼 방방과 유가는 합격자 본인이나 부모에게 평생 잊을 수 없는 영광스러운 행사였다. 이 때문에 부모들이 영광을 경험할 수 있도록 과거에 합격하고자 하는 꿈이 있었다. 요컨대 과거 합격은 자식이 부모에게 실천할 수 있는 최고의 '효도' 방법이었던 것이다.

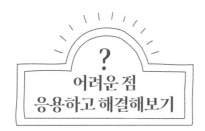

? 어려운 점 응용하고 해결해보기

Q 원하는 학교에 입학을 할 수 있을지 궁금하던 참에 금의환향 카드가 나왔습니다. 어떻게 리딩할까요?

A 합격의 운이 매우 강합니다. 이 흐름을 타고 열심히 공부한다면 마음에 드는 곳에 들어갈 수 있겠습니다. 노력과 운이 함께한다면 좋은 결과를 맞이하겠습니다.

• • • • •

 보기만 해도 좋은 금의환향이니 말 그대로 학업운에서 매우 대길하다.

 때로 운만 믿고 공부를 안 하는 경우도 있으니 이 점을 꼭 상기시킬 것.

전 래 이 야 기

조선 시대 노비의 신분에서 벗어나 8도 관찰사를 역임하고 형조판서까지 오른 인물이 있으니 바로 백성의 종 반석평(1472~1540)이라는 조선 중종 때 문신이다. 반석평(潘碩枰)은 노비 출신이었지만 재상집에서 노비 문서를 불태워 면천(免賤: 천민의 신분은 면하고 평민이 됨)해주고 아들이 없는 부자 반서린(潘瑞麟) 집의 양자로 보내주었다. 재상 집의 어린 노비는 부잣집에 입양된 후 신분 세탁을 통해 공부에 전념할 수 있는 환경이 만들어지고 반석평이란 이름을 갖게 되었다. 반석평은 연산군 10년(1504)에 소과 생원시험과 중종 2년(1507)에 대과 문과 시험에 합격한 후 함경도에서 여진족을 방어하였다. 함경남도 병마절도사(지역 사령관, 종2품 차관급), 함경북도 병마절도사, 평안도 관찰사, 공조·형조판서 등을 지냈으며, 명나라에 사신으로 다녀오기도 하였다. 마지막으로 임명된 관직은 정1품 지중추부사였다. 반석평은 이렇게 계속 출세의 길을 걸었지만, 그의 재능을 알아보고 면천시켜준 재상 가문은 가세가 기울었다. 과거 합격자를 배출하지 못했을 뿐 아니라 재상이 죽은 뒤에는 경제적으로 곤궁해져, 하층민과 다를 바 없는 생활을 하였다. 그렇지만 반석평은 그들을 피하거나 무시하지 않고, 수레를 타고 길을 가다가도 주인집 사람들을 만나면 얼른 내려 진흙 길 위에서도 절을 할 정도였다. 직위와 직급이 오르자 반석평은 조정에 자신의 진짜 신분을 고백하면서 자기 관직을 박탈하고 주인집 가족들에게 관직을 줄 것을 요청하였다. 신분이 드러난 반석평은 처벌을 받아야 마땅했지만, 조정에서는 그의 의리와 솔직함에 특례를 인정하여 그의 관직을 그대로 두고 주인집 가족들에게도 관직을 수여했다.

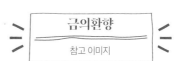

금의환향

참고 이미지

02

■ 출처 참고: 292p

42 정표 ⠇ Memento for Reunion

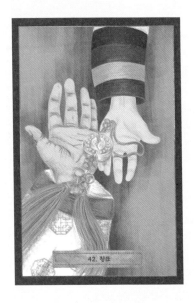

42. 정표

아들이 커서 아버지를 찾아오게 할 때에 서로 알아보기 위하여 기념할 만한 것을 나누어 가졌다가, 오랜 세월이 흐른 후에 재회하여 맞추어 보고 있다. 깊은 인연으로 맺어진 사람들은 언젠가는 꼭 다시 만나게 된다.

시간이 오래 걸리는 일이다. 늘 마음속에 묻어두고 있는 사연이다. 기다림이 계속 되지만 의미 없는 일은 아니다. 노력 끝에 보람 있는 결과가 기다리고 있다. 다수의 사람이 관련된 일이 아니라 일대일의 관계이다. 아직 정확한 것을 맞추어 봐야하는 과제가 남아있다.

토막상식

오래된 물건에는 어떤 힘이 깃들어 있다고 한다. 그렇기에 남의 물건을 덥석 가져와서 쓰는 것은 예전에는 상상도 못 하는 일이었다. 옛사람들은 그러한 힘을 믿었다. 이를 동티난다고도 한다. 금붙이나 값이 나가는 물건이 아니어도 그러한 힘은 작용한다. 그것을 갖고 있던 사람에 의해서 물건에 기운이 스며들어 가서 하나를 이루게 되기 때문이다. 정표 같은 것은 훨씬 강력한 소망이 들어간 것이어서 후손에게 물려 줄 때는 더욱 그 힘이 배가 되는 것 같다. 가문을 이어가야 할 며느리에게 시어머니가 반지를 물려주는 것도 그런 의미다. 그것은 헤어진 사람과의 정표가 아니라 살아있는 가족끼리의 유대를 더 강화하는 데 뜻이 있을 것이다. 요새는 사귀다가 헤어지고 나면 그동안 해준 선물을 다 돌려받는다고 하는데 미련 없이 되돌려주는 것도 나쁘지 않을 것 같다. 그 또한 정표이기 때문에 다른 연애운이 들어오는데 훼방이 될지도 모른다. 사람의 집념과 집착은 그만큼 오래가기 때문이다.

작가의 의도

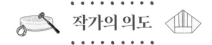

옛이야기에는 정표가 많이 등장한다. 요즘처럼 핸드폰도 없던 시절에는 길 떠난 정인을 다시 찾는다든가 하는 것은 거의 불가능에 가까웠다. 다시 운명적으로 만나게 되지 않는 이상은 참으로 안타까운 상황이 연출되었을 것이다. 하지만 헤어질 때 훗날을 기약하며 거울이나 칼이나 옥 등을 깨어서 각자 지니고 있다가 오랜 세월이 흐른 후에 만나서 맞추어 본다는 이야기는 고주몽과 고향에 두고 온 아들 유리왕이 재회하게 될 때도 등장한다. 고대로부터도 정표는 매우 드라마틱한 소재가 아닐 수 없다.

 **참고하기**

점을 보는 다양한 방법 중에 그 사람이 걸치고 다니는 옷이나 장신구를 자세히 살펴보는 방법이 있다. 이는 고대에 지배계층과 피지배계층을 나누는 방법이었으며 현대에도 패션이나 고급 시계, 자동차 등을 통해서 자신의 위치를 과시하고자 하기 때문이다. 내면의 풍요함은 고사하고 겉으로만 드러내는 것에 치중하는 물질적 세태가 안타깝지만 이로써 그 사람의 됨됨이를 조금은 파악할 수 있으니 재미있는 부분도 없지 않다. 원색적이며 화려하고 반짝이는 옷을 아무렇지 않게 평소에 입고 다니는 사람은 의외로 마음이 순수하다고 한다. 자신의 속마음을 감추고 싶지 않기에 오히려 일반 사람보다 더 정열적이고 이성을 사귀어본 경험도 의외로 적은 경우가 많다고 한다.

? 어려운 점 응용하고 해결해보기

Q 서로 의견 대립이 계속되고 있어서 마음이 힘이 듭니다. 그런데 정표 카드가 나왔습니다. 어떻게 리딩할까요?

A 이제는 오해를 풀고 서로 마음을 확인할 계기가 될 것 같습니다. 의외의 인물이나 물건이 화해를 시켜주는 가교의 역할을 할 수도 있으니 좋은 결과가 있겠습니다.

· · · · ·

포인트 헤어진 두 물건이 만나서 서로 합을 이루어 완전하게 되었으니 길상으로 본다.

유의점 간단하게 풀어질 일이 복잡하게 꼬인 것일 수 있다. 마음을 터놓으면 일이 쉽게 풀린다.

전래이야기

정표에 관해서는 유리왕이 꽤 유명한 인물일 것이다. 그의 아버지 주몽이 부여에 있던 시절에 부인 예씨와 결혼하여 낳은 아들이었다. 하지만 주몽은 아들이 태어나기 전에 부여를 떠났고 유리는 아버지 없이 자라게 된다. 그는 아비 없는 자식이라고 놀림을 받다가 어느 날 어머니에게 아버지에 관한 이야기를 해달라고 한다. 어머니는 아버지가 평범한 사람이 아니라서 떠나야 했고 다른 곳으로 가서 왕이 되었다고 했다. 또한 떠나기 전에 '칠각형의 돌 위의 소나무 아래에 물건(정표)을 감추어 두었으니 그것을 찾는다면 나의 아들임을 알겠소'라는 말도 해 주었다. 유리는 그곳을 찾다가 자신의 집 소나무 기둥과 그 아래 칠각 주춧돌 아래에서 드디어 정표를 찾아내고 동지를 모아서 아버지를 찾아 나선다. 졸본에 이른 유리는 아버지에게 부러진 칼을 바쳤고 주몽은 자기가 가지고 있던 부러진 칼을 꺼내어 합쳐봄으로써 기뻐하고 그를 태자로 삼았다. 그 후 태자가 된 지 5개월 만에 유리는 왕으로 등극하였는데 그 후로도 평탄하지 못한 치세와 가정사가 전해져온다. 아무튼 그냥 전해 주어도 힘들 정표를 수수께끼를 풀어야 찾을 수 있는 곳에다 묻어둔 주몽의 심리는 난관을 헤치고 아버지를 찾아올 만큼 강인한 아들을 원했던 게 아닐까 싶다.

정표
참고 이미지

01

■ 출처 참고: 292p

43 도둑 : Thief

43. 도둑

으슥한 밤에 부잣집의 담을 넘는 도둑, 주인들은 잠에 빠져있고 아무도 알지 못한다. 도둑의 목적이 무엇인지 정확히 알 수는 없지만 매우 위험한 상황이다.

Keyword

위험한 운이 다가오고 있지만 내가 모르고 있거나, 안다고 하더라도 시간이 지나서 알게 되는 상황. 따라서 지금은 수동적인 상태일 수 밖에 없다. 사건의 결과가 나에게 유리할지 도둑(상대방)에게 유리하게 될지 알 수는 없지만 불쾌한 상황인 것은 분명하다.

돋보기

조선 말기는 거의 도둑의 시대라고 해도 과언이 아니었다고 한다. 이들을 화적 떼라고도 하는데 물건을 훔치고 나면 꼭 불을 지르고 가기 때문에 생긴 이름이라고 한다. 지주와 관리의 수탈이 심해지자 살기 위해서 농민들은 살던 고향을 등지고 떠돌아다니다 산적 패에 합류하거나 절에 들어가서 가짜 스님 역할을 하며 살기도 했다고 한다. 홍길동 같다는 말은 지금은 신출귀몰한다는 의미와 같지만, 당시에는 심각한 사회현상으로 나라에서는 도둑을 근절하기 위해 백방으로 애를 써야만 했을 것이다.

01

작가의 의도

평화로운 집에 도둑이 담을 넘고 있다. 도둑은 실제 물건을 훔치기 위해 들어가는 사람이지만 보이지 않는 것을 훔치는 자도 당연히 도둑이다. 소설에 자주 등장하는 '마음을 빼앗겼다'라는 표현이라든가 '당신의 마음을 훔쳤다'라는 것은 다 같은 소리다. 사실은 눈에 보이지 않는 것을 잃어버리는 것이 더 큰 충격과 후유증을 가져온다. 눈에 보이지 않기에 가늠할 수가 없고 대책을 세울 수도 없는 것이다. 현대에 많은 사람이 마음의 병을 앓고 있다. 자기의 마음을 어딘가에 빼앗긴 채로 다시 되살리는 방법마저 잊어버리는가 싶어 심히 안타깝다.

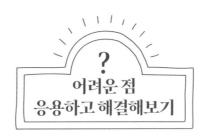

어려운 점
응용하고 해결해보기

Q 이번 생일에 지인으로부터 선물을 받을 것 같아서 무척 기대됩니다. 그런데 도둑 카드가 나왔어요. 어떻게 리딩할까요?

포인트 | 아무래도 도둑의 카드이므로 순수한 느낌의 선물로 보긴 힘들 듯.

A 선물을 받는 것은 즐거운 일이지만 다소 실망스러운 상황이 될 수도 있겠습니다. 아니면 기대에 미치지 못하는 선물일 수도 있고, 그 선물을 주는 사람이 다른 대가를 원한다든가 제안을 할 수도 있겠지요.

유의점 | 나의 단점이나 약한 부분을 알고 달콤한 눈속임을 할 수도 있으니 마음의 빗장을 단단히 하자.

• • • • •

전 래 이 야 기

도둑에게서 아내를 되찾은 사람

옛날에 어떤 총각이 있었는데, 동네 처녀와 드디어 혼사를 올리려고 날을 잡게 되었다. 혼례를 올리기 전날에 도둑이 그 집 처녀가 미인이라는 말을 듣고 처녀의 집 앞에 와서 처녀의 얼굴만 한 번 보게 해주면 돈을 주겠다고 했다. 그 말을 들은 처녀의 어머니는 처녀에게 담벼락 앞에 잠시만 서 있어 보라고 했다. 처녀가 어머니의 말에 할 수 없이 밖으로 나오자 도둑이 회오리바람처럼 순식간에 처녀를 데리고 가 버렸다. 이 사실을 알게 된 총각은 아버지에게 돈을 빌려 큰 배를 사고, 힘 좋은 배꾼과 죽창, 석 달 열흘 먹을 양식과 물을 싣고 처녀를 찾으러 떠났다. 총각의 부모는 아들이 무사히 돌아오길 바라며 물가에서 용왕님께 굿을 했다. 며칠 뒤, 어딘가에 배를 댄 총각은 배꾼들에게 석 달 열흘이 지나도 자신이 돌아오지 않거든 알아서 돌아가라고 하고서 길을 떠났다. 총각이 마을에 들어가 우물 옆 수양버들에 올라가 앉아 있으니, 처녀의 종이 물을 길으러 왔다. 총각이 수양버들 잎을 뜯어 떨어뜨리자 종이 나무 위를 올려다봤다. 총각을 발견한 종은 총각을 데리고 처녀가 있는 집으로 갔다. 처녀는 총각을 반갑게 맞이하였다. 그런 뒤, 처녀는 도둑이 도둑질을 하러 나간 사이에 머슴을 시켜 개를 두 마리 잡아서 그 피와 고기를 단지 두 개에 넣어 떡 담 쑤듯이 해 놓고, 나무를 사다가 관을 하나 만들어 그 안에 솜을 넣고 썩은 개의 피가 든 단지를 양쪽에 놓고 그 안에 드러누웠다. 그리고 총각에게는 상복을 한 벌 해 입히고 작대기를 손에 쥐어 주면서 누가 묻거든 부모가 고향에 묻어달라고 유언을 해서 시체를 가지고 고향으로 간다고 대답하라고 했다. 말에 관을 싣고 총각이 곡을 하며 따라가는데, 어떤 사

람이 다가오더니 이것이 무엇이냐고 물었다. 총각은 처녀가 일러준 대로 부모 시체를 가지고 고향으로 가는 중이라고 했다. 그러자 그 사람은 창을 꺼내 관을 한 번 푹 쑤셨다. 관 안에 있던 처녀는 썩은 개의 피를 솜에 묻혀서 준비해 놓았다가 창에 묻혔다. 그 사람은 썩은 피 냄새를 맡더니 더럽다며 그냥 가 버렸다. 그 뒤, 총각은 말을 재촉하여 배가 있는 곳으로 달려갔다. 한편 도둑이 도둑질을 하다가 느낌이 이상해서 점을 봤더니 "집에 화가 있다."고 했다. 그래서 얼른 집으로 가 보니 집에는 이미 아무도 없었다. 도둑은 처녀가 도망간 것을 눈치 채고 총각을 쫓아왔다. 총각이 배에 거의 다 와 가는데 도둑이 금방 쫓아왔다. 그런데 총각의 부모가 굿을 해서인지 어디선가 독수리 두 마리가 나타나 몸에 모래를 묻혀 도둑의 머리 위에 가서 털었다. 모래가 머리 위로 떨어지자 도둑은 눈을 비비고 닦느라 정신이 없었다. 그러는 동안 총각은 무사히 관을 싣고 떠날 수 있었다. 그러자 도둑은 자신이 데리고 온 삽살개에게 배를 따라가 그 안에 있는 사람들을 다 죽이고 오라고 명령했다. 도둑의 명령을 받은 삽살개가 배를 향해 헤엄쳐 오자, 배꾼들이 죽창을 가지고 개를 죽여 버렸나. 그제야 마음을 놓은 총각이 관 안에서 처녀를 꺼내고 관과 피 단지는 모두 물에다 버린 뒤 집으로 돌아왔다. 집으로 돌아오니 총각의 부모는 그때까지도 굿을 하고 있더라고 한다. 그리하여 그 총각은 도둑에게 빼앗긴 아내를 찾아와서 자식도 낳고 부귀영화를 누리며 잘 살았다고 한다.

■ 출처 참고: 292p

95

44 파경

Broken Mirror

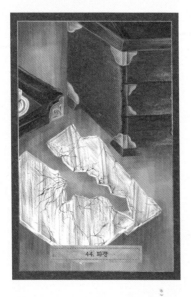

44. 파경

깨어진 거울이라는 뜻으로 사이가 나빠져서 헤어지는 경우를 뜻한다. 특히 부부나 연인이 헤어질 때 많이 쓰이는 표현이다(정표라고 하여 다시 재결합하는 카드는 따로 있음).

Keyword

오래된 인연이 헤어지고 약속이 번복되거나 지켜지지 않는다. 마음의 정리를 하는 것이 수순이니 집착도 아무 소용이 없다. 끝이 나버린 상황. 원래대로 되돌리기는 불가능하다.

토막상식

우리나라 사람들에게는 공통된 징크스라는 게 있다. 옛날에는 더했을 것이다. 문지방을 밟으면 절대로 안 되고 밤에 손톱을 깎아서도 안 되며 중요한 일을 앞두고는 머리칼이나 수염을 깎지 않았다. 자기 자신만이 아는 징크스도 있고 민족별로 퍼져있는 징크스도 있다. 춘향이가 옥에 갇혀서 꾼 꿈이 거울이 깨지는 꿈이었다고 하는데 나중에 어사 출두한 이몽룡을 만나게 되었으니 흉몽이 길몽으로 바뀐 셈이다. 그러나 대부분은 흉몽으로 친다. 특히 거울이 깨지는 것은 거울에 비친 사람에게 불길한 일이 일어날 징조로 여겨지는 경우가 많다.

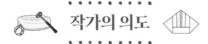
작가의 의도

누군가의 아름다운 얼굴을 매일 아침 비추어 주었을 경대의 거울이 박살 나버렸다. 물론 파경은 거울이 깨졌다는 표현이지만 모든 일이 망쳐버렸을 때 쓰는 단어이다. 공들인 깃들이 무용지물이 되고, 그토록 절절했던 약속이 지켜지지 않았을 때이다. 주로 서로의 믿음에 대한 심층적인 의미를 담고 있는데 그것이 산산조각이 나서 더 이상 붙여볼 수 없는 깨진 거울 같다는 절묘한 표현이겠다. 깨진 거울만큼이나 상심이 큰 것은 말할 필요도 없겠다.

'명두(明斗)·명도(明圖)'라고도 하여 무속인들이 신성하게 여기면서 신어머니에게서 제자에게 내려주는 거울이 있다. 고대의 제사장들이나 지배계층의 무덤에서 유물로도 곧잘 발견되는 청동거울이 그 원조이다. 하늘의 태양을 상징하기도 하던 명두는 이후 최고 권력자들이 갖추는 필수품이 되기도 했는데 이 점은 일본에서도 같다. 고대의 우리나라에서 그 전통이 전래된 것인 만큼 매우 비슷한 요소가 많은 것 같다.

01 02

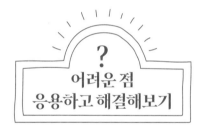

**?
어려운 점
응용하고 해결해보기**

Q 계약 관련해서 연락을 기다리고 있는데 어떤 답이 올지 궁금합니다. 파경 카드가 나왔는데 어떻게 리딩해야 할까요?

A 새로운 조건을 제시받는다든가 다른 이야기가 나올 것 같습니다. 그리 큰 기대는 안 하는 것이 좋겠습니다. 하지만 여기서 끝은 아니니 너무 실망하지 마시고 마음의 준비를 하시면 좋겠습니다.

• • • • •

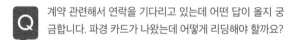 포인트 파경은 말 그대로 깨어짐으로 일단 기존 약속은 성사되지 않음으로 본다.

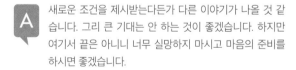 유의점 정표를 처음에 나누어 가질 때는 이별을 전제로 하는 것과는 달리 파경은 조금 다른 의미가 있으나 유사한 점 또한 있다. 연관 카드와 조화롭게 리딩해보자.

전래이야기

산골에 사는 한 여자가 서울 시장에는 둥글기가 보름달 같은 청동거울이 있다는 말을 듣고 그 거울을 한 번 보기를 원하였으나 기회가 없었다. 그러던 어느 날 그녀의 남편이 서울에 가게 되었는데 마침 보름 때였으므로 그녀는 거울이란 말을 몰라서 저 달처럼 생긴 물건을 사 오라고 하였다. 그런데 남편이 서울에 도착하여 달을 보니 반달이 되었으므로 아내가 원한 것이 빗인 줄 알고 빗을 사 왔다. 돌아온 남편에게 아내가 보름달을 가리키며 자신이 요구한 것이 빗이 아니라고 하자, 그는 서울의 달과 시골의 달의 다름이 괴이하다고 하였다. 그 후 남편이 다시 서울에 가서 거울을 사 왔다. 부인이 거울을 보자 거울 속에 여자가 있으므로 평소 자기 얼굴을 본 적이 없던 부인은 남편이 여인을 데려온 것으로 오해하고 화를 냈다. 남편이 거울 속을 보니 웬 남자가 있으므로 아내가 사나이를 원하였던 것으로 알고 분노하였다. 그 일로 부부가 서로 다투다가 끝내는 관가에 송사하였다. 그런데 원님이 그 거울을 들여다보니 거울 속에는 관복을 입고 위엄을 갖춘 관원이 있으므로 그 원님은 그것을 보고 신관이 부임한 것으로 알고 놀랐다.

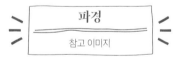

파경

참고 이미지

03

■ 출처 참고: 292p

45 처녀귀신 : Bachelorette Ghost

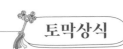

손각시. 혼기에 찬 처녀가 죽어서 된 원귀를 말한다. 카드의 그림은 아랑 전설의 일부를 그린 것으로 자신의 원한을 설명하려고 수차 나타나지만 들으려고 하지 않는 사또를 표현하였다. 사람과 귀신은 의사소통에 있어서 많은 애로 사항이 있고 또 그 원한을 해결하는 방법에 있어서도 차이가 있다.

Keyword

일방적인 사랑, 또는 감정. 본인의 책임이 아닌데도 일이 얽히고 설히게 된다. 남모르는 아픔, 생각보다 일이 간단하게 해결이 될 수 있으나 찾지 못한다. 원인을 찾는 데 더 오랜 시간이 걸릴 수도 있고 때로는 영원히 원인을 찾지 못할 수도 있다. 신체적 정신적으로 건강이 악화된다.

 토막상식

사람을 만나다 보면 후광이 비치는 사람과 왠지 모르게 꺼려지는 이미지의 사람이 있다. 생김새를 자세히 뜯어보면 그다지 밉지 않고 오히려 잘생기거나 예쁜 얼굴인데 이성 교제만 안 된다든가 사람들로부터 좋은 평을 받지 못하는 경우도 종종 있다. 대중의 인기를 먹고 사는 연예인들은 더욱 그러할 것이다. 그래서 자기 이미지를 관리하기 위해 일부러 지어낸 허상으로 둔갑하는 이들도 허다하다. 그러다 그 환상이 깨지는 일이 SNS에 폭로되면 팬들은 상심해서 돌아선다. 하지만 사람이면 누구나 장단점이 있지 않겠는가? 일반 사람의 경우를 살펴보면 특출한 외모나 말솜씨도 아닌데 이성을 잘 만나서 교제도 하고 결혼도 하고 사랑받고 사는 사람들이 있다. 특히 큰 다툼이 없이 오래도록 사귀는 커플들은 나름의 이유가 있을 것이다. 반면 이성교제가 늘 바람 잘 날이 없고 시끄러운 사람 또한 그만한 이유가 있을 것이다. 집안에 이러한 원한을 품고 죽은 영혼들이 있다면 사후에도 집착하여 계속해서 이성 교제를 방해하며, 그것이 살아있는 후손들에게 작용하는 경우가 많다. 금전에 한이 맺힌 경우보다 작용이 더 대단하니 유의해서 지켜볼 일이다.

 작가의 의도

신임 사또가 부임해 올 때마다 다음 날 아침에 심장마비로 사망했는데 그것이 모두 처녀귀신의 소행이라는 전설이 있다. 정신을 차리고 단단히 준비한 젊은 사또는 드디어 처녀귀신을 만나게 되고 그의 사연을 들은 후에 다음날 원한을 풀어주며 이야기는 대단원의 막을 내린다. 이렇듯 젊은 여인이 자신의 청춘을 누리지 못하고 죽었을 경우에는 아주 치명적인 원혼이 되는데 웬만해서는 이 원한을 풀기가 어려웠던 듯하다. 이 처녀귀신은 지혜롭게도 고을의 수령에게 해결해 주기를 요청했지만 보통 집안에서 죽은 노처녀귀신이나 남자로부터 외면당해서 죽은 처녀귀신의 경우에는 자손들이나 가족에게 붙어서 그들의 청춘사업마저 방해하는 아주 히스테리컬한 면모를 보여주기도 한다.

혼인해보지 못하고 죽은 청춘들끼리 결혼을 시켜주는 민간 습속이 있는데 영혼결혼식이라고 한다. 유명인들부터 사망한 연예인들끼리의 영혼결혼식 등 전 세계에 광범위하게 이러한 풍습이 존재하는데 그 효과에 대해서는 사실 잘 알 수가 없다. 죽은 영혼이 너무나 꽃다운 나이에 삶을 저버렸기 때문에 애틋한 마음에서 가족들이 영혼결혼식을 주선하는 경우가 많은 것 같은데, 사실 살아있는 남녀 간에도 중매든 소개팅이든 해봐도 마음에 쏙 드는 사람을 만나기 어려운 실정에 혼령이라고 해서 덜컥 아무하고 결혼식을 하는 것의 효과는 모를 일이다. 오히려 남은 가족들의 안타까운 마음을 달래기 위한 방법은 아닐까 하는 생각이 든다. 영혼결혼식을 올려주었는데 저세상에서 서로 맞지 않아서 헤어지길 원한다면 그 소식은 살아있는 가족들이 알 수나 있으려는지.

? 어려운 점 응용하고 해결해보기

 Q 사소한 오해로 인해 사귀는 사람과 다툼이 잦습니다. 처녀귀신 카드가 나왔는데 어떻게 리딩해야 할까요?

 A 자신의 언행과 관련이 없이 주변 상황이나 빌미 거리가 자꾸 생길 수도 있으니 매우 안타까운 노릇입니다. 가족 내에 사연 있는 사람이 있거나 가까운 지인 중에 그러한 사연으로 돌아가신 분이 있는지 살펴보는 게 좋겠습니다. 때로는 살고 있는 장소에서도 영향을 받기도 합니다.

• • • • •

 포인트 │ 사념의 영향을 어떤 형태로든 받고 있는 상황.

 유의점 │ 한동안 외부 활동을 줄이고 만나는 사람도 줄이는 게 하나의 방법이다.

전래이야기

손말명은 한반도의 전설에서 나타나는 처녀귀신이다. 흔히 처녀귀신이라 부르며, 손각시라고 부르는 경우도 있다. 처녀귀신은 전설과 설화에 자주 등장한다. 유명한 이야기로 밀양 아리랑의 전설로 일컫는 아랑 전설이 있다. 아랑은 경상도 밀양부사의 딸로, 어려서 어머니를 여의고 유모에게서 자랐는데, 어느 날 밤 통인과 작당한 유모의 꼬임에 빠져 달구경을 나갔다. 통인 주기가 아랑을 겁간하려 했고, 아랑은 끝까지 항거하다가 끝내는 칼에 맞아 죽고, 대숲에 버려졌다. 부사는 아랑이 외간 남자와 내통하다 함께 달아난 것으로 알고 벼슬을 사직하였다. 이 일이 있은 후부터 밀양에 오는 신임 부사마다 부임하는 첫날밤 의문의 주검으로 발견되어 모두 그 자리를 꺼리게 되었다. 이때 이상사(李上舍)라는 담이 큰 사람이 밀양부사를 자원하여 왔다. 부임 첫날밤에 나타난 아랑의 원혼에게서 억울한 죽음을 들은 그는 원한을 풀어주기로 약속하였다. 이상사는 곧 주기를 잡아 처형하고 아랑의 주검을 찾아 장사를 지내주니 그 뒤로는 원혼이 나타나지 않았다고 한다. 지금도 영남루 밑에는 아랑의 혼백에게 제사지낸 아랑각(阿娘閣)이 있고, 《밀양아리랑》도 이 영남루 비화(悲話)에서 발생하였다 한다.

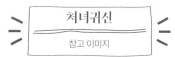
처녀귀신
참고 이미지

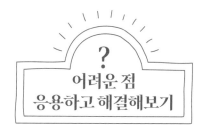

■ 출처 참고: 293p

46 길 떠나는 사람 ⋮ Wayfarer Hitting the Road

46. 길 떠나는 사람

달빛 받은 새벽길을 떠나는 남자와 이를 배웅하는 여인의 모습이 구슬프다. 마당에서는 흰 개도 이러한 송별의 장면이 아쉬운지 울고 있다. 언제 돌아올지 기약이 없는 헤어짐, 회자정리 거자필반(會者定離 去者必返), 먼 훗날 다시 오기를 바라는 마음이 느껴진다.

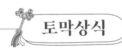

Keyword

남모르는 고민, 슬픔, 일시적 헤어짐, 임시로 떨어져 지내야함, 역마살, 개인적으로 겪어야 하는 현실적 고뇌, 타인은 알지 못하는 자기만의 기억, 가족의 일, 외국으로 가는 유학, 전근, 이사도 때로 포함됨.

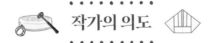
🌸 토막상식

자신과 맞지 않는 방향으로 이사를 하거나 먼 거리 여행을 가는 것을 매우 꺼리는 것은 오늘날에도 같다. 손이 없는 날을 골라서 가곤 하는데 이 또한 그 방위에 깃드는 살을 맞지 않기 위한 방편이다. 9, 10, 19, 20, 29, 30 이렇게 음력 날짜를 손이 없다고 하여 이삿짐 회사에선 비용도 더 비싸게 받는다. 대장군과 삼살 방위는 꾸준하게 거론이 되지만 사실 이것을 다 지켜가면서 살 수는 없는 노릇이어서 어쩔 수 없는 흉 방위로 이사를 하거나 이동을 해야 할 때는 몸에 방위 부적 등을 지니기도 하였으니 그 흉함이 드러날 때는 참으로 크나큰 재앙이었던 모양이다. 이것은 자연환경과 인간이 따로 분리될 수 없다는 생각에서 출발하였는데 인간 또한 대자연의 일부이므로 이와 맞지 않는 곳으로 갔을 경우는 횡액을 당한다고 여겼던 듯하다.

대장군 방위
호랑이, 토끼, 용띠해에는 북쪽 ‖ 뱀, 말, 양의 해에는 동쪽 ‖ 원숭이, 닭, 개의 해에는 남쪽 ‖ 돼지, 쥐, 소의 해에는 서쪽에 대장군이 있다고 하며 그 방위로 이사함을 불길하게 보았다.

• • • • • • • •
🪕 **작가의 의도** 🎴
• • • • • • • •

개인적으로 참 마음이 먹먹한 그림이다. 새벽에 먼 길을 떠나는 남편을 배웅하는 여인이 슬퍼 보인다. 살림살이도 넉넉해 보이지 않고 아마도 생계를 위해 위험을 무릅쓰고 떠나는 것 같다. 언제 돌아올지 기약도 없고, 그의 안전이 궁금해도 알 길이 없으니 모든 것을 행운에 맡기고 헤어져야 하는 가족이다. 이보다 더 슬픈 일이 또 있겠는가! 지금은 전화라도 하고 심지어 화상통화를 해서 안부를 묻고 언제든 얼굴을 볼 수가 있으니 얼마나 고마운 세상에 살고 있는지 모르겠다.

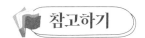

참고하기

'정읍사'는 백제의 가요이다. 망부가(望夫歌)이며 남편이 집에 무사히 돌아오기를 기원하며 부른 노래인데 백제가 멸망한 뒤에도 천년 동안이나 불리웠다고 한다. 연락할 길 없이 오로지 기다리기만 했을 옛 여인의 슬픔과 걱정이 진하게 느껴진다. 예나 지금이나 가족이 먼 길을 떠나면 근심하기는 마찬가지인가 보다.

달님이시여, 높이 높이 돋으시어
아, 멀리멀리 비치시라!
시장에 가 계신가요.
아, 진 곳을 디딜까 두려워라!
어느 것이나 다 놓아 버리십시오.
아, 내 임 가는 그 길 저물까 두려워라!

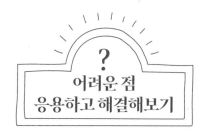

Q 다니던 회사를 그만두고 싶습니다. 길 떠나는 사람 카드가 나왔는데 어떻게 리딩해야 할까요?

A 지금은 이동하는 운이 들어와 있습니다. 이직한 후에 그 결과가 어떻게 되는지 여부와 상관없이 움직이고 싶은 마음이 강할 것입니다. 용기를 내서 결정을 내려야 하겠습니다.

• • • • •

포인트 　새벽길을 떠나는 사람은 마음을 굳게 먹고 갈 길을 간다.

유의점 　자의든 타의든 떠나는 상황이 될 것이므로 등 떠밀려서 관두는 것보다는 낫다.

전래이야기

문경새재 전설

문경새재(聞慶鳥嶺)는 충청북도 괴산군 연풍면과 경상북도 문경시 문경읍 사이에 있는 고개로, 백두대간(중 소백산맥)에 있는 1,017m 높이의 조령산을 넘는 것이 고비다. 새재는 조령(鳥嶺)을 우리말로 읽은 것으로, 나는 새도 넘어가기 힘든 고개라는 의미에서 붙은 이름이다. 현재 충청북도와 경상북도의 도계이기도 하다. 또한 이곳은 선비들이 과거를 보러 가거나 영남지방과 한양을 드나들던 상인들이 반드시 통과해야 하는 거리였는데 문경새재를 거쳐 한양까지 가는 데는 보름 정도가 걸렸다고 한다. 문경새재에는 조선 태종 때 길을 처음 개척하던 당시에 산신령과 관련한 전설이 전해지고 있다. 문경현감은 긴급히 조정에 보고해야 할 중대 안건이 생기자 신체 건강한 역졸을 골라 급히 장계를 전달하라는 명을 내렸다. 문경에서 한양으로 장계를 올리기 위해서는 문경새재를 넘어야 했는데, 새재를 넘던 역졸이 그만 호랑이에게 잡아먹히고 만다. 이를 보고받게 된 태종은 크게 노하여 봉명사(奉命使)를 보내 문경새재 산신령을 잡아 오라는 엄명을 내린다. 봉명사는 밤낮을 가리지 않고 달려 문경새재에 도착했으나 도저히 산신령을 잡을 묘책이 떠오르지 않았다. 궁여지책으로 새재 산신사(山神祠)에 제사를 지낸 봉명사는 어명을 제단 위에 붙여 놓은 후 혜국사에 머물면서 소식을 기다리기로 했다. 그날 밤 봉명사는 보름달 밝은 빛에 잠을 못 이루고 뒤척이고 있었는데, 삼경쯤 되니 천지가 진동하는 듯한 호랑이 울음소리가 일어나고는 잠잠해졌다. 그 이튿날 산신사에 가보니 앞마당에는 커다란 호랑이 한 마리가 죽어 있었다. 봉명사는 그 호랑이 가죽을 벗겨 왕에게 바치고 이 사실을 보고했으며, 이후 문경새재에는 호랑이로 인한 사상사고가 사라졌다. 이 사건이 있고 난 뒤 혜국사에 유숙하던 전진공이라는 사람의 꿈에 산신령이 나타나 "나는 새재 산신령이오. 나라에 죄를 얻어 아직 면죄를 못 받았으니 그대가 나를 위해 나라에 상소하여 억울한 죄명을 씻어줄 수 없겠는가."라며 간청했다. 그는 흔쾌히 수락해 즉시 새재 산신령에 관한 사죄 상소를 올렸고, 이를 본 태종은 친히 답을 내려 새재 산신령의 죄를 사하였다고 한다.

■ 출처 참고: 293p

47 주막

Traditional Pub

47. 주막

부뚜막에서는 연기가 오르고 있고 요리가 익어 가는데 외상값을 받지 못한 것인지 주모의 얼굴이 그다지 좋지 못하다. 그러면서도 딱히 사내들을 내보낼 생각은 없는 것 같다. 눈치 없는 사내들은 얼큰하게 취해서 그저 즐겁기만 하다.

Keyword

그다지 심각한 사태는 아니지만 약간의 소요가 있을 수 있다. 깊이 없는 사람들끼리의 어울림, 술자리, 의미 없는 지리멸렬한 모임. 서로 입장이 다른 사람들끼리의 대화, 다른 목적을 가진 사람들끼리 만나게 된다. 뜬 구름 잡는 소리, 이루어지지 않을 약속들.

 돋보기

눈치 없는 사람은 예나 지금이나 인기가 없다. 아니 왕따를 안 당하면 다행이다. 사람은 한량없이 착하고 좋은데 눈치가 없어서 늘 구박을 받거나 쉽게 오해를 받는다면 참으로 불행한 일이 아닐 수 없다. 센스와 공감 능력, 처한 상황을 순간적으로 파악하는 감각을 눈치라고 하는데 더욱 복잡해져 가는 현대생활에서는 한층 더 발전된 눈치가 필요하게 되었다. 사실 눈치만 살살 살피는 사람은 관상학적으로 좋지 못한데, 옆 눈으로 사람을 관찰한다든가 하기 때문이다. 그런데도 본능적으로 생존을 위해서는 상하좌우 눈치가 있어야 자신의 안전을 도모할 수가 있을 것이다. 현대는 거대한 조직문화와 함께 대가족이 없어지고 혼자서 사회생활을 헤쳐나가야 하는 시대이므로 눈치가 없다가는 하루도 버티지 못하는 위급하고 시급한 문제가 되었다.

 작가의 의도

주막은 나그네들이 쉬었다 가는 집이고 술과 밥을 파는 주모가 상주해 있었다. 엄청 드세고 웬만한 남정네들은 상대하기도 벅찬 괄괄한 성격이었을 것으로 추측된다. 그렇지 않고서야 운영해가는 것은 너무나 어려운 일이었을 것이다. 주로 장터나 길목이나, 나루터, 광산촌 등에 주막이 성행했다고 하니 그 위치로 보건대 거칠고 지친 뜨내기들이 많이 드나들지 않았겠나 싶다. 개중에는 단골이 생겨서 외상으로 술을 먹곤 했는데 이 그림에서는 돈을 내지 않고 공짜 술을 먹는 이들을 노려보는 주모와 세상모르게 술에 취해서 즐겁기만 한 소인배들을 묘사하였다.

주막은 시골 길가에서 밥과 술 등을 팔고, 나그네에게 돈을 받고 잠자리도 제공하는 집을 일컫는 말로, 한국 여관의 시초이다. 서양권에서 이와 유사한 시설로 태번이 있다. 주막은 초기 한국과 조선, 고려 시대에 여관과 술집의 업무를 병행하였던 곳이다. 주막은 옛 사람, 그중 선비나 평민의 회포를 풀기 위해 만들어졌다.

?
어려운 점
응용하고 해결해보기

 Q 부하 직원이 새로 들어왔는데 중요한 업무를 맡겨도 될지 궁금합니다. 주막 카드가 나왔는데 어떻게 리딩해야 할까요?

 A 조금 더 시간을 두고 지켜보는 것이 낫겠습니다. 아니면 아주 간단한 일부터 시켜서 성과를 본 후에 결정해도 되겠습니다. 겉으로 보이는 경력보다는 실속이 없는 사람일 수도 있으니까요.

 포인트 동상이몽인 주모와 외상 꾼들을 보면 견해가 다름을 알 수 있다.

 유의점 전혀 다른 생각을 하는 사람들끼리 일정 공간을 공유하면 결국 갈등이 깊어진다.

전래이야기

지리산 기슭, 여름이면 많은 피서객이 모여들고 있는 마천면 삼정리 양정마을 동쪽 계곡에 「노첨지소」라는 소가 있는데 여기에 전해오는 이야기다. 옛날에 노첨지라는 노인이 이 부락에 살고 있었다. 그는 벽소령에서 주막집을 경영하고 있는 주모를 유혹해 보려고 주머니 속에 술값으로 엽전을 두둑하게 넣고 주막으로 갔다. 이 벽소령의 주막은 산속에서 나무를 베어서 목기를 깎는 목장이나 약초를 캐러 다니는 사람들, 그리고 벽소령을 넘어 하동장에 장 보러 오는 장꾼들을 상대로 술을 팔고 국밥을 팔았다. 노첨지는 이 벽소령 주막의 주모가 마음에 들었으나 그 여인이 마음을 허락하지 않아 번번이 실패를 하고 술만 마시고 돌아오곤 했던 것이다. 그날에는 꼭 성공하리라 마음먹고 주막에 도착한 그는 술상을 시켜서 쉬지도 않고 술을 몇 잔 계속 들이키고는 주모에게도 한 잔 권하였다. 주모는 술잔마저도 거부한다는 것은 도리가 아니라고 생각되어 받아 마셨다. 이렇게 하여 결국 술잔을 주거니 받거니 하여 취기가 올랐을 때였다. 노첨지는 주모의 손을 덥석 잡으며 "이봐 주모, 이젠 이 장사도 지겹지 않아? 술장사 그만두고 우리 집에 들어올 수 없겠소? 그러면 여생을 고생하지 않고 행복하게 살 수 있지 않겠소."하였다. 그러나 주모는 "에그 망측해라, 내가 아무리 술을 파는 아낙네라고 하지만 어떻게 다 늙어빠진 영감님과 함께 살 수 있겠어요, 당치도 않은 말씀 마요."하고 쌀쌀하게 한마디로 거절했다. 그런데도 노첨지가 치근덕거리자 주모는 일부러 술에 독한 술을 섞어 노첨지에게 먹였다. 장사꾼들에게 구한 화주(火酒)였다. 누룩술보다도 몇 곱이나 독할뿐더러 처음부터 많이 마시면 속에 불이 붙는 것처럼 화끈거리는 술이었다. 때마침 달이 떠오르기 시작하였다. 첩첩 산중 외로운 주막에 또 다른 사람이 찾아오지 않을 것 같은 밤이었다. 미처 날뛰는 노첨지를 피해 밖으로 뛰어나와 주막 근처의 아름드리 느티나무 뒤로 주모는 돌아가 숨어버렸다. 그러자 노첨지는 미친 사람처럼 술에 취해 주모를 찾기 시작하였다. 그렇게 길을 따라가다가 그만 계곡 아래에 있는 소에 빠져 죽고 말았다. 그 뒤로 귀신하고 실랑이를 하다가 죽었다고도 하는 소문이 돌며 그때부터 이 소를 '노첨지소'라고 부르게 되었다고 한다.

■ 출처 참고: 293p

48 밀회 Secret Love Affair

48. 밀회

물레방앗간에서 몰래 만나는 남과 여, 서로가 싫지 않은지 얼굴에 홍조가 깃들어있다. 이것을 몰래 엿보는 제3의 여자도 보인다. 이 여자의 경악하는 표정으로 미루어 짐작하건데 금기시 하는 사랑이거나 신분의 차가 많이 나는 만남일 가능성도 높다.

 Keyword

만나는 커플은 행복한 상황이지만 로맨스일지 스캔들이 될지는 아직 모를 일이다. 둘 사이의 일을 알고 있는 사람이 있으니 비밀은 오래 가지 못한다. 작은 즐거움 때문에 큰 것을 포기할 수도 있다. 명분이 없다.

돋보기

비밀을 유지하는 것은 참으로 어렵다. 개개인의 사연부터 큰 음모나 역사적 사건에 이르기까지 측근의 사람이 비밀을 유지해 주느냐 아니냐에 따라서 성공과 실패가 나누어지기 때문이다. 큰일을 앞두고 사소한 것을 폭로해서 다 된 밥에 코를 빠뜨린 일은 너무나 많다. 그렇기에 주변을 늘 신경써야 할 것이다. 아무리 언행을 조심한다고 해도 보는 눈이 많은 일을 하고 있다면 더욱더 그럴 것이다. 굿을 할 때 입에 소지를 접어서 입에 물고 있는 것은 말로 인한 부정이 깃들까 봐 사전에 차단하는 작용이 있으며 불가에서도 수행방법 중에 묵언 수행을 하는 경우가 있다. 말은 하는 사람, 듣는 사람 모두에게 독이 될 수가 있기 때문이다.

작가의 의도

물레방앗간에서 몰래 만나는 선비와 여인이다. 이들은 아무도 모르게 만나고 있는 줄 알지만, 비밀은 없는 법. 지켜보는 눈이 있다. 옛날 사람들은 서로 만나서 정분을 나누고 싶어도 그럴 만한 장소를 찾기 어려웠을 것이다. 소문이 나는 것을 두려워하는 것은 신분이 높은 사람들일수록 더욱 그러했고, 그

다음은 비도덕적인 만남이었을 것이다. 하지만 질서정연하게만 살아갈 수 없는 것이 사람들의 삶인지라 어느 마을에나 비련의 주인공들은 있었고 깜짝 놀랄 만한 연애 사건을 저지르면서도 겉으로는 태연자약한 자들이 존재했다.

우리나라 소설의 주옥같은 작품으로 손꼽히는 이효석의 '메밀꽃 필 무렵'에 나오는 장면이 있다. 평생을 보잘것없는 장돌뱅이로 떠도는 허생원이 젊었을 적 봉평 성서방네 처녀와 물레방앗간에서 하룻밤 인연을 맺었는데 그나마 적적한 그의 인생에 힘이 되어주는 유일한 추억거리였다는 내용이다. 그리고 먼 훗날 그는 혹시 자신의 아들일지도 모르는 젊은이를 우연히 만나서 함께 길을 간다. 아무튼 그 시절 물레방앗간은 젊은 남녀들의 밀회장소로 인기가 있었던 모양이다.

? 어려운 점 응용하고 해결해보기

Q 팀을 짜서 일해야 하는데 제대로 진행할 수 있을지 걱정입니다. 구성원들이 무리 없이 합심해서 할 수 있을까요? 밀회 카드가 나왔는데 어떻게 리딩해야 할까요?

A 아무래도 여러 사람이 어울리다 보니 그중에는 다른 생각을 가진 사람도 섞여 있을 듯합니다. 하지만 그리 오래지 않아서 정보를 입수할 수 있을 것입니다. 너무 신뢰하지 말고 적당한 선에서 이끌어가야 할 것입니다.

• • • • •

 포인트 누군가 모르게 만나고 있으니 다른 이익을 추구할 가능성도 엿보인다.

 유의점 가장 가까운 곳에 적이 있는 법이다.
너무 많은 비밀을 공유해서는 곤란하다.

전래이야기

<후한서>에 나오는 양진이란 사람의 일화다. 후한 시대는 환관이 활개를 치고 관료도 부패한 시대였으나 양진과 같은 고결한 인물도 있었다. 양진은 관서 지방 출신으로 박학다식하고 청렴결백한지라 당시 사람들은 그를 '관서의 공자'라고 했다. 그 양진이 동래군 태수로 임명되었을 때의 일이다. 양진은 부임하는 도중에 창읍이란 고을의 한 여관에 묵게 되었다. 그러자 그날 밤 늦게 창읍현의 현령 왕밀이 남모르게 여관으로 양진을 찾아왔다. 양진은 왕밀을 기억했다. 양진이 전에 형주 감찰관을 지낼 때, 그의 학식을 아껴 무재(茂才)로 올려준 적이 있었다. 두 사람은 옛이야기로 즐겁게 지냈다. 이야기가 한창 무르익자 왕밀은 품 안에서 금 열 근을 슬그머니 꺼내고는 양진에게 줬다. 양진은 온화하면서도 단호하게 거절했다. 그러자 왕밀 또한 물러나지 않고 계속해서 자신의 성의를 받아달라면서 졸랐다. 지금 자신과 양진 둘뿐이라서 아무도 모른다고 하면서 말이다. 그러나 양진은 여전히 온화하고 조용하게 말했다. "아무도 모른다고 할 수는 없지. 우선 하늘이 알고 있고 땅이 알고 있고 거기다 그대도 알고 있고 나도 알고 있지 않은가." 이 말에 왕밀은 부끄러움을 느끼고 물러났다. 양진은 한층 고결한 자세를 가다듬어 마침내 군사의 최고 벼슬인 태위(太尉)에까지 올랐다.

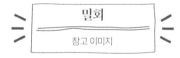
밀회
참고 이미지

01

■ 출처 참고: 293p

저주인형

Curse Dolls

49. 커주인형

어떤 목적을 달성하기 위하여 짚으로 사람의 형상을 만들어 놓은 것이다. 자신에게 닥칠 액운을 소멸시키기 위하여 사용되기도 하였고 때로는 저주를 행하기 위하여 지위고하를 막론하고 이용하기도 하였다.

Keyword

누군가 나에게 악의를 품고 고의적인 행위를 하거나 하려고 계획 중이다. 스스로 깨닫지 못하는 사이에 수렁에 빠져들고 있다. 음모에 이용될 수도 있다. 매우 조심성 있게 사건을 해결해가야 하고 주변인들이 믿을 만한지 재점검해야 한다. 원인을 제대로 발견하지 못하면 곤란한 지경에 처한다. 건강이 악화된다.

 돋보기

짚으로 만든 제웅(저주인형)은 직접 제작할 수도 있고 무속용품점에서 살 수도 있다. 급할 때는 깨끗한 흰 종이를 사람의 모양으로 오려서 사용해도 된다. 액막이하기 위한 도구는 다른 것으로 대체할 수도 있는데 그 사람이 입던 속옷이나 머리카락의 일부나 손발톱 깎은 것을 이용하기도 한다. 그것을 저주인형 속에 집어넣어서 쓰기도 하고 저주인형을 마련하기 힘들 때는 소지 종이에 싸서 그대로 불에 태우기도 한다. 그런데 한 가지 주의할 것이 있다. 남을 해롭게 하는 저주술은 행하지 말아야 한다. 그 저주술이 효과가 없게 되면 저주를 행한 사람에게 돌아올 수가 있기 때문이다. 카드는 그것을 경고하는 의미도 있다.

 작가의 의도

짚으로 엮어 만든 사람의 신체이다. 우리나라에서는 음력 정월 14일 저녁에 저주인형을 만들어서 옷을 입히고 약간의 돈을 넣고 이름과 생일을 적어서 길에다 버리는 풍습이 있었다고 한다. 자신에게 몰려있던 액운을 길에다가 버리는 행위인 것이다. 아마 다음 날인 대보름에 한 해의 큰 복을 받기 위해서 그 전에 깨끗이 하는 의미일 수도 있겠다. 이때 철없는 사람이 저주인형을 주워간다든가 그 안에 든 돈을 가져가게 되면 얼굴도 모르는 사람의 액운을 고스란히 갖고 가는 부작용도 허다했을 것으로 짐작된다. 아무튼 남의 것은 뭐든지 탐내어서는 곤란할 것이다. 짚 인형은 동서양을 막론하고 다양하게 사람을 대신해서 주술적으로 사용되었는데, 현실적으로 해결이 불가능한 것을 이러한 것에 의지하여 행해야만 했던 사람들의 애환이 고스란히 느껴지는 부분이다.

우리말에 뭐든 자기 손으로 직접 하거나 확인하지 않으면 '직성이 안 풀린다'라는 표현이 있고 지금도 흔히 쓰는 말이다. '직성이 풀린다'는 표현은 일이 잘 돼서 만족한다는 뜻이 있다. 그런데 이 직성 (直星)이 별의 운명과 깊은 연관이 있다는 것은 잘 알려져 있지 않다. 직성에는 흉한 것도 있고 길한 직성도 있는데 민간에서는 그 해에 어떤 직성이 드는가에 따라서 운명이 결정된다고 보았고 흉한 직성이 드는 해에는 직성 풀이, 제웅 치기를 했다. 저주인형은 여러모로 사용처가 많았던 듯하다. 지금도 직성이 풀린다는 표현은 좋은 의미로 사용되고 있다. 또한 직성은 아홉 개가 있으며 9년마다 한 번씩 돌아오는 나후직성이 흉하다고 한다. 여자는 11, 20, 29, 38, 47, 56, 65, 74, 83세에 들어오고 남자는 10, 19, 28, 37, 46, 55, 64, 73, 82세에 든다고 한다. 다들 자기 나이에 해당하는지 참고해 볼 일이다.

? 어려운 점 응용하고 해결해보기

Q 최근 갑자기 친해진 사람이 있는데 그 사람과 동석한 자리에서는 꼭 불미스러운 일이 생깁니다. 저주인형 카드가 나왔는데 어떻게 리딩해야 할까요?

A 약간은 거리를 두고 만나는 것이 좋겠습니다. 시기심과 질투가 강한 사람인데 겉으로 숨기고 당신을 시샘하는 것 같기도 합니다. 일단은 안전하게 자신을 보호하도록 하세요.

• • • • •

 포인트 저주인형 그림에서 풍겨져오는 불길한 느낌 그대로이다.

 유의점 겉으로 드러나 보이는 것과 내면이 반드시 일치하는 것은 아니다.

진주 지방에서 전해지고 있는 전설이 있다. 계모의 지독한 학대에 못 이겨 집에서 쫓겨나 남의 집에서 머슴살이를 하는 불쌍한 '허수'가 있었다. 그 아버지는 아들을 찾아다니다가 아들이 새를 쫓는 논둑에 쓰러져 굶어 죽었는데, 새들이 죽은 허수의 아버지를 보고는 불쌍하고 끔찍스러워 벼 이삭이 영글고 있는 들녘에 날아들지 않았다. 그 이후로부터 사람들이 새를 쫓기 위해 허수 아버지의 모습, 즉 '허수아비'를 만들어 세웠다는 것이다. 경주 지방에서도 허수아비의 전설이 전해지고 있다. 신라 시대에 가난한 부녀가 있었다. 그 딸의 이름은 '허수'었고 혼자 남은 아버지를 모시고 있는 효녀였다. 하지만 허수의 아버지는 술주정뱅이인데다가 새를 너무 좋아했다. 자신의 딸이 곡식을 얻어오면 그것을 새 먹이로 주는데 써버렸다. 어느 날 신라의 병졸들이 세금을 갚지 않았다며 허수를 끌고 갔다. 딸이 끌려간 사실을 안 아비는 울분을 토하며 새장의 새를 잡기 시작했으며 도망치는 새를 쫓으며 그의 딸 "허수야~ 허수야~"를 외치며 통곡했다. 사람들은 딸의 이름을 외치며 새를 쫓는 아비의 절규를 보면서 논에 인형을 세우고 이름 '허수아비'라고 했다고 한다.

저주인형
참고 이미지

01

50

폭포 수련

Asceticism under Waterfall

폭포 아래 가부좌를 틀고 수련하고 있는 남자의 사연은 알 수 없으나 비장함이 느껴진다. 그 아래 고기들이 헤엄을 치면서 남자의 얼굴을 유유자적 바라본다. 도사 또는 도인의 길을 가는 사람일 수도 있고 속세의 고통을 잊기 위해 폭포 수련을 하고 있는 중일 수도 있다.

Keyword

남의 심각함이 나에게 그다지 와 닿지 않는 상황이거나 나의 심각함을 상대가 모르는 상태. 매우 굳은 결의에 차 있지만 고독하기 이를 데 없이 힘든 시간을 겪어야 한다. 고통의 시간이 흐른 뒤에 어떤 결과가 있는지는 알 수 없다. 마음의 번민을 가라앉히기 위해 육신을 힘겹게 하기도 한다.

 돋보기

 물의 이치를 터득하는 현자들은 매우 많았다. 공자, 노자 등 중국의 이름난 성현들은 모두 물에서 모든 이치를 배우라고 했는데, 높은 곳에서 낮은 곳으로 거하는 겸손함, 어느 곳이든 다 스며드는 유연성, 만물을 먹여 살리는 생기 등 물의 덕은 일일이 열거하기 어려울 정도다. 그중에서도 장엄한 폭포에서 느끼는 물의 위대함은 많은 도사, 도인들에게 영감과 영적인 각성의 기회를 제공했던 것 같다.

01

 작가의 의도

차가운 폭포 아래에서 가부좌를 틀고 앉아서 수련하는 방법은 많은 도인들에게 인기 있던 방법이었다. 특히 한겨울에 이러한 수련을 한다는 것은 대단한 결심과 고집이 아니고서는 여간 감당하기 힘든 수행법이었을 것 같다. 얼음 같은 물에만 들어가도 힘든데 그것이 끊임없이 떨어지는 아래에 앉아서 인간으로서는 인내의 극한을 시험하는 모습이 가히 경탄스럽기도 하다. 게다가 귀를 때리는 그 소리는 또 얼마나 엄청나겠는가? 하지만 그는 자신의 내면에 귀를 기울이고 있기에 이러한 소리는 전혀 문제 될 게 없는 것 같다. 수력(水力)을 이용해서 수련하는 다양한 방법은 기도를 하며 살아가야 하는 무속인들에게 매우 중요하게 여겨져 왔고, 특히 정화수를 떠 놓고 기도하는 고대인들에게는 물이야말로 모든 것의 근원이며 생명의 시작이라는 의식이 투철했다고 본다.

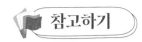 참고하기

수맥에 대하여

한국의 풍수에 관해 이야기할 때 빠짐없이 등장하는 것이 수맥이다. 수맥은 지하수를 말하는데 이것이 흘러가는 흐름이 있고 거기에서 수맥파가 올라와서 사람이 거처하는 곳에 안 좋은 기운을 발산한다는 논리다. 수맥이 있는 곳에 오래 살게 되면 건강이 매우 나빠지고 불행한 일이 연속적으로 일어나는 경우가 있는 건 사실이다. 물을 못 마시면 하루도 살기 힘든 것이 사람이고, 인체의 70프로가 수분으로 이루어져 있다는 걸 생각하면 지하에 흐르는 지하수가 왜 해롭다고 하는지 이해하지 못하는 과학자들도 많다. 어느 쪽이든 다 입장 차이는 있다고 본다. 다만 물이 너무 많으면 식물이 썩게 된다. 또 물은 음한 성격이 있어서 침식을 일으키기 때문에 수해를 많이 입는(쓰나미) 경우를 보면 물의 파괴력이 어느 정도인지 짐작이 간다. 도인들 중에는 바위 위에서 수련하는 사람들도 있고 이렇게 폭포 속에서 수련하는 사람들이 있다. 자기의 근기와 개성과 체질에 맞는 장소를 선정해야 할 일이다. 건강하지 않으면 도를 닦기도 전에 병부터 얻을 수도 있다.

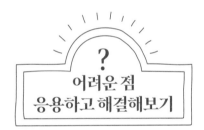
? 어려운 점 응용하고 해결해보기

 대화를 해야 할 사람이 있는데 도무지 말귀가 안 통합니다. 답답하던 차에 상대방이 어떤 사람인지 카드를 뽑았더니 폭포 수련 카드가 나왔습니다. 어떻게 리딩해야 할까요?

 상대방은 자기만의 아집과 고집불통이 가득한 사람입니다. 당분간은 대화가 안 될 것입니다. 한동안은 잊어버리고 지내시는 게 낫겠습니다. 만일 이해관계여서 대화를 할 수밖에 없는 상황이라면 중간에 조율하는 제3자를 등장시키는 것두 좋은 방법입니다.

 폭포 소리가 안 들릴 정도니 남의 이야기엔 관심도 없을 것이다.

 외통수 성격이니 오히려 잔머리 쓰는 이들에 비해 해결방법은 간단할 수도 있다.

전 래 이 야 기

옛날 이조 중엽쯤 일이다. 이곳 서귀포는 당시에는 서귀진(西歸鎭)이었다. 이 마을에 얼굴이 어여쁘고 마음이 고우며 행실이 얌전하다고 소문이 난 한 여자가 살고 있었다. 그녀의 이름은 순천이라 했는데 동네 여러 총각들이 그녀를 마음에 두고 있었다. 명문이도 그중 한 사람이었다. 순천이는 나이 열아홉 살이 되자 부모님이 정해준 대로 이웃 마을 법환리 강씨 댁으로 시집을 가버리고 말았다. 그렇게 되자 서귀진 모든 총각들이 서운한 것은 두말할 나위가 없었다. 더구나 명문이는 하늘이 내려 앉은 듯하고 땅이 꺼져가는 듯하여 그 마음은 이루 헤아릴 수 없이 아팠다. 그로부터 그의 생활은 형편없이 흐트러지기 시작하였다. 그러기에 이제는 사람들도 명문을 이상한 눈으로 보기 시작하면서 꺼렸다. 차차 명문은 사람들로부터 멀어져 갔다. 그럴수록 그의 생활은 점점 더 흐트러져 갔다. 한편 시집을 간 순천은 요조숙녀로서 여자의 도리를 다하는 가운데 화락한 결혼생활을 하면서 동리 사람들의 칭송을 한 몸에 받으며 행복한 결혼생활을 이어가고 있었다. 그와는 정반대로 청년 명문은 밤낮 술과 도박으로 나날을 보내는 가운데 이제는 부모들에게도 행패를 부리기 시작하였다. 큰 재산은 없으나 부지런히 일하는 덕분에 살아가는 처지인데도 부모에게 노름 밑천을 대어 달라고 양탈을 부릴 정도로 막돼먹은 존재가 되었다. 어느 가을이었다. 순천은 오랜만에 친정나들이를 하게 되었고 이것을 명문이가 알게 되었다. 명문이는 서귀진에서 법환으로 이르는 천지연 입구에서 그녀가 돌아가는 것을 기다렸다. 해가 빨리 지는 바람에 걸음을 재촉하고 있는데 순천의 앞을 명문이가 막아섰다. "순천씨, 나를 모르겠어요?" 순천은 깜짝 놀라며 상대방을 보았다. 이렇게 외진 곳에서 험상궂은 남자를 만난다는 일에 소름이 오싹 일었다. 순천은 대답을 못하고 바들바들 떨기만 하였다. "나요. 나 명문이요." 순천은 정신을 차리고 앞에 버티고 선 사람을 물끄러미 바라다 보았다. 안면이 있는 사람 같기도 하였다. "누구신데요?" "나를 모른단 말이오? 나는 순천씨를 얼마나 생각하였는데, 지금같이 내가 이렇게 건달이 된 것도 다 순천씨를 너무 너무 사랑했기 때문이란 걸 모른단 말이오?" 순천은 있는 힘을 다해 저항하면서 소리를 질렀다. 그때였다. '우르릉하는 소리와 함께 바로 아래 천지연 물에서 무엇이 솟구쳐 올라오더니 순식간에 여자를 붙잡고 있는 명문이를 후다닥 나꿔채고는 하늘로 솟아 오르는 것이었다. 순천은 너무 순식간에 있었던 일이었기에 그만 깜빡 정신을 잃었다가 다시 깨어났다. 하늘이 환하게 밝아 있는데 한마리 교룡이 올라가고 있었다. 그리고 다음 순간이었다. 교룡이 여의주를 그녀에게 떨어트려 주는 것이 아닌가. 그녀는 그 여의주를 가지고 밤길을 걸어 시집으로 돌아왔다. 그리고는 그 저녁에 있었던 일을 누구에게도 이야기하지 않았다. 여의주를 몰래 간직하고 있는 그녀는 모든 일이 잘되기만 하였다. 집안이 차차 넉넉해져 갔다. 아들, 딸을 많이 두었고 아들들은 모두 똑똑하였다. 모든 일이 형통하자 그 집안에서나 일가에서는 이 모든 일이 며느리 덕이라고 칭송이 자자하였다.

■ 출처 참고: 293p

109

51 총각귀신 : Bachelor Ghost

51. 총각귀신

몽달귀신이라고도 하며 장가를 가지 못하여 처녀에게 원한이 맺힌 존재로 밤에 처녀가 잘 때 출몰한다. 연애나 결혼이 성사되지 않은 원귀이기 때문에 소통이 되지 않고, 자신이 짝사랑하던 존재에 집착해서 승천을 하지 못하고 그 주변을 서성거리는 귀신이 된다고 한다.

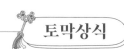

Keyword

일방적인 사랑, 또는 감정. 본인의 책임이 아닌데도 일이 얽히고설키게 된다. 남모르는 아픔, 생각보다 일이 간단하게 해결이 될 수 있으나 찾지 못한다. 원인을 찾는데 더 오랜 시간이 걸릴 수도 있고 때로는 영원히 원인을 찾지 못할 수도 있다. 신체적 정신적으로 건강이 악화될 수 있다.

 토막상식

집 안에 있는 물건 중에 쌍으로 있던 것이 하나가 없어지면 나머지 하나도 버리는 것이 맞다고 한다. 또는 쌍으로 있던 물건이 자꾸 하나가 분실되거나 찾지 못하는 상황도 주의 깊게 보는 것이 좋다. 자신의 기억력이 좋지 못해서라든가 부주의해서 잃어버린 것만은 아니다. 점을 보는 수천 가지의 방법 중에서 물상적으로 보는 것이 있는데 지니고 있는 물건이나 집안에 두고 보는 물건으로 보는 점술법이 있다. 만약 이렇게 짝을 갖고 있는 물건 중의 하나가 없어진다고 하는 것은 혼자서 고독하게 될 것을 암시한다. 식당에서 젓가락을 내어줄 때 크기가 안 맞는 것이 자기 몫으로 자꾸 돌아오는 것에 대해서도 짜증을 내는 사람이 많은데 그러한 이유 중의 하나이다. 어떤 사념이나 원혼 때문에 고독하게 혼자서 지내야 한다는 표식처럼 물건이 하나만 사라지거나 짝이 맞지 않는 것이 내 차지가 되는 것이다.

 작가의 의도

어느 여인을 너무 사모했지만 자기 뜻을 이루지 못해서 죽은 총각이 귀신이 되었다. 상사병에 시달리다 죽음을 맞이한지라 사후에도 계속 여인의 곁을 맴돌면서 떠날 수가 없나 보다. 그런데 처녀귀신에 비해서 총각귀신은 조금 수월했던 면모를 보이는데, 황진이의 경우 속옷을 벗어서 관을 덮어주자 순순히 남자의 관이 움직여 떠나갔다고 한다. 황진이를 짝사랑하다가 죽은 옆집 총각의 사연이다. 아무튼 처녀귀신 쪽이 조금 더 집요하고 무서운 편인데 어찌 되었거나 이러한 원귀가 주변을 맴돈다는 것은 권장할 만한 일이 못 되는 것이 확실하다.

참고하기

어떤 정해진 장소에 매여 있는 영혼들을 지박령이라고 한다. 이들은 특정 장소에 집착하는 령들이기 때문에 아주 오랜 세월을 그곳에서 떠나지 못한다. 그런 사실을 모른 채로 일반 사람들이 그 장소에 거처하게 되면 좋지 않은 일이 일어나는데 이사를 잘못 갔다든지 가게를 새로 오픈했는데 터가 좋지 않아 사고가 자꾸 생길 때를 말함이다. 요새는 하루가 멀다 하고 옛날 건물을 부수고 새로 짓고 리모델링을 한다. 그런데 그 지박령들과는 큰 상관이 없다. 그들은 자신의 원념과 집착 때문에 거기 머물러 있는 것이지 그 집이 마음에 들어서 있는 게 아니기 때문이다. 만일 새로 이사 간 집에서 특정 인물이 계속 꿈에 나온다든가 하면 주의 깊게 살펴볼 일이다. 이사 들어가기 전에 팥과 소금을 뿌리는 경우도 나와 상관없는 지박령의 피해를 조금이라도 줄여보고자 하는 노력이다.

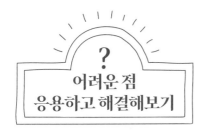

?
어려운 점
응용하고 해결해보기

Q 가깝게 지내던 동료가 안 좋은 사고를 당해서 세상을 떠났습니다. 그 후에 저도 일이 잘 안 풀리는 것 같아서 카드를 뽑아보았는데 총각귀신 카드가 나왔습니다. 어떻게 리딩해야 할까요?

A 깊은 인연으로 맺어진 가족이나 상사병을 일으킬 만큼 집착하던 관계가 아니더라도 죽은 영혼들은 답답한 사연이 있으면 생전에 호의적이었던 사람들을 찾아가기도 합니다. 해를 끼치려는 의도가 아니라 무슨 하소연을 하고 싶은 것일 수도 있습니다. 무서워할 것이 아니라 자기가 믿는 종교가 있다면 거기에 가서 작은 기도를 정성껏 올려주는 것도 공덕이 되겠습니다.

• • • • •

살아있을 때만 친한 사이일 뿐 돌아가셨다고 해서
금세 잊히는 것은 슬픈 일이다.

내 기운이 약해질 때는 지나가던 귀신도 들러붙는다고 한다.
평소 자신 관리가 중요하다.

전래이야기

옛날 진주 군수의 집에는 세 딸이 있었다. 그중 둘째 딸은 시집을 갔는데 얼마 뒤 남편이 죽어 군수의 집에 다시 돌아와 살고 있었다. 군수의 집에는 돌쇠라는 머슴이 있었는데 돌쇠는 둘째 딸이 돌아온 후로 집안의 잡스러운 여러 가지 일을 더 열심히 했다. 돌쇠가 둘째 딸을 좋아하고 있었기 때문이다. 어쩌다 둘째 딸과 마주치기라도 하면 얼굴이 붉어지고 어색한 태도를 보이기도 하였다. 돌쇠는 '어림도 없지. 내가 감히…'라고 생각하며 먼 하늘을 바라보고 한숨을 쉬기 일쑤였다. 혼인한 지 얼마 안 되어 과부가 된 군수의 둘째 딸도 자신에게 신경을 써주며 친절하게 대하는 돌쇠가 좋아지기 시작했다. 시간이 흐를수록 군수의 딸도 돌쇠를 마음에 두게 되고 마침내 두 사람은 서로의 감정을 확인하고 사랑하는 관계가 되었다. 그렇지만 둘이서 아무리 사랑하는 사이라 하더라도 군수의 딸과 머슴이라는 신분의 차이가 이들의 발목을 잡았다. 함부로 표현을 할 수도 없었고 몰래 만날 수도 없었다. 그렇게 손 한 번 잡아보지 못하고 하루하루를 보냈다. 군수의 딸은 돌쇠를 사랑하는 마음을 표현할 수 없어 애를 태우더니 결국에는 그것이 상사병이 되어 자리에 눕게 되었다. 여기저기서 약을 구해다 먹었지만 군수의 딸은 그만 세상을 떠나게 되었다. 군수의 딸의 죽음을 보고 돌쇠는 가슴이 답답하고 터질 것만 같았다. 하루는 진주성에서 고개 하나를 넘어가다가 용다리를 건너게 되었다. 다리 위에서 문득 물결에 비친 자기의 얼굴이 무척 슬퍼 보였다. 군수의 딸에 대한 사무치는 마음을 주체하지 못하고 마구 울부짖던 돌쇠는 그렇게 사랑을 잃은 아픔에 미쳐버리고 말았다. 군수도 딸을 먼저 보내게 되자 진주를 떠나 충청도 지방으로 가기로 결심하였다. 군수는 충청도로 향하는 길에 가족들과 하인을 데리고 용다리를 건너게 되었다. 그런데 뒤를 따라와야 할 돌쇠가 보이지 않았다. 저만치 살펴보니 용다리 근처 고목나무에 돌쇠가 매달려 죽어 있었다. 돌쇠가 죽은 이후로 잠잠했던 용다리 아래에서 개구리 떼가 울기 시작했다. 마치 돌쇠의 울부짖음인 듯하였다. 개구리 떼는 울다가도 부부의 연을 맺은 남녀가 다리를 건너면 조용해졌으며, 상사병에 걸린 사람이 용다리를 두 번 왕복하면 병이 나았다고 한다. 6.25 전까지 돌쇠가 매달려 죽은 고목나무에 아들을 낳기를 바라던 사람들이 한식날 제사를 지내기도 했다고 한다.

■ 출처 참고: 293p

점사

Divination

52. 점사

쌀과 엽전을 이용해 점을 보는 무당의 앞에 손님이 앉아 있다. 집안의 대소사부터 매우 은밀한 고민까지, 예전의 사람들은 무당에게 찾아가 친근한 상담을 하곤 하였고 이는 매우 자연스러운 일이었다.

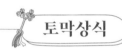

남의 조언을 들어야 한다. 때로는 나와 상관이 없는 사람에게서 해답이 나오기도 한다. 혼자 독단적으로 처리하지 말고 여기저기 정보를 수집하는 것이 좋겠다. 이때는 비밀을 공유하는 것도 나쁘지 않다.

 토막상식

점을 보는 방법은 역사적, 민족별로 매우 다양하게 발전되어 왔다. 아마 수백 가지의 방법이 있을 것이다. 어떤 무속인은 도구가 전혀 필요 없이 자신의 몸을 도구 삼아서 신으로부터 신령스러운 메시지를 듣고 그것을 손님에게 전달하기도 한다. 쌀이나 엽전, 오방기, 타로카드 등 기타 도구를 사용하는 무속인도 많지만, 아무것도 없는 상태에서 진행하는 점사는 매우 신비롭고 사람들에게서 인기가 높다. 하지만 점사의 결과가 잘 맞는지 어떤지는 알 수가 없는 노릇이다. 조금 더 정확도를 높이기 위해서 도구를 사용한다고 보아도 될 것이다. 요즘은 다양하게 운세를 보는 학문이나 타로카드 등을 공부하는 곳이 많아져서 굳이 무속인이 아니더라도 간단하게 자기 일진 정도는 체크하는 사람이 많이 늘어나고 있다. 예전 같으면 신내림 받아서 무속인 할 거냐고 걱정했겠지만 점술도 하나의 트렌드가 되어가는 현대에는 센스 있는 취미로 여겨도 될 법하다.

 작가의 의도

쌀과 엽전을 튕기며 점을 보는 무속인과 그 앞에서 어떤 내용이 나올지 궁금해하는 사람의 모습을 그렸다. 일단 신령님께 간단히 기도를 드린 후에 쌀이나 엽전을 집어 흩어놓아서 나오는 숫자를 세어서 길흉을 판단하였다. 홀수는 길하고 짝수는 불길하다고 여겼다. 하지만 다르게 해석하는 무속인들도 많아서 저마다 자기의 기준이 있고 자신이 몸주신으로 모시는 신령님이 가르쳐주시는 대로 해석하기도 하였다. 때로 허공에서 강신하여 몸에 실려서 입으로 공수를 바로 내리는 경우도 있었지만 늘 그러하지는 않은지라 이렇게 물체를 이용하여 점을 보는 것이 용이했을 수도 있을 터였다. 특히 쌀은 돈을 대신할 정도의 귀한 것이었기에 이것으로 보는 점은 당연히 사람들에게도 어필되기 좋았을 것으로 여겨진다. 엽전의 경우는 흩어진 현상을 보면서 방위를 가리는 데 사용되었다.

요즘은 오방기에 대해서도 많이 알려져 있는 편이다. 무엇보다 우리나라의 오방색과 같은 오방기는 친숙하다. 어렸을 때 건강히 지내라고 색동저고리를 입혀주시던 부모님이 생각난다. 현대 과학의 발달로 인간의 염색체가 발견되었을 때 그 형형색색의 빛이 우리 인체를 이루고 있다는 사실에 많은 사람이 놀랐다. 기본 오방색이고 조금 더 확대하면 일곱 빛깔 무지개로 이루어진다. 오방색은 동서남북과 중앙 방위 이렇게 다섯 방위를 상징하며 빨강, 흰색, 노랑, 초록(검정), 파랑을 쓴다. 각각의 의미는 무속인마다 조금 차이는 있지만 빨간색과 흰색을 길상으로 보며 산신과 제석을 상징한다고 하고, 초록은 걱정거리를 상징하며 파랑은 장군신이나 용왕을 뜻하고, 노랑은 조상이나 대감신으로 보기도 한다. 간단하게 이것만으로 점을 보기는 무리이며 조금 더 자세하고 섬세한 감정이 필요해 보인다.

01

? 어려운 점 응용하고 해결해보기

Q 최근 어려운 일을 겪고 있습니다. 합리적인 생각으로 해결을 해보려고 하지만 뜻대로 될지 잘 모르겠습니다. 점사 카드가 나왔는데 어떻게 리딩해야 할까요?

A 살아가면서 때로는 인력으로 해결하지 못하는 일이 너무나 많습니다. 또 하나하나 이성과 논리적으로 설명할 수 없는 일이 많이 벌어지기도 하지요. 시시각각으로 변하는 것이 사람의 마음이고 이렇게 많은 사람이 모여서 살아가는지라 그것은 당연한 일인지도 모릅니다. 지금은 영적인 상담사를 만나서 또 다른 방법의 조언을 들어봐야 한다고 합니다. 오늘 여기에 잘 오셨습니다.

• • • • •

포인트 이곳에 온 것이 인연이라는 뜻이다.
점사를 보는데 점사 카드가 나왔으니 당연.

유의점 삶이 힘든 상담자에게 용기와 희망을 주는 것이
점술가의 기본 자세이다.

전래이야기

아차산에 전해오는 전설이다. 홍계관은 용한 점쟁이로 소문이 자자했다. 하루는 점을 쳐보니 자기가 아무 날 아무 시에 죽게 되었는데, 왕의 용상 밑에 있으면 살 수 있었다. 마침 왕이 홍계관이 용하다는 소식을 듣고 궁으로 불러 용상 밑에 엎드리게 했다. 그때 쥐 한 마리를 보고 왕은 쥐가 몇 마리 지나갔냐고 물었다. 홍계관이 세 마리라고 답하자 왕은 한 마리인데 왜 세 마리라고 답하느냐며 혹세무민할 사람이니 당장 죽이라고 했다. 홍계관이 사형장에 끌려간 뒤 왕은 이상한 생각이 들어 신하에게 쥐를 잡아 배를 갈라보게 했다. 그러자 새끼 두 마리가 나왔다. 그제야 왕은 홍계관이 용한 점쟁이라는 것을 깨닫고 사람을 보내 당장 사형을 중지시키라고 했다. 한편 홍계관은 사형수에게 한 시간 뒤에 죽여달라고 했고, 사형수는 마지막 소원이니 알겠다고 했다. 그때 왕의 명을 받은 신하가 사형수를 보고는 손을 흔들면서 죽이지 말라고 했는데 사형수는 당장 죽이라는 신호인 줄 알고 홍계관을 죽였다. 그 뒤 그 고개를 아차고개라고 한다. 점복자가 자신의 운명을 점치고 죽을 운수를 피하려고 하였으나 실패했다는 설화이다.

점사
참고 이미지

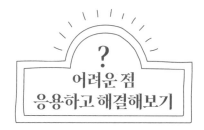
02

■ 출처 참고: 293p

53 사냥꾼들

Hunters

53. 사냥꾼들

눈밭에서 도망치는 노루의 발자국을 따라 사냥꾼들이 추격하고 있다. 노루는 막다른 길에 이르렀는지, 추격당하고 있는지를 잊어버리고 방심한 듯 잠시 멈추어 있다. 곧 사냥꾼들에게 유리한 상황이 벌어질 것 같다.

Keyword

다수의 사람이 연합하여 어떤 일을 도모하게 되며, 나 자신이 노루의 입장인지 사냥꾼의 입장인지를 판별해서 적용해야 한다. 만일 사냥꾼의 입장이라면 걱정할 것이 없으나 노루의 입장이라면 진퇴양난이므로 빨리 해결책을 모색해야 한다. 어쩌면 좀 늦은 상황일 수도 있다.

토막상식

풍수에서 호랑이 즉 백호의 형상으로 앉은 땅이 좋다고 하는 것은 여자 후손에게 좋으며 재물이 많이 모이고 자손이 번창하며 예술가 후손이 많이 태어난다고 한다. 좌청룡, 즉 용의 기세보다 호랑이의 기세가 더 세면 집안의 남자에게 이롭지 않으니 여자의 기운이 남자를 누르는 것으로 본다. 요즘 시대에는 맞지 않을 수도 있다. 바깥일을 하면서 얼마든지 집안을 책임지고 이끌어 나가는 여성들이 많기 때문이다.

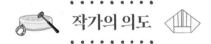

작가의 의도

사냥꾼들이 추격전에 나섰다. 쫓기는 느낌에 달아나던 산짐승은 나무 사이에 잠시 멈추어 서 있고 사냥꾼들이 발자국을 따라가다가 곧 발견하기 일보 직전이다. 이렇게 쫓고 쫓기는 추격전은 늘 긴박함을 불러오는데 굳이 사냥꾼의 일이 아니더라도 살아가면서 빚에 쫓기고, 시간에 쫓기고, 의무감에 쫓기는 것은 저 짐승과 다를 바 없는 것만 같아 씁쓸하다. 이렇듯 쫓기다가 끝내 죽음을 맞이하는 것이 사람의 인생이 아니겠는가! 그렇게 생각한다면 굳이 원망할 사람도 용서하지 못할 일도 없지 않은가 싶다.

살생에 대하여 무속인들은 항상 조심하고 중요하게 생각해야 할 것이다. 먹기 위해서 곰을 잡는 시베리아 원주민들은 곰을 사냥하고 나서 제사를 올리며 그 혼령을 위로했다고 한다. 현대는 많은 고기를 생산하기 위해서 공장제로 키우고 도축을 하며 그것을 유통하고 있다. 육식이 가져오는 폐해에 대해서 경고를 하는 학자들 때문이 아니더라도 실제 살생은 기도하는 사람의 입장에서는 절대적으로 피해야 할 주의 사항이다. 생명 있는 것을 특히나 취미로 살생해서도 안 될 것이니 용왕기도 가는 사람의 취미가 낚시일 수는 없다는 말이다. 화식(火食)하고 육식을 하게 되면 정기가 흐려져서 천기를 느낄 수 없게 되므로 적당량의 곡식으로 생식을 한다는 도사, 도인이 많은 것이 결코 우연이 아닐 것이다. 도시 속에 살면서 그 정도로 행할 수는 없지만 적어도 작은 미물이라도 해치지 않겠다는 조심스러운 마음으로 생활하는 것이 무속인들에게는 바람직할 것이다.

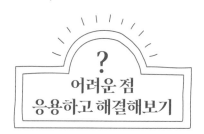

어려운 점
응용하고 해결해보기

Q 이웃과 주차 시비가 자꾸 생기고 있습니다. 아무리 친절하게 대해도 자꾸 감정적으로 나오는데 카드를 뽑으니 사냥꾼들 카드가 나옵니다. 어떻게 리딩해야 할까요?

A 간단한 문제가 아닌 것 같습니다. 주차는 빌미에 불과하고 그동안 쌓인 게 터진 것 같은데요. 적극적으로 대처를 하지 않으면 큰 싸움이 될 수도 있겠습니다. 이렇게 된 원인을 다양하게 생각해 봅시다.

• • • • •

포인트 │ 추적해 들어오는 사냥꾼들은 오랜 시간 발자국을 따라서 온 것으로 보인다. 우발적이라고 볼 수 없다.

유의점 │ 내가 먼저 꼬투리 잡힐 만한 일이나 오해할 만한 일을 만들지 않았는지 되돌아보자.

백록담의 흰 사슴

제주도의 거녀인 설문대할망은 워낙 힘이 세고 키가 커서 제주도 어디를 가나 그녀에 관한 한두 가지 이야기를 들을 수 있다. 할망(할머니)은 치마폭에 흙을 담아 운반하여 한라산을 만들었는데, 그 과정에서 조금씩 흘린 흙들이 360여 개의 오름(작은 산)이 되었다. 설문대할망은 큰 키를 자랑이라도 하듯 한라산과 제주시 북쪽 먼바다에 있는 관탈섬에 두 발을 디디고 바닷물에 빨래를 하였다고 한다. 이처럼 제주도의 중심에 우뚝 선 한라산은 예부터 신선이 놀던 산이다. 신선들은 흰 사슴을 타고 한라산의 절경을 구경하다 백록담에 이르러서는 그 물을 사슴에게 먹였다. 한 사냥꾼이 활을 들고 백록담 가의 바위 뒤에 숨어 있었는데, 수많은 사슴이 떼로 몰려오자 놀라서 엉겁결에 맨 뒤에 따르는 작은 사슴 한 마리를 쏘았다. 얼마 뒤 백록을 탄 노인이 사슴들을 점검하는 듯하더니 순식간에 모두 사라져 버렸다. 또는 다른 이야기도 있다. 한 사냥꾼이 한라산에 사슴을 잡으러 가서 사슴 한 마리를 발견하고는 급히 활을 치켜들다 아차 실수하여 활 끝으로 옥황상제의 엉덩이를 건드리고 말았다. 옥황상제는 화가 나서 한라산의 봉우리 하나를 뽑아 서쪽으로 내던졌는데, 그것이 안덕면 사계리의 산방산이 되었고, 봉우리 하나를 뽑아낸 자국이 백록담이라고 한다.

사냥꾼들
참고 이미지

■ 출처 참고: 293p

54 관아 ⋮ Government Office

54. 관아

예전에 관원들이 나라의 일을 보던 건물로 그 앞에 죄인이 끌려와서 심문을 받기 직전 상태이다. 억울한 일을 당하거나 누명을 쓴 것일 수도 있으나 지금으로선 관원에 의해 이 사람의 몸이 구속받고 있는 상황이다.

Keyword

관재가 벌어지거나 공무적인 일에 연루된다. 그다지 유쾌한 일은 아니며 공적인 서류나 사건에 엮이게 된다. 본인이 선의에 의한 것이든 아니든 지금은 그것이 중요한 상황이 아니며 시간이 한참 흐른 후에야 시시비비가 가려지게 될 것이다. 육체적, 정신적으로 매우 힘들게 될 수도 있고 에너지가 낭비된다.

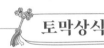 토막상식

나에게 해가 될 사람인지 어떤지를 미리 알 수만 있다면 그 많은 관재구설의 절반 정도는 줄어들지 않겠나 싶다. 같이 지내면서 조금만 더 자세히 관찰한다면 결코 놓칠 수 없는 몇 가지를 소개한다. 눈은 마음의 창이라고 한다. 눈빛이 지나치게 촉촉하다든지 검은 눈동자가 작아서 흰자가 많아 보인다든지 눈 모양이 작고 짧으면 흉하게 본다. 이런 상태에서 곁눈질하는 게 습관화되어 있는 사람이라면 반드시 조심해야 한다. 그냥 봐도 될 것을 꼭 곁눈을 하는데 본인은 결코 알지 못한다. 속이 음흉하다 보니 주변 상황이 자기에게 불리하게 돌아가는 것이 없나 싶어 희번덕대면서 보는 습관을 버리지 못한다. 이런 사람은 결코 오랜 기간 곁에 두어서는 안 된다. 그 입으로는 온갖 아부 섞인 말을 내어놓지만 눈빛은 숨길 수가 없기 때문이다. 또한 말솜씨가 좋은데 입술의 모양이 지나치게 작고 너무 얄팍한 관상도 큰 임무를 맡겨서는 곤란한 상이다. 충성심, 의리와는 아예 거리가 멀어서 자기 이익만을 우선으로 따지기 때문이다. 단순 반복 업무나 그다지 중요도가 없는 일에 적합할 것이다. 본인 또한 그런 일을 해야 해를 입지 않는다. 무리한 욕심으로 중요한 일을 맡아본들 결과도 없을 터이다. 이런 사람은 말도 잘 지어내고 소문을 옮기는 데 능하다. 한편 아무리 완벽한 미남 미녀라고 하더라도 습관이나 언행이 좋지 않다면 결국은 주변에서 인정받지 못한다. 즉 습관과 언행은 사람의 근간을 이루며 관상보다 우선하는 기준이 된다.

 작가의 의도

살아가면서 관재구설만큼 피곤한 것이 없다. 관청에서 오라 가라 하게 되면 시간과 비용과 정신적 육체적 에너지 소모 등 모든 것이 낭비된다. 억울하게 누명을 쓰게 된 경우도 마찬가지다. 나의 잘못이 하나도 없지만 사람의 덕이 없든가 하여 우연히 죄를 뒤집어쓰게 된다면 적극적으로 나의 무고함을 증명하는 데도 많은 노력을 들여야 한다. 이렇게 해서 나의 무죄를 증명은 하겠으나 도무지 무슨 보람이 있겠는가? 쓸데없는 낭비의 최고봉이다. 예전에도 지금에 못지않은 징벌 체계가 있었다. 또한 억울한 모함 받기도 다반사였다. 역사는 충신을 말해 주지만, 당대에는 모두 누명을 쓰고 죽음을 맞이한 역적 중의 역적이었다.

옛날엔 고을을 다스리는 사또(수령)가 죄인을 심문하고 바로 벌을
주기도 했다. 사또는 조선 시대에 지방을 다스리도록 파견된 관리
로 사람 사이의 시비를 가리는 민사 재판이나 가벼운 형사 재판을
맡아 곤장으로 볼기를 치는 태형 이하의 벌을 주기도 했다. 오늘날
지방법원 판사의 역할이라고도 하겠지만 즉각 집행도 겸하였으니
이색적으로 느껴지기도 한다. 만일 사또가 그릇된 사람이어서 억울
하게 판결받은 백성이 있었다면 당시에도 백성이 사또보다 높은 관
찰사나 암행어사, 중앙기관인 사헌부에 상고(上告·판결에 불복하여
더 높은 기관에 판결의 재심사를 신청)할 수 있었다고 한다. 살인죄
등 중대 범죄에 연루된 경우에는 세 번 재판을 받게 하는 삼심제가
운영되었다고 한다. 유명한 춘향이 이야기에서도 이몽룡이 춘향을
구할 수 있었던 것은 사또보다 높은 암행어사가 되어 다시 재판할
수 있었기 때문이다. 실제로 힘없는 백성이 상고와 삼심제를 잘 활
용할 수 있었는지는 미지수이다.

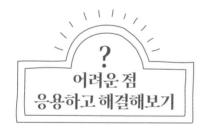
어려운 점
응용하고 해결해보기

Q 작은 시비가 붙었는데 당일은 그냥 헤어졌습니다. 나중에
일이 커지는 게 아닐까 걱정이 되어서 카드를 뽑았더니 관
아 카드가 나왔습니다. 어떻게 리딩해야 할까요?

A 만만하게 보지 말고 일이 커질 것에 대비하는 게 좋겠습니
다. 상대가 무엇인가를 준비하고 있을 수도 있습니다. 이쪽
에서 설사 잘못한 것이 없다고 하더라도 무방비 상태로 있
다 보면 뒤집어쓸 수도 있으니 경계를 해야겠습니다.

• • • • •

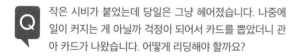
포인트 | 관아에 갈 일이 생긴다고 예측해 본다면 충분히 설명 가능하다.

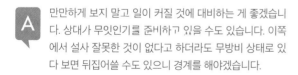
유의점 | 편법으로 하지 말고 원칙대로 하면 뒤탈이 날 게 없으니
대충대충은 곤란하다.

 전 래 이 야 기

영감의 유래

'영감(令監)'은 조선 시대에 종2품·정3품 당상관의 품계
를 가진 관인을 높여 부르던 말이다. '영감'의 옛 형태인
'녕감'은 17세기 문헌에 처음 나타나지만, 이 칭호와 대응
이 된 국왕의 존칭인 '상감(上監)'과 정1품·종1품·정2품의
관계를 가진 관원의 존칭인 '대감(大監)'이 조선 초기부터
사용되었고, '영감'과 연관된 것으로 보이는 '영(令)'과 '감
(監)'의 관직이 신라 시대 이래로 사용되어 왔던 것으로 보
아 '영감'이라는 칭호는 조선 초기부터 사용되었을 것으로
추측된다. 조선의 멸망과 함께 '상감'은 소멸하고, '대감'은
민간에서 무속(巫俗)의 신명(神名)으로만 사용되고 있는
것과는 달리, '영감'은 관리·노인·가장(家長)을 존중하는
우리나라 고유의 풍습이 가미되면서 판사·검사 등의 법
관이 서로를 부를 때, 법관이 아닌 사람이 법관을 부를 때,
군수를 부를 때, 노인을 부를 때, 부인이 자기의 남편이나
다른 사람의 남편을 부를 때 사용되는 것으로 일반화되고
있다. 역사적으로 존칭어가 일반화한 경우는 '양반, 대감,
첨지, 주사, 공주' 등 여러 단어가 있는데, 본래 지녔던 의
미를 상실한 것은 고사하고 더 나아가서는 조롱과 비하의
의미를 갖게 되기까지 하였다. '영감'도 19세기 이후로 이
런 변화를 경험한 것으로 보인다. 20세기에 보이는 '영감
쟁이'는 더한층 비하된 의미를 담고 있다.

■ 출처 참고: 293p

55 정화수 기도

Praying Before Pure Water Offering

55. 청화수 기도

새벽에 길은 깨끗한 우물물을 떠 놓고 기도를 하는 여인의 모습에서 정결함이 느껴진다. 예전의 어머니들이 이렇게 가족들의 건강과 운을 위하여 비는 모습은 특별한 것이 아닌 일상적인 생활이자 삶이었다. 천지가 고요한 시간에 모든 것을 깨끗하게 하는 정화수의 힘이 느껴진다.

Keyword

평범함 속에 비범함이 있다. 모든 일은 정성으로 이루어지니 형식적인 것과는 맞지 않다. 정서적인 것과 연관이 있다. 남이 알아주는 것과 상관없이 나의 일을 해야 한다. 결과는 좀 늦게 나올지라도 그에 합당한 것이 기다리고 있다. 청정함이 요구된다. 탁한 사람이나 일은 맞지 않다. 소리 나는 일과는 인연이 없다.

 돋보기

 천신 기도라고도 하며 보통 자시(밤 11시에서 다음날 새벽 1시 사이)에 많이 청수 기도를 올린다. 맑은 물을 깨끗한 그릇에 받아서 정화된 장소에 올려놓고 청정한 마음으로 기도에 임한다. 우리나라 옛 어른들은 특히 이 정화수 기도를 많이 올렸는데 모든 생명이 물에서 기원했던 심오한 의미까지 가지 않더라도 마을 안의 우물에서 물을 긷지 못한다면 삶을 영위할 수 없었던 현실적인 문제도 심각했었으니 깨끗한 물에 신령님이 깃든다는 생각은 자연스러운 것일지도 모른다.

 작가의 의도

북두칠성 아래에서 장독대에 정화수를 떠 놓고 비는 여인이다. 이는 청수, 옥수라고도 하며 물에 대한 우리 민족의 신념을 단적으로 말해준다. 비가 제때 내려야지 농사에 흉작이 없었으므로 따라서 가족이 편안히 먹고살 수가 있었을 것이다. 한 잔의 물에 별이 뜨면 그 별빛이 비치고 달이 뜨면 거기에 달이 비추었다. 작은 물그릇이지만 가히 하늘의 얼굴을 담을 수 있었으니, 한 여인이 올리는 기도이건만 천하의 기운과 비유되기에 적절하다. 자고로 작은 씨앗 하나에도 우주의 모든 것이 깃들어 있다고 하지 않았는가? 작은 물방울 하나에도 강물처럼 막힘없이 흐르는 기운은 같으니 자신의 기도 또한 그렇게 막힘없이 이루어지기를 간절히 바라는 여인의 마음이 느껴진다.

전남 마이산 탑사에는 정화수에서 역고드름이 맺히기로 유명하다. 안 가본 분들이 있다면 겨울에 방문해보면 좋겠다. 아직 과학적으로 원인이 증명이 되지 않은 미스터리 중의 하나로 아무리 산속에서 정화수를 떠놓고 기도하여도 다른 데서는 역고드름이 생기지 않기 때문이다. 하늘을 향해서 치솟는 역고드름은 탑을 쌓은 이갑룡 처사의 신비한 일대기와 더불어 현재에도 기도와 정성의 효험을 널리 알려주는 역할을 하고 있다. 마이산 탑사는 1800년대 후반 이갑룡 처사가 쌓은 80여 개의 돌탑으로 유명하다. 하늘과 땅의 기운을 이어주는 대표적인 기도터이다.

? 어려운 점 응용하고 해결해보기

 Q 원하는 학교에 진학을 할 수 있을까요? 시험을 곧 앞두고 있는데 정화수 기도 카드가 나왔는데 어떻게 리딩해야 할까요?

 A 미리 들떠서 평온함을 잃어버려서는 안 됩니다. 자신의 실력을 너무 자만하지 말고 좀 더 노력해야 하겠습니다. 그러고 나면 원하는 결과를 얻을 수 있을 것입니다.

• • • • •

 포인트 │ 열심히 하는 것보다 더 심기일전해야 한다. 기도하는 마음으로.

 유의점 │ 가족 중에 누군가 나를 대신해서 간절한 마음으로 기도하고 있는지도 모른다.

전 래 이 야 기

어느 마을에 아이를 가지지 못한 한 부부가 살고 있었다. 이들 부부는 세상 아무런 부러울 것도, 걱정할 것도 없었는데 오직 한 가지 아이가 없는 것이 근심이었다. 그러던 어느 날 부부는 이 뒷동산의 우물에 관한 이야기를 듣게 되었다. 백일 정성 기도를 올리면 아이를 점지해 주신다는 신령한 우물이라고 했다. 부부는 매일 밤 목욕재계를 하고 우물가를 찾아서 지극한 기도를 올리기 시작했다. 드디어 백 일째 되는 날이었다. 부부는 기도를 마치고 이제 아기가 생길 것이란 기쁨에 들떠서 집으로 향했다. 그런데 내려오던 길에 부부는 우연히 동네 사는 여인을 만나게 되었다. 여인은 아침밥을 짓기 위해 우물로 물을 길러 가는 길이었다. 여인은 반갑게 부부에게 말을 걸었지만 혹여 백일기도의 정성이 새어나갈까 봐 부부는 입을 꾹 다물고 인사를 받지 않고 그대로 집으로 돌아왔다. 영문을 모르는 여인도 상대가 인사를 받지 않는 것이 몹시 민망스러워 그냥 지나가고 말았다. 하지만 어찌된 일인지 열 달 뒤에 아기가 태어난 곳은 부부가 아니라 그 여인이었다. 마을 사람들은 백일기도의 정성이 그 여인에게 옮겨져 버린 것이라고 했다. 보통 복을 비는 기도나 치성을 한 후에는 바깥출입을 삼가고 만나는 사람도 꺼리게 되는데 이렇게 좋은 기운을 받고나서 혹시라도 그것이 다른 데로 새어 나갈까 싶은 우려를 나타내 주는 옛이야기다.

■ 출처 참고: 293p

56 난파선 : Shipwreck

56. 난파선

바다 가운데서 배가 침몰하고 있고 사람들이 살기 위해 발버둥을 치고 있다. 배는 이미 절반 이상 잠겨 버렸고 다시 복구될 상황은 전혀 아닌 것 같다. 이제 사람들은 배를 버리고 자신의 목숨이라도 지키기 위해 안간힘을 써야 한다.

Keyword

버릴 것은 과감히 버려야 하고 잊어야 할 사건, 사람은 빨리 포기하고 잊는 것이 상책이다. 미련을 가지고 있어 봐야 좋을 것이 없다. 대세가 좋지 않은 쪽으로 흘러간다. 또는 이미 인생의 어떤 페이지가 끝나고 새로운 장을 시작해야 한다고 볼 수도 있다. 사건의 파국이 예상된다.

돋보기

배가 침몰하는 것은 육지에서 당하는 재앙과는 아주 다르다. 일단 피할 곳이 없다. 부서진 배를 피해서 바다로 뛰어드는 것은 더 위험하기 때문이다. 바다에서 당하는 재앙은 그만큼 무섭고 처절하다. 또한 익사한 영혼들을 위해서 위령제를 올릴 때도 조금 다른 형태로 행하는데 넋 건지기를 한 다음 집으로 모셔 와서 씻김굿을 진행한다. 이때 넋이 건져지지 않으면 오랜 시간을 다시 행해야 할 만큼 어려운 과정이기도 하다.

작가의 의도

태풍에 배가 침몰하고 있고 사람들이 아비규환 속에 허우적거린다. 바다 위에서 이들에게 구원의 손길을 내밀어 줄 존재는 보이지 않는다. 바닥이 보이지 않는 절망에 빠진 표현이다. 험난한 파도를 건너지 못해 내가 탄 배가 가라앉는다는 건 꿈에서도 겪어보기 싫은 위기이다. 하지만 살다 보면 이러한 순간이 불쑥 찾아온다. 어쩔 수 없이 이러한 처지가 되었을 때 물에 뜬 널빤지라도 부여잡고 살 희망을 놓치지 말아야겠다. 혹시 아는가? 소식 듣고 구명정을 누군가 던져 줄지? 하지만 그때까지 정신을 놓아선 안 될 것이다.

영남지방에서는 음력 2월 초하루에 영등고사를 지내는 풍속이 있는데 바람의 여신인 영등할매에게 올리는 것이다. 2월 거의 모두를 이렇게 보내면서 사람을 잘 만나지 않고 배를 타는 것도 금한다. 영등할매가 노해서 지상으로 내려오게 되면 매서운 꽃샘추위가 일어나며 바다 위에서는 무시무시한 폭풍우를 일으키게 되어 난파선이 많이 생긴다고 한다. 그래서 영등할매 고사는 풍어를 위해서나 안전을 위해서 매우 중요했는데 다른 신령님과는 달리 매년 음력 2월 한 달만 내려오시다가 다시 하늘로 올라가시니 그달만 잘 대접하면 한 해가 무사 평안했다.

? 어려운 점 응용하고 해결해보기

Q 먼 곳으로 출장을 다녀와야 하는데 별 탈이 없을까 생각하면서 카드를 뽑았더니 난파선 카드가 나왔습니다. 어떻게 리딩해야 할까요?

A 큰 책임을 완수해야 하는 일로 가는 것이라면 결과가 좋지 못합니다. 설사 일은 제대로 하더라도 건강을 해친다든지 사고가 난다든지 지갑을 분실한다든지 하는 일이 벌어질 수 있으니 매사에 조심하고 곁에 동행자를 한 명 두어서 주의를 게을리하지 말아야겠습니다.

• • • • •

포인트 두말할 것도 없이 조심하고 또 조심해도 모자라다.
동행자가 있다면 그 사람의 카드도 한번 선택해서 보면 좋을 듯하다.

유의점 미리 알고 방비를 한다면 손해를 조금이나마 줄일 수 있으니
지레 겁먹을 필요는 없다.

전래이야기

이 이야기는 그리 오래된 것이 아니다. 발해 뗏목 탐사대의 전원이 고인이 되었지만 고대 우리나라가 해상강국이라는 것을 밝히기 위해 젊은 목숨을 바다에 바친 것을 생각하면 진정한 호국 영웅이시라 해도 모자람이 없다. 1997년의 마지막 날, 장철수 대장과 대원들은 '발해 1300호'에 몸을 실었다. 발해 1300호라는 뗏목의 이름은 발해 건국 1300년을 기념해 붙였다. 그리고 마침내 발해 1300호는 블라디보스토크항을 힘차게 출발했다. 겨울의 거친 동해바다를 뗏목에 의지해 간다는 것은 너무도 어려운 일이었다. 항해 5일째부터 강한 바람과 높은 파도, 매서운 추위가 발해 1300호를 덮쳤다. 그러나 이들은 의연하게 악조건을 뚫고 앞으로 나아갔다. 그렇게 모험은 계속됐다. 항해 12일째인 1월 11일엔 마침내 38선을 넘어 우리 해역으로 들어왔다. 그렇다고 끝은 아니었다. 발해 1300호는 울릉도를 지나 부산 쪽으로 계속 나아갔다. 우리 해역으로 들어왔다는 약간의 안도감도 잠시, 중대한 고비가 엄습해오기 시작했다. 동쪽으로 흐르는 동해의 강한 해류와 폭풍우가 발해 1300호를 계속해서 동쪽으로 밀어냈다. 때문에 발해 1300호는 자꾸만 부산과는 정반대인 일본 오키제도 쪽으로 향했다. 발해 1300호와 장철수 대장에게 마지막 시련이 찾아왔다. 남아있는 항해기록과 장철수 대장의 일기에 따르면 당시 발해 1300호는 오키제도의 도고섬 근처에 도달했다. 성난 바람과 파도는 발해 1300호를 계속해서 도고섬 쪽으로 밀어붙였다. 한국 해경으로부터 연락을 받은 일본 순시선은 곶은 날씨 속에 구조에 나섰다. 하지만 발해 1300호는 파도 속에 묻혀 사라졌다. 이튿날 아침까지 수색은 계속됐고, 바다에서 표류하던 두 명의 대원이 발견됐다. 그러나 한 명은 구조된 뒤 숨졌고, 다른 한 명 역시 그 사이 싸늘한 시신으로 변했다. 그렇게 장철수 대장과 발해 1300호는 1998년 1월 23일의 고비를 끝내 넘지 못하고 산화했다. 하지만 그들의 의지와 정신만큼은 지금까지도 기억되고 있다.

■ 출처 참고: 293p

57. 작두타기

열두 굿거리에서 신장이 오르면 무당은 작두를 타며 손님의 재수와 복을 빈다. 이로써 사람들은 진정한 신이 강림하신 것을 인정하고, 무당은 더욱 권위를 가진다. 작두는 매우 날카롭게 날이 서도록 갈아야 하고 그렇지 않으면 오히려 무당의 발이 상한다. 부정 탄 사람이 작두를 만져서도 안 될 만큼 청정함이 요구된다.

Keyword

작은 속임수도 통하지 않는다. 사술을 써서는 오히려 더 해롭게 되므로 정의롭게 해야 한다. 엄격한 심사기준을 통과해야 할 일이 생기기 때문에 많은 준비가 필요하다. 모든 것이 완벽하게 되었다고 방심해서는 안 된다. 미미한 부족함 때문에 전체를 그르친다.

 ## 돋보기

 작두를 굿에 활용하는 것은 우리나라가 유독 잦은 재난과 전쟁으로 돌아가신 분들이 많아서가 아닐까 생각해 본다. 이 작은 나라에서 크고 작은 전쟁이 셀 수 없을 만큼 많았으니 군인으로 징집이 되어서 나갔든 원래 무사였든 간에 그로 인한 죽음은 피할 수 없었을 것이고 집안에 꼭 한두 명은 전쟁으로 죽은 원혼이 있었을 것이다. 그러다 보니 그들의 혼령을 위로하기 위해서는 칼날 위에서 신의 공수를 받는 것이 자연스러웠을 것이다. 삶의 마지막 순간을 그러한 상태로 겪었기 때문에 자신을 모시는 무속인들에게도 같은 제의를 요청하는지도 모른다.

  ## 작가의 의도

무속인이 굿을 진행함에 있어서 신이 직접 내리신 것을 신도들에게 확인시켜 주고자 하는 굿거리라고 하겠다. 아마 현대의 굿판에 있어서도 하이라이트가 아니겠나 싶다. 집안 대대로 굿거리를 배워 익힌 세습무와 달리 작두는 강신무만이 탈 수 있다고 한다. 강신무는 어느 날 갑자기 신이 내려 무당이 된 사람을 가리킨다. 특히 작두는 장군신이 내린 경우에 많이 타게 되는데 전쟁터에서 칼을 무수히 휘두른 신령이시기 때문이다. 때로 작두거리의 흥을 더 돋우고 장엄하게 보이게 하려고 올린 제물 중에서 돼지를 업고 올라서기도 하는데 자기 체중에 더 무게를 실어도 발이 베이지 않는 영검함을 그 자리에서 확인시키는 순간이다. 또한 작두날은 날카로울수록 발이 베어지지 않는다고 하였고 작두를 붙잡고 있는 조력자들은 백지를 입에 물고 말을 해서는 안 된다. 부정이 탈까 염려하는 것이다.

선거리, 앉은거리라는 말이 있다. 말 그대로 서서 행하는 굿거리를 할 수 있는 무속인은 선거리무당, 앉아서 경문이나 앉은 굿을 행하는 무속인은 앉은거리 무속인이다. 어느 쪽이 더 영험하다 아니다 평가할 수는 없고 각자 모신 신령님의 특색대로 행할 뿐이다. 현대에는 굿거리가 더 화려하게 되고 가짓수가 늘어나는 것에 비중을 두는 경향이 있지만 실상 신령님과의 제의를 행할 때에는 그 마음과 정성이 가장 우선되어야 할 것이다.

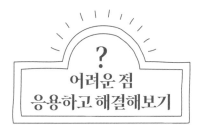

?
어려운 점
응용하고 해결해보기

 Q 동업 관계를 청산하려고 하는데 순조롭게 진행될지 궁금합니다. 작두타기 카드가 나왔는데 어떻게 리딩해야 할까요?

 A 순조롭게 진행되지는 않고 첨예한 이해관계가 대두될 가능성이 높아 보입니다. 전혀 예상하지 못했던 조건을 들고 나오면서 자기 몫을 챙기려 할 수 있으니 마음의 준비를 해야겠습니다.

• • • • •

 포인트 │ 날카로운 칼날 위에 올라서야 하는 심정으로 대해야 한다는 뜻.

 유의점 │ 작두타기는 신령님의 공수를 잘 받기 위한 행위이니만큼 어떤 절차가 필요해 보인다.

전래이야기

작두장군은 영험이 강한 신으로 알려져 있고, 이러한 영험은 무당에게만 내려지는 징표이기 때문에 작두장군의 영험이 가장 잘 드러나는 굿은 내림굿에서라고 할 수 있다. 황해도 내림굿의 열여섯 번째 거리에서는 작두장군 춘방대감을 놀린다. 이때 무당은 작두 위에 서서 무경을 소리 내어 읽거나 신칼을 들고 춤을 춘다. 작두 위에서의 이러한 연행은 일반인에게는 불가능한 것으로, 이제 무당으로 인정받는 신입 무당의 영험을 보이기에는 제격인 셈이다. 작두장군에 대해서는 이러한 이야기가 전해온다. 중국에 갔던 우리나라 장군이 중국과 전쟁이 일어나자 그네 줄에 작두를 매어 이 작두를 타고 백두산을 건너와 작두로 수많은 적군을 물리쳐 전쟁에서 승리하게 한 뒤 작두장군으로 모셔졌다는 것이 핵심 내용이다. 무당이 작두 위에서 춤을 출 수 있는 것은 바로 이 장군의 영험 때문이라고 한다. 이에 의하면 작두는 장군의 용맹과 위력을 상징하는 것으로 실제 굿거리에서의 무당은 장수의 용맹과 위력을 무당의 영험함으로 치환하여 보이는 것이라고 할 수 있다.

작두타기
참고 이미지

01

■ 출처 참고: 293p

123

58 초상(상여) : Funeral

58. 초상

망자가 세상을 떠나가는 길, 사람들이 상여를 메고 동네 밖으로 향하고 있다. 가족들과 마을 사람들이 함께 참여하여 마지막 가는 길을 배웅한다. 살았을 때의 지위와 재력에 따라서 상여의 크기와 화려함이 조금씩 차이는 있으나 떠나보내는 마음은 비슷할 것이다.

Keyword

모든 일이 완결됨, 여러 사람의 도움을 받음, 겉으로는 비관적이지만 또 다른 기회가 온다. 가족은 물론이고 자기가 모르는 사람들이 참여하는 매우 큰 규모의 행사, 나의 역할은 지극히 수동적이다. 가족 간의 일 또는 나에게 국한되는 일, 절반은 슬프지만, 절반은 새로운 기회가 생김, 나와 인연이 있는 사람들을 잊어서는 안 된다.

 돋보기

윤달에 수의 마련하기

 윤달은 지구 공전일의 수가 음력과 날수에 차이가 나는 것을 메꾸기 위해 인위적인 역법에 의해 생겨난 달이다. 윤달의 '閏' 글자는 왕이 문지방에 엉거주춤 앉은 것으로 해석하여 신령님들도 출타하신다고 생각되었고 뭔가 소소한 것에 실수가 있어도 크게 화를 입지 않을 것이란 믿음이 지배적이었다. 그래서 윤달에는 수의도 만들고 묘소도 이장했다. 재미있는 습속이다. 이사와 집수리도 이때 많이 했다고 하니 신령님들의 감시가 느슨한 틈을 타서 뭐라도 빨리 해 버리려는 사람들의 눈치작전이라고 하겠다. 19년마다 7번의 윤달이 있다고 하니 잘 따져보고 찜찜한 행사는 이때 하면 좋을 법하다.

 작가의 의도

옛날에는 어느 집의 아무개가 돌아가셨다고 하면 마을 전체의 사람들이 장례를 도와주었다. 지금처럼 병원에서 쓸쓸히 생을 마감하고 조의금 받는 곳도 전문 장례식장임을 생각하면 짐작이 안 간다. 평생 살아온 집에서 가족이 지켜보는 가운데 편안히 생을 마감하는 건 정말 행운이다. 현대는 망자에 대한 예의가 없는 시대다. 거의 공장제로 사후 절차가 속전속결이다. 이렇게 마을에서 이웃들이 다 같이 망자의 길을 같이 동행해주는 모습이 슬프다기보다는 기적에 가깝게 보인다. 단 1세기 만에 시대가 변화한 탓이라는 씁쓸한 느낌은 뭘까? 저 관 속에 누운 망자는 인간적인 배웅을 받으며 인간답게 세상을 하직할 수 있었겠다.

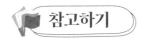 **참고하기**

상문은 억울하게 죽은 영혼을 지칭하는 신격의 명칭이기도 하지만, 부정으로 쓰이는 경우가 대부분이다. 그리고 상문의 신격도 분명하지 않아 잡귀(雜鬼)의 개념에 가깝다. 상문풀이는 굿판의 정결을 위해 행한다. 흔히 뒷전 거리에서 행하여지는데, 뒷전 거리는 굿판에 따라온 온갖 잡귀를 돌려보내는 절차로 상문풀이도 함께 행하는 것이 예사이다. 상가에 다녀와 병을 얻는 경우도 '상문들었다'고 하는데, 이때는 무쇠솥에 고추를 볶아서 무채와 일정한 곳에 두면 낫는다고 믿었다.

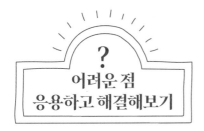

? 어려운 점 응용하고 해결해보기

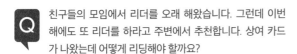 **Q** 친구들의 모임에서 리더를 오래 해왔습니다. 그런데 이번 해에도 또 리더를 하라고 주변에서 추천합니다. 상여 카드가 나왔는데 어떻게 리딩해야 할까요?

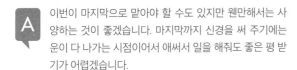 **A** 이번이 마지막으로 맡아야 할 수도 있지만 웬만해서는 사양하는 것이 좋겠습니다. 마지막까지 신경을 써 주기에는 운이 다 나가는 시점이어서 애써서 일을 해줘도 좋은 평 받기가 어렵겠습니다.

• • • • •

(포인트) 상여가 나가고 있으니 모든 일은 이제 일단락이 되었다고 봐야 한다.

(유의점) 사람은 만날 때보다 헤어질 때 더 좋은 인상을 남겨야 하고, 일도 마무리가 잘 되어야 좋은 법이다. 제일 어려운 부분이기도 하다.

전래이야기

경산 자인면 일언리에는 예전에는 상여집이 없었다. 그래서 사람이 죽으면 이웃 마을에 가서 상여를 빌러쓰곤 했는데 20어 년 전쯤 해서 "우리도 상여집을 만들어서 상여를 보관하자."고 마을 사람들이 제안했다. 그래서 마을입구에 있는 도랑 옆에다 상여집을 지었다. 상여집을 짓고 난 뒤부터는 어쩐 일인지 나이 많은 사람도 아닌 젊은 청년들이 하나씩 죽어 나갔다. 마을에서는 이상하다고 생각했지만 어찌할 도리가 없었다. 그러던 중 하루는 어떤 영감님이 이 앞을 지나가면서 "아하! 이 마을을 보니 상여집이 마을 앞에 있는데 사람이 죽으면 빨리빨리 내보내려고 마을 입구에 있는 것 같으니 틀림없이 사람들이 많이 죽겠구나."고 했다. 그제서야 사람들은 서둘러 상여집을 옮기자 해서 상여집을 뜯어서 마을 뒤에 있는 공동묘지로 옮겼다. 그 후로부터는 청년들이 더 이상 죽지 않았다고 전하고 있다.

■ 출처 참고: 293p

59 훼손된 무덤 : Damaged Grave

59. 훼손된 무덤

오랫동안 돌보지 않은 누군가의 무덤이 쓸쓸하다. 산짐승의 발자국이 보이고 앞의 비석은 깨졌으며 무덤의 일부가 파헤쳐져 있다. 한국인들은 예전부터 조상의 무덤을 후손들이 잘 관리하고 돌보는 것을 당연한 의무로 여겼다. 이렇게 버려진 무덤은 후손이 찾지 않거나 돌볼 여력이 되지 못할 만큼 쇠락하였다고 볼 수 있다.

Keyword

연관 고리가 끊어짐, 복의 근원이 상실되고 훼손되었으나 모르고 있을 가능성이 높다. 한때 나에게 더없이 중요했으나 지금은 까맣게 잊어버린 존재, 뒤늦은 후회. 명예롭지 못한 결과, 오랜 세월이 흘러 희미해진 사람 또는 그러한 인연.

 토막상식

국토가 좁은데 인구가 늘어나다 보니 묘소가 가득한 상황에 화장만큼 깔끔한 게 없다고 사람들이 생각하는 풍토가 늘어나는 듯하다. 장례문화 또한 납골당에 가서 인사를 드리고 오는 것으로 대신하기도 하는데 살아생전에 얼굴도 모르는 아파트의 이웃에 살던 것처럼 납골함 역시도 돌아가신 후의 아파트처럼 층층으로 되어있는 것을 보니 기분이 묘하다. 살아있을 때도 답답하게 살다가 돌아가신 후에도 작고 밀폐된 공간에 매어있는 것처럼 보인다. 굳이 삼혼칠백이라 하여 지상으로 돌아가려는 기운에 대해 설명하지 않더라도 장례만큼은 소신있게 행해도 좋지 않겠나 하는 생각이다. 모두 화장을 하니 우리도 화장을 한다고 하는데 굳이 그렇게 생각할 필요가 없다. 또한 납골함은 밀폐된 장소에 두어도 몇 년 뒤면 벌레가 생기는데 그 또한 어떻게 생기는지 알 까닭이 없으니 깨끗하다는 의미를 어떻게 여겨야 할지 모를 일이다. 인간은 대자연의 일부이다. 흙으로 돌아갈 수 있도록 기다려주는 여유가 아쉽다.

 작가의 의도

조상의 산소를 잘 돌보는 것이 매우 중요하다는 인식은 돌아가신 뒤에도 효심을 다하려는 자식 된 도리도 있고, 후손들이 조상의 음덕을 받아서 평안하고 부유하게 살아가고자 하는 마음도 보태어져 있다고 보아야 한다. 산소 자리를 잘못 쓰거나 관리에 소홀해서 후손들이 사고가 나고 파산을 하는 등의 이야기는 심심치 않게 들을 수 있다. 수맥에 의해 훼손된 시신과 그 자손들 간에는 어떤 상관관계가 있을까? 인간은 선대로부터 동일한 인체 전자기장을 유전 받는다고 한다. 때문에 수맥파가 조상의 시신을 계속 자극하면 동일한 전자기장을 가진 후손들에게까지 악영향을 미치는 것으로 생각된다. 시신과 후손의 신체 사이를 이어주는 파동에너지 교류를 풍수가에서는 '동기감응'이라고 하는데 최첨단 양자역학의 원리를 들먹이지 않더라도 옛선인들의 위대한 지혜는 놀랍기만 하다. 부모와 자식의 거리가 한참이나 멀어진 현대에 하나의 핏줄로 이어진 기운의 중요성을 아는 이가 몇이나 될는지.

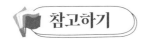

예전에 저자가 중국 손님을 맞아서 만신 타로카드로 운세 상담을 해드린 적이 있다. 중년의 여성 의류 사업가였는데 한국을 오가며 활발하게 활동하는 분이었다. 이분에게는 어렵게 얻은 아들이 있었는데 사춘기에 접어든 중학생이라고 했다. 말 잘 듣고 순한 아이였는데 어느 날부터 성격이 이상하게 변하고 말을 듣지 않아서 우발적인 사고라도 저지를까 봐 노심초사하고 있다고 했다. 그때 카드를 뽑았는데 훼손된 무덤 카드가 나왔다. 통역자를 대동하고 오신 터여서 혹시 조상님의 산소를 이전하거나 무슨 일이 있었느냐고 하니 깜짝 놀라면서 산소가 있던 자리에 공원이 들어오는 바람에 모두 옮기라고 해서 몇 달 전에 이장했다는 것이었다. 그러더니 그 무렵부터 아들이 변한 것 같다고 했다. 같이 동석한 사람들이 모두 놀랐다. 중국 손님은 저자에게 같이 중국에 들어가서 산소에 위령제를 지내줄 수 없는지 물었으나 현지에서 구하는 게 더 나을 것이라고 여러모로 조언해드렸던 기억이 난다.

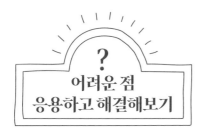

어려운 점 응용하고 해결해보기

 Q 예전에 소식이 끊어진 사람에게서 갑자기 연락이 왔습니다. 급히 만나자고 하는데 딱히 마음이 동하질 않는데 훼손된 무덤 카드가 나왔습니다. 어떻게 리딩해야 할까요?

 A 혹시 오래전에 그분과는 안 좋게 헤어졌든지 뭔가 개운하지 않은 사연이 있으신 건 아닐까 생각됩니다. 다시 만난다고 하여도 오래 묵은 일을 다시 끄집어낼 가능성도 커 보이네요.

• • • • •

 포인트 | 산소가 파헤쳐져 있으니 좋을 리가 없다. 또한 오래된 일과 관련이 있다.

 유의점 | 그다지 기분 좋은 재회가 될 리가 없으니 시간낭비만 될 수도 있다.

비석 하나 없는 마족혈 무덤의 이유는?

초전면 소성리에서 약 1km 서쪽으로 가면 마족혈이라는 무덤이 있다. 조선 중엽 남사고(南師古)라고 부르는 유명한 지사(地師)가 있었다고 하는데 그가 홈실마을을 지나서 서울로 올라가는 길 길목에 옥산 장씨가 사는 집이 있었다. 그런데 그 집에서 초상을 당하였는데 어찌나 가난했던지 하루 세끼를 못 이을 정도였다고 한다. 그때 마침 남사고가 그곳을 지나가게 되었고 이때 장씨 형제는 연극을 꾸미게 되었다. 그들은 술 취한 듯이 남사고에게 덤벼들었고 동생이 남사고를 쥐어박자 형이 동생을 보고 크게 나무라며 남사고를 업고 집으로 돌아왔다. 남사고를 구해서 집에 와서는 끼니도 잇지 못하는 가난한 집에서 팥죽을 쑤어 대접했다. 이것을 본 남사고는 어찌나 고마운지 그 형에게 내가 은혜를 갚으려고 하는데 무슨 일이 없느냐고 묻자, 그 형이 마침 우리 아버님이 별세하셨다고 말하자 남사고가 그러면 잘 되었다고 하며 홈실 옆의 산에 묘터를 쓰면 그 후손이 영의정까지 벼슬을 할 수 있다고 가르쳐 주었다. 형은 그가 가르쳐 준 묘터에 그의 아버지를 장사하기로 했다. 관을 넣고 흙을 덮기 전에 곡을 하려고 할 때 자기를 친 동생이 곡을 하는 것을 본 남사고는 내가 너희 형제에게 속았다고 크게 한탄하며 그냥 그곳을 떠났다고 한다. 그 후 그 자손이 영의정까지 벼슬을 하였다고 하며 지금 옥산 장씨의 조상이라고 한다. 마족혈이라고 하기 때문에 비석이나 상석 같은 석물을 하면 뛰는 말발에 지장이 된다고 하여 비석을 세우지 않는다고 한다. 그래서 비석 없는 커다란 무덤이 남사고의 전설을 간직한 채 있다고 전해지고 있다.

■ 출처 참고: 293p

60 탑돌이

Pagoda Circling

60. 탑돌이

여인들이 연등을 하나씩 들고 탑을 돌고 있다. 각자 마음속에 소원하는 바는 다르겠지만 염원하는 바는 간절하다. 탑이 신앙의 대상이 되기도 하는 순간이다.

Keyword

큰 행사의 일원이 되거나 그러한 조직에 소속이 된다. 좋은 사람들을 만난다. 어느 정도의 기간이지만 하나의 목적으로 활동하게 된다. 멈추지 않고 순환한다. 일이 하나의 결과로 귀착되지 않고 꼬리에 꼬리를 물기도 한다.

 돋보기

풍수 사상에 비보라고 하는 것이 있다. 기가 약한 것은 보완하고 또 너무 기세가 강한 것은 부드럽게 하여 사람에게 적합하게 만들며, 이로운 기운은 새어나가지 않게 하는 등, 여기에 다양한 방법이 이용되었다. 화재가 잘 일어나는 곳이라면 인공연못을 만들거나 물을 상징하는 거북이 상을 일부러 가져다 놓는 등 적극적으로 대비하고자 했던 조상들의 지혜가 느껴진다. 인력으로 막을 수 없었던 재앙을 조금이라도 줄여보고자 했던 것으로 이는 민심을 위로하고 하나로 모으려는 조선 시대의 임금님도 행했던 방법이다. 유명한 절의 사찰에는 반드시 탑이 있는데, 이는 원래 사리를 보관하기 위한 곳이었으나 우리나라에서는 위치한 곳의 지세를 따져서 풍수적인 목적도 매우 컸다. 탑은 하늘과 땅을 잇는 상징적인 역할도 함께하였으니 여기에 탑돌이를 하는 많은 이들의 소원 발원이 이루어졌을 것이다.

 작가의 의도

탑돌이는 불교에서 전래되었다. 부처님의 사리를 안치한 탑 주위를 돌면서 신도들이 자신의 소원을 비는 것이다. 연등을 들고 밤에 돌게 되면 화려한 불빛이 장관을 이루게 된다. 시간이 흐르면서 탑돌이는 굳이 큰 행사가 아니더라도 자신의 소원을 빌고 싶으면 큰 탑을 위주로 도는 것으로 발전되었다. 기도하는 방법 중에 좌선하거나 절을 올리는 방법도 좋지만 이렇게 걸어가는 중에 걸음걸음마다 깨닫고 다짐하면서 하는 기도 또한 매우 효과적이라는 것을 고대인들은 더 잘 알았던 것 같다. 또한 세상사의 모든 이치는 하나로 이어져 있고 끝없이 돌고 돈다는 상징적인 의미 또한 체득할 수 있는 행위라고 보겠다.

저자가 직접 목격한 일로 수십 년 전으로 이야기가 거슬러 올라간다. 그때 작품 사진 동호회에서 활동하시던 분이 있었는데 이분이 하루는 자기 작업실로 오라며 사진을 하나 보여주고 싶다는 것이었다. 평소에 매우 이성적이고 객관적인 성격이셔서 그렇게 흥분한 모습은 처음 보았다. 그분은 카메라 렌즈를 통해서만 세상과 소통하는 분이어서 조금 고지식한지라 웬일인가 싶었다. 작업실로 가서 크게 인화한 사진을 보았는데 정말 깜짝 놀랐다. 부처님 오신 날을 기념하여 어느 이름난 명 사찰의 연등을 촬영하였는데(당시 포항 인근의 오래된 고사찰이었던 것으로 기억이 된다) 높이 걸린 처마를 찍다 보니 밤하늘을 배경으로 촬영을 하였는데 놀랍게도 신라 시대 복장을 한 남녀가 연등을 하나씩 들고 허공에 떠 있는 것이 사진으로 찍힌 것이었다. 하늘에 큰 연등이 줄지어 매달려 있고 그 사이 빈 하늘에 두 남녀가 아주 작은 자기들의 연등을 들고 하늘에 떠 있었다. 그분도 자신이 이 사진을 직접 찍었기에 할 말을 잃은 표정이었다. 어떤 사연에선지 그 오랜 세월을 탑돌이를 하고 있는 고대의 혼령들인지라 무섭기보다는 가슴이 뭉클했었다. 사진 작가님의 마지막 말이 기억난다. '우리가 모르는 세상이 있는 것 같아요.'

? 어려운 점 응용하고 해결해보기

Q 가까운 사람이 몸이 좋지 않아서 요양을 하러 가게 되었습니다. 앞으로의 건강운을 보니 탑돌이 카드가 나왔는데 어떻게 리딩해야 할까요?

A 금방 건강을 회복한다든가 하기는 기대하기 어려우니 천천히 병을 다스리면서 생활하셔야겠습니다. 마음을 편히 갖고 평정심을 유지하는 게 건강에 도움이 될 것입니다.

• • • • •

포인트 | 천천히 탑의 주위를 돌듯이 큰 호전은 없으니 흐름대로 이어가야 한다는 뜻.

유의점 | 이 질병은 우연하게 얻은 것이 아니라 지병으로서 오래 앓고 있다고도 본다.

전래이야기

충남 계룡산 연천봉 중턱에 있는 두 개의 탑에 얽힌 전설이다. 옛날 이 산의 한 절에 수도를 하는 젊은 중이 있었다. 어느 날 그 중이 불공을 드리고 있는데 범 한 마리가 나타나 으르렁거리며 자꾸만 목을 비비고 있었다. 이상하다고 생각한 중이 범의 입안을 잘 살펴보았더니 목에 큰 비녀 하나가 걸려 있었으므로 손을 넣어 비녀를 빼내어 주었다. 범은 고맙다는 듯이 고개를 숙이고는 사라졌다. 다음 날 중이 공부를 하고 있는데 쿵 하는 소리가 들려 나가 보니, 범이 여자를 마루에 내려놓는 것이었다. 중은 범에게 나쁜 짓을 하였다고 호통을 친 뒤 정신을 잃고 쓰러져 있는 여자를 방안에 옮겨 간호하여 깨어나게 하였다. 여자는 혼인을 앞둔 양가의 처녀로 저녁에 뒷간에 갔다가 정신을 잃었는데 그 이후의 일은 전혀 기억할 수가 없다고 하였다. 처녀를 본가에 데려다주었지만, 여자는 혼인하지 않고 자기를 구하여 준 중을 따라 불도를 닦으며 일생을 보내기를 간절히 소원하였으므로, 어버이도 하는 수 없이 허락하였다. 중 역시 어쩔 수 없는 상황이라 그 처녀와 의남매를 맺고 함께 불도를 닦으며 일생을 깨끗하게 지냈다. 이를 기념하고자 각자 탑 하나씩을 세웠는데 뒷날 사람들이 이 두 개의 탑 이름을 오누이탑으로 불렀다.

탑돌이
참고 이미지

01

■ 출처 참고: 293p

61 무구 : Shamanic Tools

61. 무구

무당이 굿을 할 때 사용하는 여러 가지 도구로 칼, 방울, 부채, 자바라 등을 일컫는다. 신의 사제인 무당의 길을 가야하는지 시험할 때에 선배 무당들이 이러한 무구를 숨겨놓고 애기 무당에게 찾아오게 하는 시험을 거치기도 하였다. 무당의 상징이자 무당의 삶과 함께하는 도구들이며 신을 부르고, 즐겁게 하며, 위엄을 드러낸다.

Keyword

무속인의 길을 선택하든가 개인의 운을 개선하는 굿이나 기도를 해야 하는 상태. 나의 노력만으로 되지 않는 상황. 보이지 않는 초자연적인 존재들의 힘을 빌릴 수도 있다. 잠시 쉬었다가 가야한다. 계속 해오던 패턴대로는 해결될 것이 없다.

 돋보기

사물놀이와 굿은 다르지만 사용하는 악기가 동일할 때가 있다. 꽹과리는 천둥번개, 북은 구름이 둥둥 떠가는 소리, 징은 바람, 장구는 빗소리를 상징한다. 대자연을 그대로 반영한 음색은 외국에서도 호평을 받고 있다. 굿을 할 때는 작은 바라처럼 생긴 제금을 쓰는데 장구 다음으로 중요한 무악기다. 특히 불사거리에서 제금을 지니고 명과 복을 기원하는 '바라팔기'를 진행한다. 또 칠성거리에서 이 위에 과일과 떡을 얹어 사람들에게 돌리고 복비를 받기도 한다. 제주도에서는 제금을 '바랑'이라고도 하며 심방(무속인)이 춤을 추다가 뒤로 던져서 바닥에 떨어진 모습을 보고 길흉을 점치며 엎어지는 것을 흉하게 여겼다. 신칼의 경우는 여러 가지가 있는데 각종 거리에서 사용하기도 하며 부정을 털어낼 때 밖으로 던져서 칼날이 집 밖으로 향하는지 여부에 따라 부정이 나갔음을 확인하기도 했다. 방울 역시도 신령님들의 공수를 듣기 위한 도구로 빠짐없이 등장하고 부채 또한 마찬가지다.

 작가의 의도

무속인들이 굿을 할 때 사용하는 도구인데, 그 이전에 자신이 실제로 무속인이 될 재목인지를 확인받기 위해 선생님 되는 무속인 어딘가에 이것을 숨겨 놓으면 제자가 찾아내는 방식으로도 이용되었다. 내림굿은 이러한 확인 작업이 이루어지고, 모든 것을 찾아내고 나면 그 다음에 진행이 되었다고 한다. 무구가 없이는 굿이 진행되지 않는다. 그러므로 무구는 무속인의 손때가 많이 묻을수록 좋은 것이다. 선생의 것을 후일 제자가 물려받는 경우도 있었는데 현대에는 그러한 전통이 사라지는 것 같아 아쉽기도 하다. 공장에서 나오는 새것만이 좋은 것은 아닐 것이다. 또한 자신이 지극정성으로 모시던 선생님도 하루아침에 팽개치고 독립선언을 하는 무속인들이 점차 늘어나고 있는데, 오로지 재물에만 눈이 어두워 오래된 무구의 참된 의미와 가치를 모르는 행위와도 같다고 보겠다.

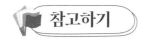

성수는 무당이 죽어서 된 신이다. 무당의 영험함을 관장하며, 집안의 재앙을 물리치는 기능도 한다. 또한 집안의 번창과 무업의 번창을 도와준다. 무당들은 자신의 스승을 신으로 섬긴다. 특히 황해도 무당들은 스승이 죽으면 신으로 모신다. 이렇게 신으로 모셔진 스승 무당을 성수라고 한다. 무신도를 통해 표현된 성수는 무당이 죽어서 된 신임을 그대로 보여 준다. 무당이 굿을 할 때 사용하는 성수 부채를 오른손에 들고, 왼손에는 아흔아홉 상쇠방울과 바라를 줄로 연결한 줄바라를 든 모습을 하고 있다. 성수의 옷도 무당들이 입는 옷이며, 모자도 무당이 굿을 할 때 쓰는 꽃갓을 쓴다. 성수가 그려진 무신도를 보면 오른쪽에 장구를 치는 상장구 할머니가 자리하고 있고, 왼쪽에는 징을 두드리는 징 할머니가 앉아 있다. 이들 역시 굿을 할 때 필수적인 인물들이기 때문에 함께 그려진 것이다.

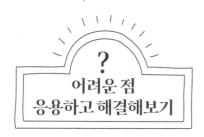

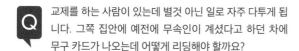

Q 교제를 하는 사람이 있는데 별것 아닌 일로 자주 다투게 됩니다. 그쪽 집안에 예전에 무속인이 계셨다고 하던 차에 무구 카드가 나오는데 어떻게 리딩해야 할까요?

A 만나는 분이 아무래도 무속인의 내력이 전혀 없지는 않아 보입니다. 무구는 준비를 하는 의미도 있고 원인을 가리키기도 하니까 두 분이 계속 사귈 의향이 있다면 이 부분은 적극적으로 해결을 해야겠지요. 다툼의 원인이 본인들이 아닌 다른 곳에 있다는 표시입니다.

• • • • •

포인트 | 무구는 무속인 자체를 가리키기도 한다. 그러니 일반적인 해석보다는 깊이 볼 수밖에 없다.

유의점 | 무구는 주인공 무당이 활용을 해야만 의미가 있고 오래 쓰던 것에는 그의 기운이 같이 깃든다.

전 래 이 야 기

옛날 북제주군 조천읍에는 양씨 성을 가진 큰 부자가 살았는데, 양부자에게는 4남매가 있었다. 이중 막내딸인 양씨아미는 얼굴도 곱고 노래와 춤도 잘해 마을 사람들은 그녀에게 심방이 될 만한 자질을 갖고 태어났다고 했다. 양씨아미는 '나는 심방이 돼서 노래도 부르고, 춤도 추고 싶어.'라고 생각했다. 양씨아미가 열다섯 살이 되던 해에 어머니가 죽었고, 죽은 어머니를 위해 양씨 집안에서는 김씨 심방을 불러 '귀양풀이(장례를 지낸 후 치르는 굿)'를 하였다. 이때 양씨아미는 굿을 마치고 돌아가는 김씨 심방을 몰래 따라가서 "저도 심방이 되고 싶어요."라고 했다. 그러나 당시 양반 집안에서 심방이 나는 것을 가문의 수치로 여겼던 큰오빠의 반대로 집으로 끌려오게 되었다. 큰오빠는 양씨아미를 방에 가두고, 물 한 모금도 안주고 그녀의 뜻을 꺾으려고 했지만, 양씨아미는 자신의 뜻을 꺾지 않고 버텼다. 이때 둘째와 셋째 오빠가 남몰래 음식을 넣어주었고, 그렇게 스무 살이 되던 해까지 양씨아미는 방안에 갇혀 지내야 했다. 그러던 어느 날, 큰오빠는 양씨아미가 무당이 되지 못하게 개를 삶아 억지로 양씨아미에게 먹이고, 그 국물에 목욕을 시켰다. 양씨아미는 신병에 부정을 일으키는 개고기를 먹지 않으려고 끝까지 버텼지만, 결국 국물을 먹고 목욕을 하게 되었다. 그로 인해 양씨아미는 새파랗게 질려서 죽게 되었고, 불쌍히 죽어간 여동생을 가엽게 여긴 둘째와 셋째 오빠가 시신을 수습하여 정성껏 묻어 주었다. 심방이 되고 싶다는 이유 때문에 억울하게 죽은 양씨아미는 죽어서 서천꽃밭으로 갔다. 하지만 개를 삶은 국물로 목욕을 했기 때문에 양씨아미가 키운 꽃들은 금세 시들어 버렸고, 양씨아미는 부정하다 하여 저승에서 쫓겨나게 되었다. 이승으로 돌아온 양씨아미는 고전적 선관이 준 팥죽을 먹고 부정을 씻고, 이후 둘째와 셋째 오빠에게 "나를 모시고 큰 굿을 해준다면 큰오빠 집만 멸족시키고, 둘째와 셋째 오빠의 자손들은 대대손손 부자로 살게 해 드릴게요."라고 했다. 그리하여 양씨 집안에서는 양씨아미를 조상신으로 모시게 되었다고 한다.

■ 출처 참고: 293p

131

62 연 날리기 : Kite Flying

62. 연 날리기

추운 겨울임에도 아이들이 즐거워하며 연을 날리고 있다. 각각 다른 형태의 연을 날리며 솜씨를 뽐낸다. 그런데 연을 날리는 데 정신이 팔려서 서서히 얼어있는 강 위로 가는지도 모른다. 빙판은 금이 가고 위험해질 것만 같다.

Keyword

행복한 소식 뒤에 연이어 불쾌한 연락을 받을 수도 있다. 또는 그러한 소문이 난다. 겉으로 보이는 것이 전부는 아니다. 그렇다고 커다란 걱정거리가 생기는 것은 아니고 위험이 닥쳤다는 것도 모른 채 지나갈 수도 있으니 긍정적인 마음을 버려선 안 된다. 일촉즉발. 평온해 보이는 일상 뒤의 어두운 이면.

돋보기

연 날리기(鳶-)는 한국의 민속놀이로, 연을 날리는 것이다. 흔히 정월 초하루부터 대보름까지 날리며, 액을 쫓는 주술적인 의미로 대보름에는 연에 '액(厄)', '송액(送厄)', '송액영복(送厄迎福)' 등의 글을 써서 연실을 끊어 멀리 날려보낸다. 즉 그해의 온갖 재앙을 연에 실어 날려보내고 복을 맞아들인다는 뜻이 담겨 있다. 《삼국사기》에는 647년에 "대신 비담과 염종의 반란이 일어났을 때 월성에 큰 별이 떨어지므로 왕이 두려워하고 민심이 흉흉해지자 김유신이 허수아비를 만들어 연에 달아 띄워 다시 하늘로 오르는 것처럼 했다."는 기록이 있다. 이로 볼 때 이 시기에는 이미 연이 일반화되어 있었으며, 또한 놀이로서의 도구뿐만 아니라 전쟁의 도구로도 사용되었음을 알 수 있다. 이후에도 《조선왕조실록》과 개인 문집 등의 기록에 나타난다.

작가의 의도

바람이 부는 날에는 연을 날렸다. 아이들이 살얼음이 낀 추운 날씨에도 바람을 맞아가며 연 날리기에 집중하고 있다. 누가 더 멀리 높이 나는가 대결이 붙은 것 같기도 하다. 하늘을 바라보면서 정신이 팔려있는 사이에 발아래의 얼음은 언제 깨어질지 모른다. 마치 인생의 한 페이지를 보는 것 같기도 하다. 운명이란 이렇듯 정신이 팔린 사이를 비집고 서서히 다가오는 것인지도 모르겠다. 아무리 위험하다고 경고를 해주어도 본인만 모르고 있는 것. 그것이 운명이다.

재액이 담긴 연을 멀리 보내어 흉한 일이 생기지 않게 빌었던 방법과 유사한 것은 풍등이 있다. 대나무와 한지로 풍선의 원리를 만들어 불을 붙이면 뜨거운 공기 때문에 공중으로 떠오르게 된다. 놀이로도 전해졌지만 요즘은 많은 사람의 소원을 비는 데 이용되고 있다. 풍등은 통일신라 때부터 전해져 오는 것으로 고려 때는 연등회로도 이어졌다고 한다. 바다 건너 일본에는 하나비라는 불꽃 축제가 유명해서 관광사업으로까지 수준이 높아졌다고 하는데 우리나라에도 역사 깊은 풍등 축제나 연 날리기 축제가 이어졌으면 좋겠다.

01

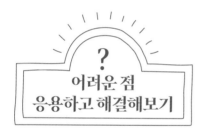

?
어려운 점
응용하고 해결해보기

Q 빌려준 돈을 돌려받아야 하는데 차일피일 미루기만 해서 마음이 불안합니다. 연 날리기 카드가 나왔는데 어떻게 리딩해야 할까요?

A 거기에 신경을 쓰느라 오히려 현실에서 놓치고 있는 부분이 많네요. 너무 마음을 두다 보면 돈도 못 돌려받고 건강을 해치게 됩니다. 다른 일에서도 능률이 떨어지고요. 돈이 돌아오려면 더 시일이 걸릴 것 같으니 다른 일에 더 매진합시다.

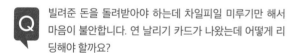

포인트 발아래 얼음이 금이 간 것에 유의하자.
연을 바라보는 마음은 희망이지만 현실을 잊고 있다.

유의점 받을 돈은 잠시 잊어버리고 지금 더 중요한
생활의 부족한 부분을 메꾸는 것이 바람직하다.

전래이야기

옛날 어느 마을에 소년이 신 나게 연 날리기를 하고 있었다. 한참 정신이 팔려있었는데 갑자기 연줄이 끊어져서 바람에 날아가 버리는 것이었다. 소년은 연을 포기할 수가 없어서 날아가는 쪽을 따라 발걸음을 옮겼다. 한참을 따라가다 보니 다른 마을의 대나무밭에 도착을 했다. 어떻게든 연을 다시 구해보려 하는 그 찰나, 대밭에서 이야기 소리가 들려왔다. 소년은 자기도 모르게 숨을 죽이고 그들의 말을 엿듣게 되었다. 여인이 혼인날이 며칠 안 남았으니 어찌하면 좋으냐고 하니, 남자가 첫날밤에 신방에 든 신랑을 죽이고 함께 도망가자고 하고 있었다. 둘은 연인 사이인 것 같았다. 그런데 소년이 생각해보니 공교롭게도 형의 혼인날이 그 여자의 혼인날과 같은 것이었다. 너무나 놀란 소년은 즉시 집으로 돌아왔다. 그리고 할아버지와 아버지께 때를 써서 형이 장가갈 때 후행(後行)으로 따라갔다. 그리고 그는 신방 마루 밑에 숨어 있다가 첫날밤에 신랑을 죽이러 온 중을 보고, 소리쳐서 형을 깨워 구해 냈다고 한다. 바람에 실려 간 연이 우연하게도 형의 목숨을 구하게 되는 고마운 역할을 톡톡히 해준 셈이다.

■ 출처 참고: 293p

63 제사 ⋮ Ancestor Worship

조상이 돌아가신 날을 기리기 위하여 음식을 차리고 추모하는 모습이다. 예로부터 우리나라에서는 대대로 조상의 덕에 감사하기 위하여 집에서 제사 지내는 것을 아름다운 전통으로 여기고 있다. 오늘날에도 그러한 집이 많다. 대부분 장남이 제사를 맡아서 책임지고 지내는 편이다.

Keyword

집안, 가족의 일이 발생한다. 내가 아니면 해결할 수 없는 문제, 장남, 맏이가 아니더라도 그런 역할을 해야만 한다. 쉽사리 결과가 드러나지 않는 일이지만 천천히 진행되고 있다. 보수적이며 편견이 있을 수 있다. 나 혼자 독자적으로 행동하기가 힘들다. 주변의 인간관계, 특히 나와 알고 지내는 사람들과의 관계 속에서 행동해야만 한다.

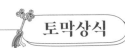

토막상식

백중은 음력 7월 15일을 말하는데 부처님의 제자인 목련존자가 지옥에 떨어진 모친의 영혼을 구제하고자 부처님께 여쭈었더니 그날에 스님들께 갖가지 공양을 올려서 공덕을 쌓으면 그 힘으로 어머니를 구제할 수 있다고 하셨다는 데서 비롯되었다. 요새는 조상님 중에 돌아가신 날을 모르거나 그다지 생전에 인연이 깊지 않은 영가를 위해서 마음을 쓰고 싶을 때 딱히 날을 지정하기 어려울 때 백중기도를 올리기도 한다. 무속에서도 본 굿의 주인공을 잘 모신 다음 이름을 알 수 없는 잡신들을 대접하기 위해 뒷전풀이를 하는데 이들은 부차적인 손님들로 여겨지지만 뒷전을 잘 풀어내야 그 굿이 잘 된 것으로 보았다. 살아생전에야 귀천이 있다마는 돌아가신 뒤에도 높낮이와 서열을 논해야 하는 게 혼령들의 입장에서는 더 딱한 일일 수도 있겠다 싶다.

작가의 의도

조상님의 제사를 모시는 장면이다. 정성껏 제사상을 마련해 놓고 자손은 절을 올린다. 살아생전 조상님이 다시 오셔서 흠향을 하시고 후손들에게 복을 내려주시기를 간절히 바란다. 조상에서 후손들에게로 이어지는 장대한 역사와 더불어 혈족으로 내려오는 복의 근원을 잊지 않고 있다는 표현이다. 다른 누구에게 이처럼 하겠는가? 그리고 조상님을 제대로 모시지 않고 달리 해야 할 일이 있거나 한가? 근본을 잊어버리고 후일을 도모하는 것은 어리석은 짓이다. 자고로 자신의 근본을 아는 자들은 절대로 망하지 않는다고 했다. 조상님의 육신은 없어졌으나 그 정신은 살아남아서 자손들에게 자긍심과 용기를 계속해서 불어넣어 주고 있다.

참고하기

제사(祭祀) 또는 제례(祭禮)는 천지신명을 비롯한 신령이나 죽은 이의 넋에게 제물(음식)을 바쳐 정성을 표하는 행위이다. 동아시아의 한자 문화권에서는 설날이나 추석에 드리는 제사를 차례라고 부른다. 제사는 좁은 의미로 동아시아의 한자 문화권에서 천지신명에게 올리는 정성을 나타내며, 넓은 의미로 샤머니즘 및 조상숭배, 애니미즘 등과 관련하여 제물을 바치는 의식 전반을 가리키다 유교가 생긴 이후로는 가족이 모이고 조상들을 기억하는 의례로 바뀌게 되었다. 원시 시대에 인간은 자연의 변화에 외경심을 가지고 있었다. 그러다가 그러한 자연의 변화, 예를 들면 4계절의 순환 등에 순응하여야만 인간이 생존·번영할 수 있음을 깨닫게 된다. 또한 만물에는 신령이 깃들어 있다고 여겼다. 이러한 깨달음과 추측을 바탕으로 그러한 신령에게 인간의 안전과 복락을 기원하게 되었다. 이후 제사는 인류 문명이 발달함에 따라 일정한 격식을 갖추게 되었는데, 이를 유교에서는 제례라고 부르기도 한다.

 01
 02

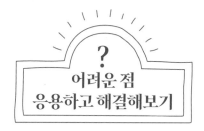

?
어려운 점
응용하고 해결해보기

Q 큰일도 아닌데 형제 간에 자꾸 사이가 멀어지는 일이 생깁니다. 작은 말다툼으로 시작해서 얼굴을 붉히게 되는데 이 유를 모르겠습니다. 제사 카드가 나왔는데 어떻게 리딩해야 할까요?

A 우선 조상님의 제사를 어떻게 행하고 있는지 알아봐야겠습니다. 납골당에 모셨다고 하더라도 기일에는 가족끼리 어떤 행사를 하는지 생각을 해봅시다. 꿈자리도 잘 살펴보고요. 선몽으로 조상님이 가르침을 주실 수도 있는데 그냥 넘겨버린 것일 수도 있습니다. 좋았던 성격이 갑자기 돌변할 때는 이유가 있습니다.

• • • • •

 포인트 | 제사는 조상과 후손을 이어주는 역할을 한다.

 유의점 | 교만한 마음을 내려놓고 기본으로 돌아가서 생각하면 답이 나올 일이다.

전 래 이 야 기

어떤 젊은 과부가 아들 하나를 두었다. 모자가 어찌나 가난하게 살았는지, 뒤로 보면 궁둥이가 나오고 앞으로 보면 배꼽만 나올 정도로 어렵게 살았다. 아들은 30이 넘도록 장가를 가지 못했다. 과부는 "며느리 손에 밥을 좀 얻어먹을까 했으나 그렇지 못하고 죽는 게 참 억울하다."라고 하면서 죽었다. 어머니가 돌아가신 뒤에 장례를 치른 아들은 어머니께서 며느리가 해 준 밥을 못 먹고 돌아가신 것이 철천지원이 되었다. 아들은 몇 년 동안 머슴살이를 하여 쌀을 몇 가마 모았다. 그것으로 마음이 착한 처녀를 색시로 얻었다. 아들은 장가간 뒤부터 부모님 제삿날이 되면 풍속대로 제사를 지냈다. 그런데 제사를 어떻게 지내나 하면, 초저녁이 되면 마루에다 제사상을 갖다 놓고 제물을 차리고 그 앞에 이부자릴 펴고 베개 둘을 갖다 놓고서는 내외가 드러누웠다. 잠시 후 내외가 일어나서 등불을 잡고 저 멀리 신작로까지 갔다가 돌아왔다. 어느 때인가 이 날도 부모님의 제삿날이었다. 제사에 대해 잘 아는 어떤 학자가 그 집에서 하룻밤을 묵게 되었다. 주인이 들어와서 학자에게 "오늘 저녁이 제 어미 제사입니다."라고 했다. 그래서 학자가 어떻게 제사를 지내는지 구경하였다. 열두 시가 넘어서 제사를 지내야 하는데, 주인은 초저녁부터 제사를 지내야 한다며 들어갔다. 아들 내외는 제사상을 갖다 놓더니 제물을 진설하고 나서 이부자릴 앞에다 놓았다. 학자는 이놈들이 이상하게 제사를 지내는구나 하고 생각했다. 잠시 뒤에 아들 내외는 등불을 들고 밖으로 나갔다가 돌아왔다. 그리고 제물을 차린 상 앞에 펴 놓은 이부자리로 들어가 누웠다. 얼마 후, 내외가 정성껏 제사를 지내고 나더니 다시 등불을 들고 저만큼 갔다 돌아왔다. 그리고 학자가 묵고 있는 방으로 제사음식을 가져왔다. 학자는 아들 내외가 지낸 제사 방법이 궁금했다. 그래서 제사는 밤 열두 시에 지내는데 왜 초저녁부터 지내고, 이부자리를 펴고 둘이서 들어가며, 등불을 잡고 두 런두런 얘기하면서 밖에 나갔다 오는지에 대해 물었다. 아들은 자신이 유복자로 태어났고, 어머니가 어렵게 자신을 키우다 돌아가셨으며, 며느리 손에 밥을 얻어먹고 싶다고 하셨으나 그렇지 못했다고 하면서 그간의 사정을 이야기했다. 그러면서 초저녁에 등불을 밝히고 밖으로 나간 것은 어머니를 마중 나간 것이고, 제물 차린 상 앞에 내외가 드러누운 것은 자기가 잘살고 있다는 것을 보여주기 위한 것이며, 제사를 지내고 등불을 들고 나간 것은 어머니를 배웅한 것이라고 하였다. 학자가 볼 때, 효자 중에 그런 효자가 없었다. 학자는 주인의 제사 방식이 그 어떤 제사 방식보다 훌륭한 것이라며 계속해서 그렇게 지내라고 말했다고 한다.

■ 출처 참고: 294p

64 짝사랑 ⋮ One-Sided Love

64. 짝사랑

얼핏 보아도 신분의 차이가 나는 두 사람. 여종은 숨어서 주인의 아들인 도련님을 훔쳐보고 있다. 연모의 시선이다. 이것도 모른 채 졸고 있는 도련님은 공부에는 관심도 없는 것 같고 방바닥에는 놀고 싶은 마음을 상징하는 새총이 놓여 있다. 남자답지도 못하고 성실하지도 않은, 어린이 같은 도련님이 그래도 여종은 마냥 좋다.

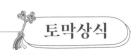

Keyword

이루어질 수 없는 관계이다. 미성숙한 인간관계, 편견과 오해. 설사 이루어진다고 하더라도 서로에 대해 잘 알지 못하여 갈등의 골이 깊어진다. 실속 있는 일에 집중하지 못하고 정신이 팔려있다. 산만하다.

🌸 **토막상식**

우리나라 사람들이 특히나 관심 있어 하는 분야 1위가 '재회'이다. 왜 그리도 재회에 대한 궁금증이 많은지 이유를 모르겠다. 그렇게 다시 만나고 싶은 사람이라면 사귈 때 잘하지 헤어져 놓고 이제 와서 언제 재회하느냐고 후회하면서 상담하는 것을 보고 의아한 적이 많다. 반면에 일본이나 중국 사람들은 재회에 대해서 그다지 미련이 없다. 앞으로 일어날 일들과 새로운 인연에 대해 질문을 하도 많이 하길래, 혹시나 해서 예전의 사람과 재회하는지 궁금하지 않느냐고 하니까 그런 생각을 왜 하느냐고 되려 상담 선생에게 핀잔을 주던 기억이 난다. 우리나라 사람들은 정이 많은 민족이어서 그런지 헤어진 사람에게 집착하거나 짝사랑이 혹시나 이루어질까 하고 기대를 하는 분들이 많은가 보다. 다정도 병이라고 하니 이제는 자신을 더 사랑하는 방법을 연구해 보도록 하자.

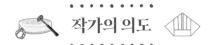

💍🔍 **작가의 의도** 🏮

일편단심 짝사랑은 누구나 한 번쯤은 겪어보았을 경험 중의 하나이다. 요즘 스토커와는 다른 맑고 순수했던 시대의 사랑일 것이다. 부잣집 도련님은 글공부에 관심이 없다. 철없이 놀 궁리만 하더니 졸기까지 한다. 하지만 이런 도련님을 짝사랑하는 여종도 있다. 신분의 차이를 떠나서 꽤 귀엽고 깜찍한 장면이라고 생각한다. 사랑에는 국경도 없고 경계도 없다. 무엇으로 이 감정을 막을 수 있을까? 꽃병에 꽂혀있는 꽃이 시들어가는 모습이 청춘의 한탄 같기도 하다.

참고하기

조신의 꿈

삼국유사에 실린 대표적인 꿈 이야기로 비극으로 끝난 일장춘몽이다. 신라의 승려 조신이 태수의 딸을 보고 한눈에 반하여 혼자 마음을 끓이고 있었다. 여인은 혼처가 있었으나 웬일인지 조신이 마음에 든다며 함께 도망가서 살자고 하여 둘은 머나먼 길을 떠난다. 두 부부가 40년간 같이 살면서 자식 5명을 낳았으나 형편이 좋지 않아서 구걸로 겨우 연명해서 살다 보니 큰아이는 배고픔을 견디지 못해 굶어 죽기까지 한다. 몸은 늙어가며 비참한 현실은 앞이 보이지 않을 만큼 처절하다. 자식들 또한 구걸하는 신세를 면하지 못하자 부부는 각자 아이 둘씩 데리고 헤어지기로 한다. 그러던 중에 조신은 잠에서 깨어났다. 그 모든 것이 꿈이었다고 생각하니 한평생을 다 겪어서 모든 것이 부질없음을 깨우치는 순간이었다. 역시 짝사랑은 짝사랑 자체로 아름다운 의미로 간직하는 것이 좋겠다는 생각이 든다. 굳이 불법과 인연법을 깊이 공부하는 스님이 아니더라도 삶의 허무함과 진정한 가치를 느끼게 하는 이야기라고 생각된다.

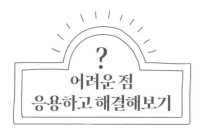

?
어려운 점
응용하고 해결해보기

Q 이성 교제를 하고 싶은데 도무지 주변에는 저와 어울릴 만한 사람이 없는 것 같아요. 짝사랑 카드가 나왔는데 어떻게 리딩해야 할까요?

A 혹시 누군가의 시선을 받고 있는데 본인만 모르고 있는 것은 아닐까요? 전혀 그럴 일이 없다고 단정하지 마시고 최근 일어난 상황을 잘 떠올려 보시기 바랍니다. 의외로 친절하게 내해 준다거나 작은 음료수라도 건네주면서 호의적으로 나오는 이성이 없었나요? 멀리서 당신을 지켜보는 사람이 분명히 있습니다. 애정 어린 마음으로요.

• • • • •

 포인트 그림 그대로 짝사랑하는 사람이 근처에 있다.

 유의점 눈치가 없든지 센스가 부족하면 연애도 힘들다.
공감능력이 최대치로 발휘되어야 연애도 성사되는 법.

전래이야기

신라 원성왕 때의 일이다. 신라의 조정에서는 오래된 벽골제를 보수하기 위해 당시 최고의 토목 기술자였던 원덕랑을 김제로 파견했다. 원덕랑은 김제 태수와 함께 일을 했다. 태수에게는 미모가 빼어나고 성품 또한 아름다운 딸이 하나 있었는데, 사람들은 그녀를 단야낭자라 불렀다. 단야낭자는 원덕랑을 보자 첫눈에 호감을 느꼈고, 연모의 정은 점점 깊어져 사랑에 빠지게 되었다. 그러나 원덕랑은 벽골제 보수작업에만 열중했다. 원덕랑은 신라에 약혼녀 월래가 있었기에 단야낭자의 마음은 이루어질 수 없는 짝사랑이었다. 벽골제 공사가 끝나갈 무렵, 갑자기 천둥번개가 치고 큰비가 내려 더 이상 공사를 진행할 수가 없었다. 당시 벽골제 인근에는 백룡과 청룡이 살고 있었는데, 심술궂은 청룡이 백룡과의 싸움에서 이기자 더욱더 심하게 행패를 부렸고, 벽골제의 제방을 무너뜨리려고 했다. 힘들게 보수공사에 참여했던 마을 사람들은 청룡의 노여움을 풀어주기 위해 처녀를 제물로 바쳐야 한다고 했다. 이런 와중에 원덕랑을 만나기 위해 신라에서 약혼녀 월래가 왔다. 태수는 자신의 딸 단야가 남몰래 원덕랑을 사모하는 것을 알고 있던 터라 월래를 청룡의 제물로 바칠 음모를 꾸몄다. 이러한 아버지의 음모를 알게 된 단야낭자는 양심의 가책을 느꼈고, 오랜 고민 끝에 '나만 희생하면 제방도 완성되고, 원덕랑과 월래도 행복하게 살 수 있을 거야. 더욱이 아버지의 살인까지 막을 수 있게 되는 거니까.'라고 생각하며, 스스로 청룡의 제물이 되기로 결심했다. 청룡이 제방을 공격하자 단야는 청룡을 막아서며, "수많은 사람이 지금까지 힘들게 쌓은 제방이니 제발 노여움을 푸시고, 무너뜨리지 말아 주세요."라고 간청한 후 청룡이 사는 못에 몸을 던졌다. 이후 청룡은 단야의 희생으로 노여움을 풀었고, 벽골제의 보수 공사는 순조롭게 마무리되었다. 또한 원덕랑은 월래와 함께 신라로 돌아가 결혼했고, 마을 사람들은 단야의 효심과 희생정신을 기리기 위해 '단야루'와 '단야각'을 세웠다고 한다.

짝사랑
참고 이미지

01

■ 출처 참고: 294p

물동이

Water Container

65. 물동이

물동이에 물을 담아 놓은 것은 생명의 근원을 상징한다. 그 위에 올라서 있는 무당은 지금 신내림굿이나 진적맞이를 하는 중이다. 지엄한 신들의 명을 받아서 인간 세상에 평화와 복을 주기를 기원하며 무당 자신의 복 또한 빌 수도 있다.

Keyword

보다 큰 시각으로 일과 사람을 대해야 한다. 단순한 시선으로 대해서는 해결이 안 된다. 이제는 큰 결정을 내려야 할 때이다. 전체 그림을 그려 놓고 세부사항으로 들어간다. 생각을 행동으로 옮겨야 한다. 머뭇거릴수록 손해를 본다.

 토막상식

멀리 바다나 강을 찾아가지 않더라도 집안에서 간소하게 수신(水神)용궁기도를 올리는 방법이다. 정화수 기도와 비슷한 점이 있지만 양초를 띄운다는 점에서 조금 다르다. 깨끗하고 큰 수반에 맑은 물을 담고 물에 뜨는 양초를 마련해 불을 붙여 띄운다. 긴 막대 초를 이용할 때는 지지할 수 있는 공간을 마련한 다음에 물을 채워 넣기도 한다. 초는 탈 때까지 다 타고나면 건져내고 새로 양초를 올린다. 발원하는 기도의 제목이 확실히 정해져 있을 때는 날짜를 정해서 그날 안에는 양초를 꺼뜨리지 않고 연이어 켜두도록 하는 게 좋다. 그리고 초를 켜지 않는 동안에는 물을 비워서 청결하게 관리해야 한다. 양초를 켜지 않는다고 해서 그냥 방치하는 것은 바람직하지 못하다.

작가의 의도

물동이에 올라서서 있는 무당의 버선발이 보인다. 다양한 굿거리에서 등장하는 물동이는 포괄적인 개념을 갖고 있다. 물이라는 개념에서 출발하는 우리 민족의 신성한 의미를 여기에서도 찾을 수 있다. 삼면이 바다로 둘러싸여 있으며 산에서는 무수히 많은 맑은 샘이 솟아나고 있으니 수신(水神)과의 교감으로서는 세계 최고가 아니겠나 싶다. 생명이 어머니의 자궁에서 잉태될 때에도 마찬가지다. 양수 속에서 아기는 무럭무럭 자라난다. 물이 없다면 생명은 존재할 수 없는 것이다. 모든 살아있는 것들의 기초이며 신이 감응하시기에 이보다 더한 매개체는 없을 것이다. 최근에는 화성에 이민 계획을 세우며 물이 있는지부터 찾는다고 한다. 역시 물이 관건이다.

우리 민족은 고대로부터 강한 수신신앙을 가지고 있었다. 고구려 건국신화에서 시조 주몽(朱蒙)은 천신(天神)인 해모수(解慕漱)와 수신인 하백녀(河伯女) 사이에서 출생하였다. 하백의 딸인 유화(柳花)는 고구려의 국모신(國母神)으로 숭앙되었으며, 고구려의 왕들은 항상 천제자(天帝子)와 하백외손(河伯外孫)의 후예임을 긍지로 삼았다. 이러한 점에서 고구려에서는 수신이 천신과 한 가지로 높게 숭앙되었음을 알 수 있다. 『삼국유사』 동부여조(東扶餘條)에는 해부루가 동해가로 이주하여 동부여를 세웠는데, 아들이 없어서 곤연(鯤淵)이라는 연못가에서 금빛이 나는 개구리 모양의 어린아이를 얻어다가 왕위를 물려주었는데, 이 아이가 곧 금와왕(金蛙王)이라는 기록이 있다. 금와왕은 사실상 동부여 국조의 성격을 가지는데, 그가 출현한 곳이 연못가로서 그 형체가 물과 친연성(親緣性)이 강한 개구리를 닮았다는 점에서 수신의 후예라고 볼 수 있다. 수신의 후예를 왕으로 모셨다는 것은 동부여에서 수신을 국가의 조상신으로 숭앙했음을 말해 준다. 신라의 국조인 박혁거세(朴赫居世)의 왕비는 알영(閼英)인데, 그녀는 알영정(閼英井)이라는 못에서 계룡(鷄龍)이 출현하여 왼쪽 갈빗대 사이로 낳은 동녀(童女)이다. 알영은 용의 후예로 왕비가 되어 박혁거세와 함께 이성(二聖)으로 신라인의 숭앙을 받았다. 이러한 점에서 신라에서도 수신이 국가의 조상신으로 숭앙되었음을 알 수 있다. 신라 성덕왕 때 순정공(純貞公)의 부인 수로(水路)는 자용(姿容)이 매우 아름다웠다. 순정공이 강릉 태수가 되어 부임해 가는 도중 바다에 임한 정자에서 점심을 먹는데 해룡이 수로부인을 납치해갔다. 순정공은 한 노인의 말을 듣고 해가(海歌)를 불러 부인을 찾았는데, 부인의 말이 바닷속에는 칠보로 된 궁전이 있었고 음식이 맛있고 향기로웠으며 또한 깨끗하다고 했다. 이 시기에는 이미 해신으로서 용신이 숭앙되었고 바다 가운데 용궁이라는 별세계가 있었다고 믿었던 것으로 보인다.

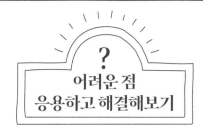

어려운 점 응용하고 해결해보기

 처음으로 새 차를 구입해서 운전하려고 합니다. 큰 사고가 없을지 생각하면서 뽑았는데 물동이 카드가 나왔습니다. 어떻게 리딩해야 할까요?

 아직은 조금 섣부른 결정 같아 보입니다. 정성과 노력이 더 들어가야 한다는 뜻이기도 하고 새 차를 운전하게 되면 더 많은 신경이 쓰이는 것은 사실입니다. 안전에 매우 신경을 쓰도록 합시다. 웬만하면 새 차보다는 중고차를 구해서 타도 될 것으로 보입니다.

• • • • •

 물동이에 올라서려면 중심을 더 잘 잡아야 한다.
마음을 늦추어서는 안 된다.

 자잘한 접촉사고가 생겨서 부모님이나 가족의 걱정거리가 늘어날 전망이다.

전 래 이 야 기

월포리 인포마을 복판에 있으며, 조그미한 비석 하나를 씌운 아담하게 단장된 비각 한 채, 불과 4~5평 정도에 세워진 이 비각의 내력(來歷)은 다음과 같다. 1820년경 이곳에 김복암(金福巖, 본관 金海)이라는 마음씨 착하고 어진 효자(孝子)가 살고 있었다. 그의 부인 안동(安東) 권씨(權氏) 또한 어릴 때부터 말이 적고 남과 다투기를 싫어하고 마음씨 곱고 기질이 아름다운 여성이었다. 그녀가 김씨 집안에 시집을 오니 그 집은 매우 가난하였다. 시어머니는 장님이었고, 남편은 품팔이하여 식량 한 두 되를 구해서 호구지책(糊口之策)을 마련하고 있었다. 권씨 부인이 이 집에 시집온 지 삼 일 만에 집 뒤 돌담 밑에 칠성당(七星堂)을 모아 놓고 기도하기 시작하였다. "일월성신(日月星辰) 토지지신(土地之神) 팔금강(八金剛) 보살(菩薩)님, 그리고 하느님께 비나이다."라고 하면서 시어머님 눈뜨게 하여 달라고 손발이 닳도록 3년을 빌고 빌어 정성을 다하였다. 지성(至誠)이면 감천(感天)이라는 옛말이 있듯이 하늘도 무심하지 않았다. 잎 피고 꽃피는 춘삼월(春三月)이 지난 농촌의 계절인 5월의 어느 날, 정화수 동이를 단 위에 놓고 기도를 드리고 있는데 물동이 앞에 서리가 갑자기 서리고 있었다. 그녀는 깜짝 놀라면서도 이상하기도 하여 이는 필경 무슨 곡절이 있으리라 생각하며, 이 서리를 손갈로 접시에 담아 눈먼 시어머님의 눈에 넣어 드렸더니 시어머님이 "보인다"고 소리쳤다. 이에 또 한 번 집어넣으니 "온 세상이 밝게 나타난다"고 소리쳤다. 그녀는 시어머님을 부축하면서 기뻐하여 춤을 추고 눈물을 흘리며 울기 시작하니, 이웃 사람들이 어리둥절하여 한 사람 두 사람 모여들게 되었다. 찾아온 이웃 사람들에게 시어머니는 눈을 부릅뜨고 "저 사람이 누구냐! 저것이 무엇이냐!"라고 물었다. 이 소문(所聞)은 즉시 퍼져나가 들에 일하러 간 사람들에게도 알려지고 또한, 김 효자(金孝子)에게도 즉시 알려졌다. 김 효자는 정신없이 집으로 달려오니 어머니가 자기를 알아보자 50년 만에 세상을 볼 수 있는 어머니를 붙들고 뜨거운 감격(感激)과 기쁨의 눈물을 한없이 흘렸다. 이웃 사람들은 이러한 사실을 예천군수(醴泉郡守)와 예천향교(醴泉鄕校)에 알리고 서리를 담았던 그 접시를 보내니 예천군수도 이 착한 덕(德)을 상부에 알리고자 서리가 담긴 접시와 보고서(報告書)를 경상도 관찰사(慶尙道觀察使)에게 보냈다. 경상감사(慶尙監司) 역시 크게 놀라 임금에게 고(告)하는 보고서를 다 쓰자 그때까지 녹지 않고 있던 접시에 담긴 서리가 물로 변하고 말았으니 감사(監司)는 더욱 감탄(感歎)하였다. 1867년(고종 4)에 영남어사(嶺南御使) 박선수의 계음(啓音)을 들은 임금도, 그 부인의 효성을 칭송하여 1870년(고종 7)에 효부각(孝婦閣)을 짓게 하여 「정효각(旌孝閣)」이라 이름 지었다. 한편 각 유림(儒林)에서도 권 효부(權孝婦)라 부르게 되었다. 이는 하늘이 내린 여성 교훈(敎訓)을 위한 미담(美談)으로 오늘날까지 전하여 오고 있다. 지금도, "효부 김복암처 안동권씨지여(孝婦金福岩妻安東權氏之閭)"라는 비석이 있다.

■ 출처 참고: 294p

66 밤길 나그네

Night Traveler

66. 밤길 나그네

달이 떠 있는 음산한 밤에 몹시 지친 나그네가 문득 누군가의 집을 발견했다. 문이 열리고 묘령의 여인이 모습을 반쯤 드러내는데 미묘한 느낌이다. 하룻밤 묵어갈 수 있을지 간절한 생각도 있지만 위험한지 어떤지도 알 수 없기 때문에 망설이고 있다.

Keyword

누군가가 나에게 아무런 목적도 없이 선의를 베푼다는 의미가 있다. 또한 그 선의가 나중에는 나를 이용하기 위해 사전에 계획된 것임을 알게 되기도 한다. 그러나 지금은 상대가 어떤 목적성이 있는지 알지 못한다. 나의 직감에 의존해야 한다. 선택의 여지가 없는 상태. 나약하게 되었을 때 맞닥뜨린 사건.

 ## 돋보기

경상도 말 중에서 사람을 홀린다고 할 때 '야시 같다'고 한다. 그런데 여기에는 여우 같다는 의미보다 더 깊이 사람을 매혹시키는 힘이 있다. 이매망량이라고도 하며, 산도깨비 물도깨비라고도 하는데 이들이 아름다운 사람으로 변신하여 여행길에 지친 사람들을 현혹하는 일이 매우 잦았던 것 같다. 물론 기본적으로 여우도 포함된다. 현재는 어떠한가? 화려한 조명과 화장술과 의상으로 그냥 보기만 해도 황홀한 장면이 TV에서 공연장에서 컴퓨터에서 쉴 새 없이 만들어지고 등장한다. 왠지 마음이 적적해지며 옛날 숲속의 야시가 더 정감이 가려고 한다. 이제는 야시를 만나는 일도 드물게 되어버렸다.

 ## 작가의 의도

깊은 산을 몇 개나 넘어야 했던 나그네는 너무 지쳐서 쉬어갈 곳을 찾았다. 저 멀리 뿌연 시야 속에 은은히 불을 밝힌 집이 보이고 문이 열리며 묘령의 여인이 등장한다. 역시 전설의 단골 소재이다. 대자연의 위대한 에너지는 가끔 존재하지 않는 환상의 세계를 불러내어 실제 존재하는 것과 같은 정교한 착각을 하게 만들었는데, 산을 넘어가는 선비는 매우 적당한 희생양이 아닐 수 없었다. 비극적인 결말이 없이 다음 날 아침에 숲에서 그냥 노숙을 한 채로 선비가 잠에서 깨어나서 다행이라고 생각되지만 조금 스릴 있고 위험하기까지 한 경험인 것만은 확실하다.

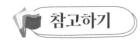
'백귀야행'이라고 하여 밤에 온갖 요괴가 돌아다니는 것을 가리키는 말로 일본에서 많은 만화와 매체의 소재가 되었다. 깜깜한 밤에 펼쳐진 세계는 낮에 보던 것과는 너무나 다르다. 흐릿한 시야에서 그저 사물의 윤곽만 가지고 상상하자니 무서운 존재들이 등장하기에 부족함이 없었을 것이다. 보통 밤의 허깨비들이 물러가는 시간은 먼동이 트려 할 때 즈음이다. 태양빛이 떠오르면 이제 음기에 속한 존재들은 버틸 장소가 없는 것이다. 삶은 낮이요 해가 떠있는 시간에 생기가 충만해지만 예술가들이나 영감을 필요로 하는 사람들은 밤을 새기도 하는데 여기서 얻는 영감도 무시할 수 없는 깊이가 있다. 밤길 나그네가 만나는 것은 귀신만이 아닌 것이다.

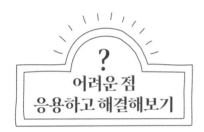

Q 새로 소개받은 곳에서 거래를 트려고 하는데 신용이 있는 곳인지 궁금합니다. 밤길 나그네 카드가 나왔는데 어떻게 리딩해야 할까요?

A 당장 경계를 풀지 말고 하나씩 맞춰가면서 확인하는 것이 좋겠습니다. 뭔가 확실하지 않은 것이 있지만 지금은 확인할 수 없을 것입니다. 저쪽에서 쉽사리 단점을 드러내지 않을 테니까요.

• • • • •

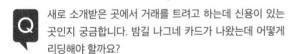
포인트 │ 희미하게 보이는 그 누구의 정체를 단숨에 파악할 수 없듯이 매사 조심해야 한다.

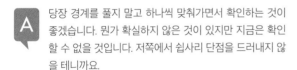
유의점 │ 현실성이 떨어지거나 마음이 풀어지는 바람에 손해를 보게 되니 혼자 결정하지 말아야 한다.

전 래 이 야 기

옛날 안동시 남후면 이틈실골에 개필할배 부부가 살고 있었다. 개필할배는 긴 수염이 보기 좋게 자라서 참 인자하게 보였다. 그러나 너무 술을 좋아해서, 늘 할머니와 술 때문에 많이 다투었다. 어느 해 여름이었다. 해는 벌써 져서 사방은 어둠살이 끼었다. 그날도 개필할배는 술이 많이 취해서 집으로 돌아오는 길인데 강가 버드나무 아래에서 웬 어여쁜 여자가 손에 술병을 들고 손짓을 하며, "개필할아버지, 술 한 잔 더 잡수시고 가시지요. 우리 집에 가면 맛 좋은 안주가 많이 있는데 같이 가서 술 한 잔 더 잡숫지 않으실래요?"하는 것이었다. 술과 맛 좋은 안주라는 말에 개필할배는, "너희 집이 어딘데…, 술과 안주가 있으면 어디라도 가고 말구."하면서 그 여자를 따라나섰다. 여자는 앞에 서서 빠르지도 느리지도 않게 살랑살랑 걸어갔다. 그러다가 가시덤불을 지나게 되었다. 할아버지의 발과 다리는 가시에 찔려서 멍이 들고 피가 났다. 이번에는 물을 건너게 되었다. "할아버지, 물을 지나게 되었어요. 옷을 내리세요."하였다. 개필할배는 옷을 내렸다. 옷을 내린 채 물을 건너니 개울물에 옷이 흠뻑 젖어 버렸다. 개필할배 눈에 여자로 보인 것은, 장난꾸러기 도깨비였다. 도깨비는 가랑잎이 수북이 쌓인 산골짜기에 와서, "여기 돈이 많이 흩어져 있네요. 어서 많이 주우세요."하였다. 도깨비에게 홀린 개필할배 눈에는 가랑잎이 모두 지폐 돈으로 보였다. 도깨비 여인은 소똥이 많이 있는 곳에 와서는, "여기 시루떡이 많이 있네요. 할머니 드리게 어서서 주우세요."하였다. 개필할배는 웃옷을 벗어서 쇠똥을 많이많이 쌌다. 돌멩이가 있는 곳에 왔다. "할아버지 여기 황금이 많이 있네요. 많이많이 주우세요."라고 하였다. 도깨비에게 홀린 할아버지 눈에는 돌멩이가 황금 덩어리로 보였다. 그래서 욕심을 내어 막 주웠다. 이렇게 도깨비 여인은 술에 취한 개필할배를 밤새도록 온 들과 산으로 데리고 다니며 장난을 쳤다. 개필할배는 정신을 가다듬어서 겨우겨우 집으로 돌아왔다. 그리고 마루에 쓰러지고 말았다. 할머니가 나와 보니 온몸이 가시에 찔리고 피가 나며, 옷은 물에 젖었고 갈기갈기 찢어 있었다. 그렇게 보기 좋던 긴 수염도 모두 뽑혀서 아주 볼품없게 되어 버렸다. 그리고 할아버지는 얼이 빠져서 멍하니 서 있다가 그대로 쓰러지고 말았다. 할머니는 급히 의원을 부르고, 더운물로 목욕을 시키며 약을 먹였다. 너무나 혼이 나서 개필힐배는 약 한 달가량 자리에 누워서 일어나지도 못하였다. 그러나 할머니의 지극한 간호로 차차 건강해졌다. 다시 건강해진 개필할배는 술을 끊었다. 그리고 할머니와 함께 열심히 밭에 나가서 일을 하며 오래오래 행복하게 잘 살았다고 한다.

■ 출처 참고: 294p

67 꿩사냥 : Pheasant Hunting

67. 꿩사냥

사냥꾼의 화살에 맞은 꿩이 떨어져 있다. 젊은 사냥꾼의 단호한 눈빛에서 자신감이 느껴지긴 하지만 죽은 꿩의 입장에서는 좋을 것이 없다. 예전에는 식재료를 위해 꿩을 잡기도 했지만 자신의 능력과 활기를 과시하기 위해 사냥을 하기도 했다.

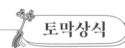 **Keyword**

사건이 일단락됨. 서로의 입장이 팽팽하고 극단적일 수 있다. 살생이 이루어졌으니 내가 갚아 주어야 할 것이 있다고 봐야 한다. 서로의 입장이 정반대인 경우가 된다. 양쪽 이야기를 다 들어봐야 한다.

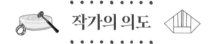 토막상식

세끼 음식을 먹는 것은 짐승의 식사법이고 두 끼 음식은 사람의 식사법 그리고 한 끼 음식은 신선의 식사법이라는 말이 있다. 사실 음식을 많이 먹으면 그것을 내보내기 위해서 몸에서는 필요 이상의 독소를 만들어내게 된다는 것은 의학적으로 밝혀진 바이다. 기도 행위에서도 과한 음식은 당연히 좋을 것이 없다. 중요한 기도를 앞두고는 특히 음식을 절제해야 한다. 기도를 마친 후에도 어느 정도는 지속하는 것이 좋다. 평소에도 기도와 명상을 하는 이들은 특히나 사냥은 금물이며 일반인이라고 하더라도 이렇게 살기를 달고 사는 것은 본인을 위해서나 자손들에게 좋지 않은 영향을 끼친다.

작가의 의도

작정하고 꿩을 쏘아서 떨어뜨린 것인지 어쩌다 날린 화살에 운이 나쁘게 꿩이 맞은 것인지는 잘 모르겠다. 하지만 활 쏘는 남자의 얼굴이 매우 긴장된 것으로 보아서 장난은 아닌 듯하다. 훨훨 날아가던 꿩이 이제는 차가운 땅에 드러누워 있다. 도대체 어디서 날아온 화살인지 알지도 못했을 것이다. 이렇게 사람의 삶도 한순간에 끝나버리기도 한다. 자신이 아무리 거창한 계획을 세운다 하더라도 남이 무심히 날린 화살 같은 행위 때문에, 아니면 모르고 저지른 작은 실수 때문에 망가져 버릴 수 있다. 자신의 결말을 모른 채 당한다는 것이 어쩌면 더 기분 나쁜 일이겠다.

향을 싼 종이에서는 향내가 배어있고, 생선을 싼 종이에는 비린내가 남아있다고 한다. 속에 무엇을 담고 있는지에 따라서 겉으로도 그것이 드러난다는 뜻이다. 마음과 정신 상태가 어떠하냐에 따라서 관상이 달라진다든지 이미지가 변화한다든지 하는 의미도 있다. 하지만 음식을 먹지 않고 살아가기 힘든 인간의 육체를 지닌 채로 원하는 수도생활을 하기란 참으로 많은 어려움이 있겠다. 기도와 수련을 오래 한 사람들은 거의 육식을 하지 않는다. 고기를 먹음으로써 거기에 들어 있는 혈(血)의 기운이 마음을 산란하게 하고 충동적으로 만드니 도움이 될 것이 없기 때문이다. 또한 살생을 하지 않아도 되니 근본적으로 유익하다고 여겼다. 일단 살생을 많이 하는 사람들에게서는 특이한 냄새가 난다고 한다. 그 또한 맡을 수 있는 사람이 몇 명 되지 않는 신비한 현상이다.

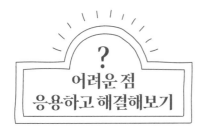

? 어려운 점 응용하고 해결해보기

 Q 기숙사 생활을 하는데 제 물건이 자꾸 없어집니다. 값비싼 것은 아니지만 신경이 쓰이고 기분이 좋지 않습니다. 누가 그런 것일까요? 카드를 뽑으니 꿩사냥 카드가 나왔습니다. 어떻게 리딩해야 할까요?

 A 어떤 목표를 가지고 물건을 훔쳐 가는 사람이 근방에 있습니다. 잘 살펴보면 곧 알게 될 사람이기도 합니다. 하지만 이에 대해서 해결을 보는 방법은 방어적으로 하는 것이 더 좋겠습니다. 물건을 더 확실한 장소에 보관한다든가 아무 장소에나 두지 않는 것입니다. 상대도 봐가면서 만만치 않게 생각된다면 포기할 것입니다. 그런데도 또 훔친다면 그때 가서 강력한 방법을 씁시다.

• • • • •

 포인트 사냥으로 꿩이 죽었으므로 지나치게 몰아붙이는 방법은 권하지 않는다. 처벌을 한다든가 폭로를 하게 된다면 구석에 몰린 쥐가 되어서 되려 물어뜯으려 할 수가 있다.

 유의점 사는 환경을 바꿔주는 방법이 제일 좋다. 될 수만 있다면 그 방법을 찾아보자.

전래이야기

치악산 상원사의 전설

옛날 시골에 사는 한 젊은이가 과거를 보려고 집을 나서서 서울을 향하여 가다가 강원도 적악산(赤岳山)을 지나게 되었다. 그런데 산중에서 꿩(까치)이 울부짖는 소리를 듣고 바라보니 꿩 두 마리가 뱀에 감겨 먹히려는 찰나였다. 큰 나무 뒤에 꿩 둥지가 있고 그 속에 꿩 새끼들이 있었는데 구렁이 한 마리가 꿩 둥지를 향하여 기어가고 있었다. 젊은이는 활로 구렁이를 쏘아 죽이고 꿩을 구해 주었다. 젊은이는 계속해서 길을 가다가 산속에서 날이 저물어 잘 곳을 찾아 헤매다가 한 인가를 발견하고, 그 집에 가서 자고 가기를 청하였다. 그 집에서 한 여인이 나와서 잘 곳을 안내해 주었다. 젊은이는 피곤하여 깊이 잠들었다가 숨이 막히고 답답해서 깨어 보니 큰 구렁이가 자기 몸을 칭칭 감고 입을 벌려 삼키려 하였다. 구렁이는 젊은이에게 "나는 낮에 네가 죽인 구렁이의 아내인데 남편의 원수를 갚기 위해 너를 잡아먹어야겠다. 만약 살고 싶으면 종소리 세 번만 울려다오. 그러면 풀어 줄 것이다."라고 말했다. 그런데 구렁이의 말이 끝나자마자 어디선가 '뎅 뎅 뎅' 하고 종소리가 세 번 울렸다. 종소리를 들은 구렁이는 감고 있던 젊은이의 몸을 풀어 주고 어디론가 사라졌다(구렁이는 용이 되어 승천하였다.). 날이 밝아오자 젊은이는 종소리가 난 곳을 찾아가 보았다. 멀지 않은 곳에 종루가 있었는데, 종 아래에는 전날 새끼들을 살리기 위해 울부짖던 꿩 두 마리가 머리가 깨져 죽어 있었다. 젊은이는 꿩이 은혜를 갚으려고 종을 울리고 죽은 것을 알았다. 그래서 과거 길을 포기하고 그곳에 절을 세워 꿩들의 명복을 빌며 일생을 보냈다. 그 후로 적악산을 치악산이라고 고쳐 부르게 되었고, 젊은이가 세운 절이 지금의 치악산 상원사이다.

꿩사냥
참고 이미지

01

■ 출처 참고: 294p

68 업적

Achievement

68. 업적

왕에게서 공을 인정받고 문서 등을 하사받는 신하의 모습이다. 윗사람 아랫사람 모두에게 유익하고 기쁜 순간이다. 명예로운 문서와 하사품을 받게 된다.

Keyword

공적인 일을 진행하는 것이 이롭다. 개인의 역량도 중요하지만 단체에서 인정받는 것이 더 중요하고 또 길한 운세이다. 부동산, 직함을 얻게 되며 선거나 경합에서 이긴다. 라이벌을 물리친다.

 돋보기

 꿈에 대통령이나 아주 지위가 높은 유명인을 만나는 경우가 있다. 좋은 꿈이다. 그리고 귀인을 만난다거나 좋은 기회가 다가옴을 암시한다. 꿈속에서 상을 직접 받는 것도 길몽으로 여긴다. 자격증을 취득하게 되거나 힘든 시험을 통과해서 합격하니 기쁜 일이다. 이러한 꿈은 큰일에서 더욱 대길하므로 소소한 성공보다는 조금 스케일이 큰 상황에 적합하다.

 작가의 의도

임금님으로부터 공로를 인정받아서 상을 받는 장면이다. 내지는 새로운 임무를 부여받는 것 같기도 하고 두 가지가 동시에 일어날 수도 있다. 매우 보람되고 행복한 순간으로 보인다. 살아가면서 다른 이들에게서 인정받을 때의 뿌듯함은 무엇과도 바꾸지 못할 소중한 기억이다. 이러한 자긍심을 양분으로 해서 사람은 성장해가는 것 같다. 가끔은 자격증이나 공공기관으로부터 패스된 허가증을 받는 것만으로도 의욕이 높아지고 일할 맛이 난다고 한다. 사람은 자신이 한 노력에 대해 적당한 보상이 왔을 때 살만하다고 느끼는 것이다.

참고하기

궤장은 군주가 공이 많은 70세 이상의 늙은 신하에게 내리는 의자와 지팡이로서, 의자는 앉을 때는 펴고 평상시에는 접어둘 수 있게 만든 것이고 지팡이(杖)는 문무겸전의 인격을 상징하기도 하면서, 의자와 지팡이에 몸을 기대고 있어도 좋으니 군주 곁에 더 머물러 국정 운영을 도와달라는 지극한 공경의 뜻을 담고 있다. 때문에 신하된 자로서는 이만저만한 영광이 아니었을 것이다. 이러한 제도는 이미 신라시대로부터 있었던 것으로 나타난다. "664년 음력 정월, 김유신이 정월 봄에 늙었음을 이유로 물러나기를 청하니 왕이 윤허하지 않고 궤장을 하사하였다(春正月 金庾信請退老 不允 賜几杖)."는 내용이 있다. 이와 같은 제도는 중국에서 도입된 것으로 보는 견해도 있다. 중국의 곡례(曲禮)에 "대부가 된 자로서 70에 이르러 벼슬에서 물러나고자 하나 허락되지 않을 경우 반드시 궤장을 하사한다(大夫七十而致仕 若不得謝 則必賜之几杖)."고 하였다. 이는 천자가 늙은 신하를 우대하여 궤와 장을 내리는 것이었으니, 궤(几)는 몸을 떠받치기(扶己) 위한 것이며, 장(杖)은 몸을 의지하기(策身) 위해서이다. 이것이야말로 늙은 대신으로서는 최고의 명예로써, 몸은 늙었으나 왕이 필요로 하는 존재라는 의미를 지니고 있는 것이 아닌가? 특히 신라 시대 남성의 평균 수명이 35세였다고 하니, 70세가 넘도록 천수(天壽)를 누리면서 군주로부터 능력까지 인정받았다면 그 명예의 격(格)을 어디에 비교할 수 있을 것인가?

? 어려운 점 응용하고 해결해보기

 Q 조만간 업무 회의를 통해서 새로운 프로젝트를 맡게 될 것 같습니다. 업적 카드가 나왔는데 어떻게 리딩해야 할까요?

 A 큰 책임감으로 임해야 하는 일을 맡게 되겠습니다. 리더가 될 수도 있고 윗사람의 기대를 한 몸에 받게 되는 일입니다. 그로 인한 명예와 이익도 있겠지만 그것을 이겨낼 만한 정신력이 필요합니다. 욕심만으로는 달성하기 힘드니까요.

• • • • •

 포인트 | 소소한 일이 아니라 큰 업무이며 임금님을 만나게 되니 큰 기쁨이다.

 유의점 | 매우 높은 윗사람에게서 임무를 받게 되니 거절할 수 없다는 단점도 있다.

전래이야기

임금의 청탁을 거절한 법관 정철

송강이라고 하면 가사 관동별곡(關東別曲)을 머리에 떠올리겠지만 송강 정철(松江 鄭澈, 1536～1593)은 조선 시대의 대표적인 청백리의 한 사람이었다. 정철은 중종 31년 서기 1536년 서울에서 태어났다. 4남 2녀 중 막내로 태어나 남부럽지 않은 환경에서 자랐는데 10살 때 아버지가 '을사사화(乙巳士禍)'에 연루되어 원도로 유배되어 집안이 풍비박산이 나고 말았다. 그래도 정철은 16년 동안 갖은 고생을 다 하면서 과거에 합격하였다. 다행히 정철은 어릴 때 궁궐을 출입하면서 당시 세자로 있던 명종(明宗, 1545～1567)과 친숙한 사이여서 과거에 합격하자마자 임금이 된 명종이 초대하여 축하연을 열었다. 정철이 누구보다도 임금에 충성을 맹세한 것은 바로 이 때문이었다고 할 수 있다. 그러나 관직에 앉은 지 얼마 되지 않아 그에게 모진 시련이 닥쳐왔다. 다른 사람도 아닌 임금의 사촌 되는 사람이 살인죄를 범했는데 정철이 이 사건을 맡아 재판하게 된 것이다. 임금은 정철에게 몰래 사람을 보내어 사촌을 관대하게 처분하라고 일렀다. 그러나 고지식한 정철은 임금님의 청탁을 듣지 않고 법대로 사형을 선고하고 말았다. 임금은 매우 유감스럽게 생각하고 여기저기 하찮은 말직을 전전하는 정철을 돌봐 주지 않았다. 조선 시대의 군주를 전제군주라 하지만 요즘의 대통령보다 못했던 것 같다. 요즘의 대통령이었다면 자기 사촌을 아마 그대로 죽게 두지 않았을 것이다. 그러나 조선 시대의 임금은 달랐다. 정철은 임금의 죽마지고우(竹馬之故友)였다. 그런데도 임금의 청을 거절하였으니 얼마나 곧은 공무원이었는지 알 수가 있다. 동서고금을 막론하고 정철처럼 용기 있는 공무원이 없었다고 해도 과언이 아니다. 어떻게 보면 고집불통의 인물로서 아무도 그를 깔볼 수 없는 인물이었다고 할 수 있다. 그래서 기록에 보면 정철을 "얼음 넣은 옥병(玉甁)처럼 차고 결백했다."라느니 "천상의 사람 같다."라느니 평을 하였던 것이다. 성격이 이렇다 보니 정철에게는 적이 많을 수밖에 없었다. 결국 온갖 중상모략의 화살이 그를 향해 날아왔다.

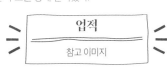

업적
참고 이미지

02

■ 출처 참고: 294p

69

할머니

Grandmother

주택 안 여자들의 구역인 안채에서 전통적으로 가장 웃어른으로 모셔지는 분이다. 집안의 오랜 조상 중에서 후손들을 돌보고 화를 피하게 해 주시는 역할을 한다. 자손을 점지하고 보살피며 건강하게 살아갈 수 있게 하며, 특히 재물을 불리는 분이다.

Keyword

부드러움 속에 강인함이 있다. 평범함 속에 심오함이 있다. 매우 지혜로운 여성을 상징. 그다지 큰 이익도 없이 나대는 것보다 조용하게 일이 처리되지만 알찬 소득이 기다린다. 현명한 처세를 기대할 수 있다. 상대가 이 카드가 나오면 만만한 사람이 아니다.

돋보기

집안에 돌아가신 할머니가 조상신으로 좌정하시는 경우에는 고깔의 형태나 단지 등을 마련해서 신체를 만든 후 일정 의례를 통해 집안의 깨끗한 곳에 모신다. 그리고 일 년에 한 번 새로 접은 고깔이나 쌀 등을 교체하여 그에 합당한 예의를 갖추어야 한다. 조상신의 신체인 신줏단지는 안방의 시렁 위에 단지 형태로 모셔지는 것이 일반적이다. 집안에서 모시는 조상신은 4대조까지이며, 5대조 이상은 10월에 무덤에 가서 지내는 묘제(시제)로 통합된다. 조상신에 대한 의례에서 조상신에 대한 제일(祭日)은 전국적으로 일치치 않지만 보통 정월보름, 유월유두, 칠월칠석, 팔월보름, 식구들의 생일이 된다. 형식은 신체 앞에 음식을 차려 놓는 것이 보통이다. 주로 주부에 의해 진행되고, 가족의 수명장수를 기원하는 정도이다. 호남지역에서는 주로 설과 대보름, 추석에 신체 앞에 촛불을 밝히고 음식을 차려 놓는다. 신체가 감실인 경우는 반드시 감실의 문을 열어 놓는다고 한다. 제물로는 메, 떡, 채소, 과일, 조기, 술 등이 진설된다. 경우에 따라서는 정화수만 바치는 경우도 있다.

작가의 의도

잘 가꾸어진 실내에 지엄하게 앉아서 정면을 응시하고 있는 할머니의 기품이 당당하시다. 예전 집안에는 고방 열쇠를 가진 안주인이 실세였는데 시어머니가 아무리 연세가 드셔도 쉽사리 며느리에게 이 열쇠를 내어주지 않았다고 한다. 그것은 곧 모든 권위가 넘어가는 행위로도 여겨졌던 모양이다. 그렇다고 딱히 재물의 면에 있어서 인색한 할머니를 그려본 것은 아니다. 오히려 인자하고 현명한 큰 여자 어른을 묘사하고자 하였다. 집안을 이끌어 주시고 정신적인 지주가 되어주며 늘 다시 고향을 찾아도 언제나 그 자리에서 후손들을 맞이해 주실 것 같은 할머니. 그 할머니가 돌아가시고 나서도 후손을 보살피기 위해서 가끔 자신의 존재감을 드러내시는 것 같다.

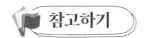 **참고하기**

옛날 가옥의 구조를 보면 남자 어른들이 주로 거처하면서 식객을 맞이하고 자신의 취미생활과 여가를 즐기던 사랑채와 안주인들이 거처를 하던 안채로 나뉜다. 특히 안채는 집안의 중심이 되며 시어머니가 사는 안방, 큰며느리가 머무는 건넌방, 할머니는 아랫방에서 거처했다고 한다. 시어머니는 아들 부부가 어느 정도 나이가 들면 며느리에게 안채의 살림을 넘겨주고 곳간 열쇠도 넘겨주며 열쇠를 물려받은 며느리는 명실상부 안채의 주인이 되게 되는데 이것을 '안방물림'이라고 한다.

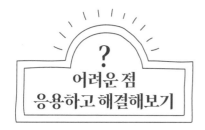

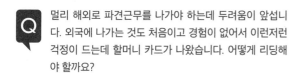

Q 멀리 해외로 파견근무를 나가야 하는데 두려움이 앞섭니다. 외국에 나가는 것도 처음이고 경험이 없어서 이런저런 걱정이 드는데 할머니 카드가 나왔습니다. 어떻게 리딩해야 할까요?

A 집안에 나를 지켜주시는 조상님이 계시니까 든든하게 생각해도 좋으실 것 같습니다. 각별히 자손을 염려하는 분이 계시며 수호신 역할을 해 주십니다. 혼자라고 생각하지 말고 적극적으로 생활합시다.

• • • • •

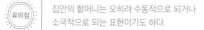 조상 할머니의 인자한 미소가 자손을 걱정해 주는 듯하다.

유의점 | 집안의 할머니는 오히려 수동적으로 되거나
소극적으로 되는 표현이기도 하다.

전 래 이 야 기

부채보살 할머니의 은혜를 갚기 위해 지어준 광덕암

조선 시대 무렵, 현재 안산시 단원구 와동에 있는 광덕산 할미골 '부채암'에 '부채보살'이라 부르는 한 어진 할머니가 살고 있었다. 할머니는 부채암에서 도를 닦는 중이었다. 당시 할머니는 덕망이 높은 보살로 유명하였다. 할머니는 부채암 근처에서 서너 명의 여자들과 함께 화전(火田)을 해 먹을거리를 얻었다. 하루는 수확한 보리를 멍석에 널어놓고 모두 밖에 나가 암자에 아무도 없었다. 그런데 갑자기 소나기가 내렸다. 소나기 때문에 널어 말리던 보리가 모두 젖게 된 그때, 마침 그곳을 지나던 한 선비가 하인과 함께 부채암에 소나기를 피하기 위해 들어왔다. 선비는 멍석에 널어놓은 보리를 보고 보리 말리던 멍석을 부채함으로 거둬들여 비를 맞지 않게 하였다. 그렇지 않아도 소나기 때문에 멍석에 말린 보리가 걱정이 되어 서둘러 돌아온 할머니가 그 광경을 보고 선비에게 감사의 인사를 하였다. 그리고 선비에게 무엇인가 보답해야겠다고 생각했다. 비는 여러 날 내렸다. 선비는 그 동안 할머니가 거처하는 부채암에 머물렀다. 삼일이 지나서 비가 그치자 선비는 다시 길 떠날 준비를 하였다. 할머니는 길 떠날 준비를 하는 선비에게 며칠 동안 만든 새 옷 두 벌을 선물해 주었다. 선비는 "3일 동안이나 신세를 진 것도 감사한데, 새 옷을 지어 주시다니…"라면서 받지 않으려 하였다. 그러자 할머니는 "은혜를 입었으면 그 은혜를 갚는 것은 당연한 것입니다."라며 새 옷을 내밀었다. 선비는 거듭 거절할 수가 없어서 할머니에게 옷을 받았다. 그리고는 새 옷을 지어준 할머니에게 은혜를 갚기 위해 자신이 가지고 있던 노잣돈으로 암자를 새로 지어 주었다. 당시 부채암이 암자라고는 하지만 불상(佛像)만 있을 뿐 낡았기 때문이었다. 그리고는 새로 지은 암자의 이름을 '광덕암(廣德庵)'이라고 하였다. 그 이후 광덕암이 있던 산도 부채산에서 광덕산으로 고쳐 부르게 되었다고 한다.

■ 출처 참고: 294p

70

할아버지

Grandfather

집안의 맨 웃어른이기도 하고 신령에서는 대감으로 모셔지기도 하는 분이다. 조상 중에서 살아생전에 많은 업적을 쌓은 분으로 후손들에게 복을 주시는 어른이다. 점잖으시며 고지식한 일면도 함께 갖고 있다.

Keyword

현실적인 일들에 대해 대응을 할 때 나쁘지 않다. 실속 있는 판단을 할 수가 있다. 때로는 명예와 체면을 생각해서 모른 척 한다든가 작은 이익을 포기해야 할 때도 있다. 결과적으로는 나쁘지 않으며 손해 볼 일은 없다. 자기주장을 굽히지 않는 남성을 상징.

돋보기

바깥의 대소사를 관장하시는 할아버지의 근엄하심은 존재하시는 것만으로도 집안의 기둥이자 가문의 상징이었을 것이다. 궁극적으로 집안의 전통을 지키려 자손들이 번창하기를 바라는 마음은 할머니와 같았을 것이지만 조금 더 대외적인 발전을 소망하고 또 그러한 자손들을 지원하신다는 점에서 특색이 나누어진다. 할머니와 할아버지는 대부분 가문의 전통을 살리기를 원하는데 대부호의 집안이었다면 재물을 번성하게 하는 것에 관심이 있으실 것이고, 학문을 하는 집안이었다면 역시 학문의 길에, 권력의 높은 곳에 있었다면 그쪽으로, 예술인의 집안이었다면 세계적인 거장이 나오는 것에 늘 도움을 주고 계신다. 역시 할머니와 마찬가지로 신체를 만들어 모셨으며 갓이나 도포 등을 준비하는 경우도 있다.

작가의 의도

대감신은 무속에서 자주 등장하시는 분인데 세월이 지나면서 요즘은 굿거리에서 뜸해지는 경향이 없지 않다. 곰방대와 부체를 들고 헛기침을 하면서 등장하시는 대감은 그 옛날, 중년의 근엄함을 자랑하던 분이다. 게다가 풍류에서도 뒤지지 않는다. 욕심도 많고 탐심도 많은 대감이라고 하면서 굿거리에서는 재미있는 사설을 늘어놓기도 한다. 물질문명이 급격하게 발전해 가고 있는 현시점에 조상님과의 만남은 당혹스럽기도 하지만 한편으로는 향수를 느끼게 하는 무엇인가가 분명 존재하는 것 같다. 사람의 삶은 기계문명이 아무리 발달한다고 해도 근본 희로애락에는 큰 변화가 없고 오히려 외로움만 더 커지는 것일지도 모른다. 보다 더 아날로그적인 옛 문화와 정취에서 마음이 잠시 쉬어갈 수 있는 것일지도.

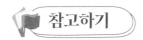 참고하기

사랑채

사랑방(舍廊房) 또는 사랑채는 한국의 전통 주택에서 가부장의 생활 공간이자 학문과 예술로 마음을 닦아 맑게 하고, 손님을 접대하며, 묵객들이 모여 담소하거나 취미를 즐기던 공간이다. 양반 사대부들의 집에는 반드시 사랑채가 갖추어져 있었다. 여성이 가장이 된 경우에도 남성이 주로 사용했다. 연간 살림살이 중에서 식비의 거의 대부분이 이러한 손님맞이나 과객들이나 식객을 대접하는데 쓰였다고 하니 참으로 대감 노릇하기에는 많은 비용이 들어갔던 듯하다.

01

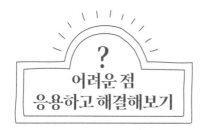

? 어려운 점
응용하고 해결해보기

Q 부서를 옮기게 되면서 다른 상사를 모시게 되었습니다. 어떤 분일까 생각하며 뽑았더니 할아버지 카드가 나왔습니다. 어떻게 리딩해야 할까요?

A 어른 대접을 받는 것을 좋아하는 분일 듯합니다. 위계질서가 분명하고 아랫사람은 아랫사람답게 처신을 잘하면 좋은 평을 받겠습니다. 위아래 없이 지나치게 평등과 원칙을 주장하거나 당돌하게 대하는 것은 마이너스가 되겠습니다.

• • • • •

 포인트 ｜ 좋은 인연이 된다면 아랫사람으로서 귀여움도 받을 수 있는 기회다.

 유의점 ｜ 시간이 흐르면 나도 나이를 먹고 상사가 되고 꼰대 소리를 듣는다. 어른 대접을 잘 하자.

전래이야기

대감들의 힘겨루기

어릴 때부터 영특하기로 소문났던 오성 이항복이 여덟 살 때의 일이다. 오성의 집에는 큰 감나무가 하나 있었는데, 나무의 가지 하나가 오성의 옆집인 우찬성 권철 대감 집으로 뻗어있었다. 가을이 되어 오성의 집에 있는 감나무에 감이 주렁주렁 달렸고, 옆집으로 뻗어 있는 가지에도 당연히 감들이 탐스럽게 열렸다. 오성은 자기 집 하인들에게 "저기 권대감 집에 넘어간 가지의 감을 좀 따다 주시오."라고 부탁했다. 그러자 하인들이 난색을 보였지만, 상전의 명령이라 하는 수 없이 감을 땄다. 그러자 권대감 집의 하인들이 나와 "어째서 우리 집 감을 함부로 따느냐? 감을 놔두고 돌아가거라."하며 호통을 쳤다. 오성네 하인들은 아무 말도 못 하고 빈손으로 돌아와 이 사실을 오성에게 알렸다. 오성은 권대감 집의 하인들이 주인의 벼슬이 높다고 자신을 무시했다는 생각이 들어 버릇을 고쳐 주어야겠다는 마음을 먹었다. 잠시 후, 오성은 권대감 집을 찾아가 대감 뵙기를 청했다. 하인들이 옆집에 사는 오성이 찾아왔다고 전하니 권대감이 들어오라고 했다. 오성은 권대감의 방 앞으로 다가가 안으로 들어가지는 않고, 문살 사이로 창호지를 뚫고 팔을 쑥 들이밀었다. 방 안에서 오성이 들어오기를 기다리던 권대감은 갑자기 방안으로 팔이 쑥 들어오자 깜짝 놀라며, "이것이 무슨 해괴망측한 일이냐?"라고 했다. 그러자 오성은 "대감님, 저의 무례함은 나중에 벌하시고, 지금 이 팔이 누구의 것입니까?"라고 물었다. 권대감이 "그것은 너의 팔이지, 누구의 팔이겠느냐?"라고 하니, 오성은 "그럼 대감님 댁으로 넘어온 저희 집 감나무는 누구의 것입니까?"라고 되물었다. 대감은 "당연히 너의 집 감나무 아니겠느냐!"라고 답했고, 오성이 왜 이런 일을 벌인지 짐작하게 되었다. 오성은 권대감의 방 안으로 들어가 인사를 하고 말을 이어갔다. "왜 대감님 댁 하인들이 저희 집 감나무의 감을 못 따게 하는 것입니까?"라고 하니, 권대감은 "무슨 말인지 알겠구나. 우리 집 하인들을 제대로 단속하지 못한 나의 잘못이 크다. 앞으로는 그런 일이 없도록 하마."라고 했다. 그때서야 오성은 자신의 무례한 행동에 용서를 구하고, 문을 원래대로 고쳐놓고 집으로 돌아왔다. 후에 이 사건이 인연이 되어 권대감의 손녀와 혼인을 하게 되었다고 한다.

■ 출처 참고: 294p

무당

71. 무당

방울과 부채를 손에 들고 신령님과 소통하고 있는 한국의 무당. 예전에는 마을마다 한 사람의 무당이 있어서 사람들의 답답함을 풀어주고 공동체의 기도를 행하여주며 갖은 애환을 함께하였다.

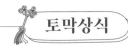

공식적이지 않은 일이며 은밀하게 진행되는 것이 좋다. 사람의 힘으로 해결되지 않는 신비한 원인이 있을 수 있으니 조언자를 찾아야 한다. 중간자의 역할, 브로커, 양쪽의 입장을 동시에 해결해 줄 만한 능력자가 필요하다.

 토막상식

제물을 나누는 이유

우리나라 옛말에 굿이나 보고 떡이나 먹으라고 하는 말이 있다. 쓸데없이 참견 말고 조용히 구경하고 뭔가 돌아올 몫이 있으면 받아먹기나 하라는 소리이다. 굿판의 이미지가 고스란히 그려지는 것 같기도 하다. 마을굿의 경우, 예전에는 주민들이 제물을 골고루 나누어 받아가는 좋은 풍습이 있었다. 지금은 큰 굿보다는 개인을 위한 굿이 많은지라 동네 사람 나누어주는 것은 생각하기가 힘들지만, 예전 보릿고개가 있던 힘든 시절에는 굿을 하고 난 뒤에라야 그나마 사람들이 과일이나 떡을 맛볼 수 있었다. 여러 사람이 함께 기뻐하고 고마워하는 마음이 기도가 되어서 더 큰 공덕이 있지 않았을까 생각해 본다. 나눔은 좋은 것이다.

 작가의 의도

무속인이 무구를 들고 황홀경을 맞이하여 신의 공수를 내리는 상황이다. 무(巫)라는 글자를 자세히 살펴보면 필자 개인적인 해석으로는 하늘과 땅을 이어주는 사람이며 두 사람으로 보이는데 하나는 무당 자신이고 하나는 바로 이에 접신한 신령을 말하지 않나 하는 생각이 든다. 백과사전에서는 내림대 공(工)을 두 손으로 잡은 모양의 상형자라고 되어있는데 어느 쪽의 의견이 맞든지 간에 좋은 이야기만은 틀림없는 것 같다. 사람이 정해진 수명대로 살며, 고민이 있더라도 스스로

해결하지 못하는 상황과 위기에 처하는 것은 고대나 현대나 크게 다르지 않은 것 같다. 물질문명이 아무리 발전한들 무엇하겠는가. 해결의 실마리는 좀처럼 나타나질 않는다. 그렇기에 신령님을 찾게 되는 이치이다. 신의 뜻을 알기라도 하면 조금 덜 외로울 것 같다. 그리고 의지가 될 것 같다. 이렇게 중간에서 그 뜻을 전달해 주는 사람들이 무속인이다. 그러므로 사명감과 책임감을 가져야만 할 것이다.

참고하기

자신에게 신기가 있다. 신가물이란 소리를 들었다. 이런 이야기는 상담 도중에 무척이나 많이 듣게 되는 이야기다. 우리나라 인구의 70%가 신기가 있다는 통계가 있다. 믿거나 말거나이지만 의외로 많은 사람들이 자기 자신을 영적인 존재와 대화하는 특별한 운명의 사람으로 생각하는 경향이 있는 것은 사실이다. 게다가 내림굿만 하면 바로 그 즉시 무불통신이 되어서 신과 대화하고 자기가 대단한 존재가 되는 양 착각하는 이들 또한 많다. 하는 일마다 안 풀려서 그냥 무당이나 하기로 마음먹은 사람도 있는 것 같다. 그러나 불행하게도 그 것은 알파벳 하나 외운다고 당장 그날부로 UN에 가서 세계 평화를 위해 유창하게 연설을 할 수 있다는 생각과도 같다. 신과의 소통은 평생 동안 공부해야 하는 것이지 그렇게 신기 하나 가지고 어찌해 볼 요령 따위는 하지 않는 것이 현명할 것이다. 또한 일반인으로 살 때의 생활습관과 성격이나 인성은 무속인이 되어서도 그대로 이어지는 것이지 무속인이 되었기 때문에 자기 신령님이 시켜서 하는 행동이라는 따위의 거짓말을 태연히 늘어놓는 선무당들은 가까이 하지 않는 것이 좋겠다. 적어도 그 행동들이 일반인들도 하지 않는 비상식적이고 비도덕적인 행위일 때는 두말할 것도 없다.

? 어려운 점 응용하고 해결해보기

 Q 하는 일마다 막힘이 있고 장애가 있습니다. 이유가 궁금해서 뽑았더니 무당 카드가 나왔습니다. 어떻게 리딩해야 할까요?

 A 겉으로 드러나 있는 것보다 영적인 원인을 찾아야 할 것 같습니다. 그간의 고정관념을 버리고 마음을 열고 심층적인 상담을 받으면 도움이 되겠습니다. 때로는 보이는 것만이 전부가 아닙니다.

• • • • •

 포인트 카드 의미 그대로 기도나 치성이나 다른 종교적 행위를 통해서 해소가 필요해 보인다.

 유의점 영적인 부분과 현실적인 부분이 조화를 이루면 좋겠으나 매우 어렵기도 하다.

전래이야기

여제사장이었던 웅녀

웅녀(熊女)는 단군신화에 나오는 단군의 어머니이다. 신화에 따르면 웅녀는 원래 곰으로, 인간이 되고자 환웅에게 빌어 시험을 통과한 뒤에 인간이 되었다고 한다. 이후 사람으로 변신한 환웅과 혼인하여 단군을 낳았다. 신화의 해석에 따르면 웅녀는 크게 두 가지 성격으로 해석된다. 한국 고대국가의 건국신화는 일반적으로 창시자의 부계 혈통을 천신(天神)으로, 모계 혈통을 지신(地神)으로 설정한다. 이에 따라서 웅녀는 단군의 모계 혈통으로 지신으로 신격화된 토템의 일종으로 본다. 곰을 토템으로 하는 토착 부족과 하늘에서 내려온(천강(天降)) 지배 부족의 결합으로 해석하는 것이다. 곧 곰을 토템으로하는 곰족(웅족, 熊族)과 호랑이를 토템으로 하는 호랑이족(호족, 虎族)이 경쟁하여 곰족의 승리로 부족 간 결합(혹은 연합)이 이루어졌다는 해석이다. 한편으로 토템의 대상이자 신령스러운 짐승(神獸)인 곰(熊) 자체에도 동북 시베리아 일대에서 공유되는 종교적 의미가 담긴 것으로 보기도 한다. 신수로서 숭배되는 곰은 인문적 변천에 따라 신(神)이나 무속(巫俗)을 의미하는 단어로 변용되었다. 곰, 검, 금, 개마, 고마 등의 음가는 모두 곰에서 유래된 것으로 추측되며, 동북 시베리아 일대에서 무당을 가리키는 Kam, Gam이나 고(古) 터키, 몽골, 신라, 일본, 아이누 등에서 신을 의미하는 Kam, Kamui 등도 모두 관련이 있는 것으로 보고 있다. 대지신(大地神)으로서의 곰이 가진 성격은 농경문화 단계에서 물산을 생산하는 자궁(子宮, 생식기)을 상징하므로 주로 여성적 성격을 띄게 된다. 웅녀 역시 이러한 지모신(地母神)의 일종으로 해석된다. 요동지역 만주에는 곳곳에 웅악(熊嶽) 또는 개마산(蓋馬山), 개모산(蓋牟山) 등의 이름이 널리 퍼져 있는데 이는 바로 '곰뫼'를 한자로 표기한 것이고 한반도에서 곰나루(熊津, 충남 공주), 곰골(熊州, 충남 공주)을 비롯하여 곰실(熊谷, 경북 선산), 곰내(熊川, 금강), 곰개(熊浦, 경남), 곰뫼(熊山, 경남), 곰섬(熊島, 함남 영흥), 공재(熊嶺, 전북 진안), 금마저(金馬渚, 전북 익산), 곰고개(熊峴, 충북 보은), 곰바위(熊岩, 충북 음성) 등이 널리 분포되어 있다고 한다. 이것은 만주와 한반도가 하나의 문화적 동질성을 가지고 있다는 증거 중 하나라는 것, 또한 단군신화에 나타나는 웅녀(熊女)라는 말은 '곰골에서 온 여자'라는 의미라고 하는데 지금도 지역에 따라 여자의 이름을 평양댁(평양에서 온 여자), 부산댁(부산에서 온 여자), 서울댁(서울에서 온 여자) 등으로 부르고 있는데 이 말의 표현 방식이나 웅녀의 표현 방식이 같은 형태라는 것이다. 연변 사치구의 민친성국가삼림공원에는 웅녀상이 건립되어 있다.

■ 출처 참고: 294p

151

모내기

Rice Planting

72. 모내기

힘겹지만 희망을 갖고 열심히 모를 심는 농부들. 얼굴에는 올해의 풍년을 꿈꾸며 미소가 떠나지 않는다. 농사가 삶의 근본이자 전부였던 시절에 이보다 더 중요한 행사는 없었다.

Keyword

시작은 고되지만 결과가 기다리고 있기에 멈출 수가 없다. 금방 확인할 수 있는 것은 아니지만 나 자신을 믿는 것이 가장 중요하다. 뿌린 대로 거둔다. 시작점, 알아가는 단계. 나름의 계획이 있다.

돋보기

모내기를 하는 첫날 일꾼들을 대접할 밥을 들로 내가기 전에 미리 성주신을 위해 한 상을 올린다. 집안의 대사인 만큼 먼저 집안의 최고 신령인 성주에게 이를 알리는 것이다. 이때 성주상에 국과 나물도 함께 올렸다가 모밥을 내주고 집으로 돌아와서 먹는다. 첫 모를 낼 때 모가 잘 자라기를 바라는 마음에서 논으로 밥을 내가기 전에 먼저 성주에게 밥과 청수를 바친다. 안방 윗목의 성주 밑에 상을 놓고 밥과 청수를 한 그릇씩 올리는데 특별한 치성은 드리지 않는다. 또한 조왕신께 밥과 물을 한 그릇씩 갖다 놓는다. 모를 내는 중요한 날이기 때문에 불을 관장하는 조왕신에게 이를 알리는 것이다. 사람이 먹기 전에 집안을 돌보아 주는 신령이 먼저 흠향하라고 떠 놓는데 조왕에게 바친 밥은 논에 다녀와서 가족들이 먹거나 이웃에 나누어 주기도 한다.

 작가의 의도

팔뚝을 걷어붙인 장성한 남자들이 모내기를 하며 즐거워하는 모습이다. 허리가 아프고 고된 작업일 텐데도 그들의 얼굴엔 미래에 대한 희망으로 가득하다. 농자천하지대본(農者天下之大本)이다. 오늘 이렇게 모내기를 하며 한 해의 풍작을 꿈꾸지만, 비가 내리지 않거나 태풍이 불어와서 농사가 망쳐질지 또한 알 수 없는 일이다. 그래서 사람의 인생과 농사는 비슷한 점이 많은 것 같다. 아무리 희망을 갖고 임해도 주변 여건이나

사람 관계에서 배신을 당해서 실패하는 경우가 허다하며 오늘 좋았던 일이 내일은 화근이 되어 돌아오니 참으로 정답이 없는 게 삶인 듯하다. 그렇다고 해서 오늘의 희망을 모내기처럼 쉽지 않을 수는 없다. 어떻게 해서든지 전진하고 긍정적인 마음을 먹어야 한다. 그래야지 다가올 풍년을 안아볼 수도 있는 것이지 맥 놓고 있다면 될 일도 안 될 것이다.

한 해가 풍년일지 어떨지를 알아보는 것을 '농사점(農事占)' 또는 '농가점(農家占)'이라고 한다. 달빛이 붉으면 가물 징조이고 희면 장마가 있을 징조이며, 또한 달의 사방이 두터우면 풍년이 들 징조이고 엷으면 흉년이 들 징조이며, 조금도 차이가 없으면 평년이 될 징조라고 해석하였다. 별점으로는 '좀생이보기'가 있다. 음력 2월 초엿샛날 저녁에 좀생이별을 보아 이것이 달보다 앞서 있으면 풍년이 들고 그와 반대로 뒤에 멀리 떨어져 있으면 흉년이 든다고 한다. 또한 좀생이별의 빛깔로도 점을 쳤다. 강원도에서는 동네 샘물의 물빛으로 풍흉을 점치는데, 물빛이 조금 뿌옇거나 붉은색이면 흉년이 들고, 색깔이 맑으면 풍년이 든다고 믿었다. 정월 대보름을 전후하여 행해지는 '줄다리기'는 마을과 마을끼리, 또는 한 군(郡)이 동서 혹은 남북으로 편을 갈라 승부를 겨루는데, 이긴 편 마을에 풍년이 든다고 한다. 또 동네에 따라서 암줄과 수줄의 대결, 곧 여자와 남자로 패를 갈라 줄다리기를 하는데, 여자 쪽이 이겨야 풍년이 든다고 믿었으며 대개 여자 쪽이 이기도록 되어 있다.

01

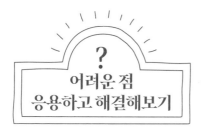

 Q
기술 관련 자격증을 땄습니다. 그걸로 이번에 취직이 되었는데 업무가 그다지 어려워 보이지 않아요. 모내기 카드가 나왔네요. 어떻게 리딩해야 할까요?

 A
이제 첫걸음마를 한다는 생각으로 임해야 합니다. 무엇이든 쉬운 것은 없습니다. 열심히 하면서 서서히 쌓아가는 게 좋습니다. 단숨에 뭔가를 성취하기에는 이른 감이 있습니다.

• • • • •

 포인트
겨우 모내기를 했는데 벌써 수확하려는 것은 욕심이다.

 유의점
모내기만 하고 끝난 게 아니라 잡초도 뽑고 물대기도 신경을 써 주어야 한다. 갈 길이 멀다.

전 래 이 야 기

옛날 지금의 시흥 지역에 유씨라는 사람이 살고 있었다. 어느 해 흉년으로 견디다 못해 유씨의 부인은 자신의 머리카락을 잘라 쌀과 바꿔 오라 하였다. 유씨가 머리카락을 쌀과 바꿔 돌아오는 길에 보니 역시 굶주린 동네 박서방이 개울가를 오르내리며 잡은 개구리가 바가지에 가득했다. 유씨는 쌀을 박서방의 개구리와 바꿔 모두 놓아 주고는 빈 바가지만 들고 집에 돌아왔다. 그런데 신기하게도 바가지에서 쌀이 생겨나는 것이었다. 부부는 자신들의 몫 외의 쌀을 동네 집집마다 나누어 주어 흉년의 고비를 넘겼다. 이후 부부는 "이만큼 은혜를 받았으면 만족할 줄 알아야지 제 본분을 생각 않고 욕심을 내는 것은 도리가 아니다."하여 바가지를 고이 씻어 잘 간직해 두었다. 그리고 가끔 들여다보는데 제삿날이면 으레 흰 쌀이 가득했다. 그 뒤 세월이 오래 지나고 바가지의 행방은 아무도 알지 못하게 되었다고 한다.

■ 출처 참고: 294p

마패 ：ID Badge of Royal Inspector

73. 마패

왕명을 친히 받아서 비밀리에 임무를 수행하는 암행어사의 표식. 복색을 바꾸고 신분을 드러내지 않아서 부패한 관리들은 전혀 알 수가 없었다고 한다. 왕의 권력을 강화하고 서민들의 삶을 돌보는 이중 목적을 달성하였다.

Keyword

공식적인 문서, 그와 관련된 일이다. 질질 끌던 사건이 종결된다. 고위직의 업무가 더 잘 어울린다. 평범한 일은 지지부진 할 수도 있다. 증거로써 사건을 처리해야 할 수도 있다. 인정에 호소해서는 답이 없다. 관련된 사람은 위에서부터 아래까지 폭이 넓다. 다수가 연관이 있다. 관재를 상징하지만 그것만은 아니며 부동산 문서에 해당될 수도 있다.

 ## 돋보기

가정(稼亭) 이곡(李穀, 1293~1351)의 '차마설(借馬說)'이란 심오한 이야기가 있다. 집이 가난하여 말이 없기 때문에 간혹 남의 말을 빌려서 타는데 늙고 야윈 말을 얻었을 때는 아무리 급해도 쓰러질까봐 채찍을 휘두르지 않으나, 잘 달리는 준마를 얻었을 때는 의기양양하여 질주하다가 말에서 떨어지는 환란을 당하기도 한다. 남의 말을 빌려서 탈 때에도 이와 같은데 하물며 자기가 가지고 있는 것은 더하다는 것이다. 그러나 사람이 가지고 있는 것 가운데 남에게 빌리지 않은 것이 무엇이 있겠느냐면서 임금은 백성으로부터 힘을 받으며, 신하는 임금으로부터 권세를 빌려 귀한 신분이 되는 것이고 자식은 어버이에게서, 종은 주인에게 신세지고 사는 것인데 이로 본다면 빌리지 않고 사는 사람은 없다는 것이다. 그런데 대부분 자기가 원래 갖고 있는 것인양 오만방자하게 굴다가 돌려주어야 하는 일이 생기게 되면 사람이란 거의가 악하게 돌변한다고 보았다. 사람의 근본 심성을 통찰하는 이야기이다.

 ## 작가의 의도

암행어사의 상징적인 물건으로 알려져 있지만 사실은 지방으로 출장을 가는 관리들이 말을 빌리거나 이용할 때 썼던 것을 총칭한다. 지금으로 보자면 렌트카 개념인데 그 시대에는 말을 이용해서 옮겨 다닐 수밖에 없었기 때문에 마패는 관리들의 필수품이 아닐 수 없었다. 말에 그려진 숫자만큼 말을 마음대로 쓸 수 있었다고 하며 암행어사와 같은 관리는 마패를 보이고 역에서 일하는 군사들을 동원하는 권리도 주어졌다고 한다. 이 정도 되면 비행기의 퍼스트 클래스 이용하는 것보다 훨씬 큰 권력이다. 또한 마패를 파손한 자는 큰 형벌을 받고 사형에 처해질 수도 있어서 매우 귀하게 관리되었음을 알 수 있다. 마패는 조정의 일을 보는 사람의 상징이기도 하지만 도둑질의 대상이 되기도 해서 화폐와 같은 기능을 했다고도 한다. 그것으로 곡식과 바꾸어 먹는 경우도 허다했을 만큼 배를 곯는 사람들이 많았던 시절이라고도 생각되니 씁쓸하기도 하다.

전국 지방행정의 감찰은 본래 사헌부의 임무이지만 교통과 통신수단의 불편으로 지방관의 악정을 철저히 적발하는 것은 쉽지 않았다. 따라서 국왕이 비밀리에 어사를 임명하여 각 지방에 파견하여 변복을 하고 비밀 감찰의 임무를 맡게 하였다. 암행어사는 각종 어사 중의 하나로 다른 어사와는 달리 임명과 임무가 일체 비밀인 것이 특징이다. 성종 때 지방 수령의 비리가 크게 문제가 되면서 성립했는데, 조선 후기 삼정문란이 심해지면서 더욱 활발히 시행되었다. 마패(馬牌)는 조선 상서원(尙書院)에서 발행한 둥근 동판의 표지이다. 관리들이 공무로 지방 출장을 갈 때 역(驛)에서 말을 징빙할 수 있는 일종의 증빙 수단이었다. 표면에 1~10마리의 말을 새겨 그 수효에 따라 말을 내 주었다. 하지만 실제로 말 10마리가 찍힌 마패는 임금이 사용하는 마패이므로 일반 관리들은 사용할 수 없고 암행어사들은 그보다 말의 숫자가 적은 마패를 사용했다. 지름이 10cm 정도이며 한쪽 면에는 상서원인(印)의 자호(字號)와 연월일을 새기고 다른 한쪽에는 말을 새긴 것으로, 어사가 이것을 인장(印章)으로 쓰기도 하였다. 또 암행어사(暗行御史)의 인장으로 사용되었고, 출도 시에는 역졸이 손에 들고 '암행어사 출도'를 외치게 하였다. 마패에 새겨진 말의 수는 징발할 수 있는 말의 수를 나타내며 품계에 따라 차등 지급됐는데, 공무가 끝나면 다시 반납해야 했다. 현재는 일마패에서 오마패까지 남아 있으며 왕은 십마패, 영의정은 칠마패를 사용했다는 기록이 있다.

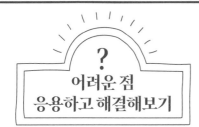

 이번에 휴직계를 내고 좀 쉬려고 합니다. 그런데 마패 카드가 나왔습니다. 어떻게 리딩해야 할까요?

 금방 쉬는 것은 어려워 보입니다. 아마 다른 이유를 들어서 휴직계가 반려될 수도 있지 않을까 합니다. 아직은 더 할 일이 있다거나 새로운 업무를 맡길 가능성도 예상해 봅니다.

• • • • •

 달리고 이동을 해야 하는데 쉬는 것과는 전혀 맞지 않다.

 마패를 갖고 있는 사람은 그 유용성 때문에 사용하지 않고는 못 배긴다. 쉬는 건 잠시일 뿐.

전래이야기

성주군의 의마비 전설

답계(踏溪) 역졸이었던 김계백(金戒白)은 오륙 년간이나 정성 들여 길러온 역마(驛馬)를 타고 1748년 8월 일이 있어 부상고개를 넘어 부상역(지금의 금릉군 남면)에 갔다가 일을 마치고 술에 취해 밤에 돌아오는 도중 길이 험한 부상고개에서 갑자기 큰 호랑이를 만났다고 한다. 김계백은 취중에 놀라 말에서 떨어지고 말았다. 역마는 주인에게 호랑이가 달려들지 못하게 보호하기도 하고, 호랑이와 싸우면서 10여 리를 내려와 어떤 주막까지 이르러 죽고 말았다고 한다. 그러나 김계백은 상처 하나 없이 무사하였고 호랑이도 말과 함께 피투성이가 되어 죽고 말았다. 김계백은 그 뒤 주막집 앞에 돌로 비를 세워 말의 은덕을 찬양하였는데 이것이 의마비이며, 말의 무덤도 만들어 주었다. 말이 죽어 넘어진 주막집을 대마점(大馬店)이라 일컬었는데 이 주막이 있는 곳이 마을이 되어 현재는 대마(大馬)라고 부르고 있으며, 지금의 초전면 소재지에 위치해 있다.

■ 출처 참고: 294p

74 엽전 1 : Ancient Korean Coin 1

74. 엽전 1

비를 피할 곳을 찾지 못해 그대로 맞고 있는 어떤 사람. 춥고 괴로움이 느껴진다. 땅의 상태를 보면 오랜 가뭄 끝에 내리는 비같이 보이기도 한다. 대자연의 입장에서는 자연스러운 이치이지만 이 사람에게는 인내를 요하는 힘든 시간이다.

Keyword

미래를 위해서 지금은 참고 견디어야만 한다. 그렇다고 영원하진 않으니 절망할 것은 없다. 원대한 야망을 가진 사람에게는 당연한 시련일 수도 있다. 집을 짓기 위해 기초공사를 한다고 생각하면 이 시기는 매우 중요하며, 타인의 눈에는 쓸데없는 고생을 한다고 여겨질 수도 있지만 본인의 인생에서는 필수불가결한 경험.

1이 상징하는 의미

1은 오행(木火土金水) 중에 水, 즉 물에 속한다. 물의 속성을 이해하면 알기가 쉽다. 만물이 물에서 잉태되었고 사람 역시도 어머니의 양수 속에서 성장한다. 화성 탐사에도 물이 있는지부터 살펴보는 것은 바로 이 물 없이는 생명의 기초가 유지되기 어렵기 때문이다. 사람의 인체 수분 중에서 단 얼마간이라도 모자라면 탈수 증상으로 위험하게 된다. 그러므로 물은 모든 살아있는 것들의 기본인 것이다. 그러나 물은 차갑고 어두운 것으로 생각되기도 하고 위에서 아래로 흐르니 반전을 기대하기 어렵고 고생을 하게 되면 한동안 그대로 이어지는 바, 이러한 시절을 맞이하면 사람은 생각을 깊이 있게 하게 되므로 철학과 종교에 의지하게 된다. 믿는 바가 없으면 고난을 이겨내기 어려운 것이다. 사람의 성향으로는 물이 있으니 융통성이 있는 사람일 수 있으나 지나치게 감정적으로 됨을 유의해야 하고 환경적으로는 춥고 어두운 자리에 거하니 고생이 이루 말로 다 할 수가 없으며 신체 건강에서는 생식기와 신장 계통을 상징한다. 방위는 북쪽을 가리키고 있다.

엽전 2

Ancient Korean Coin 2

75. 엽전 2

집을 짓기 위해 기왓장을 맞들고 있는 두 사람. 혼자일 때보다 위로가 되고 좀 더 수월하게 일이 진행되고 있음을 말해준다. 그 결과가 어떨지 아직은 알 수 없으나 성실하게 일하고 있는 모습들이다.

Keyword

외로웠던 마음을 이해해 줄 동반자나 지인을 만나게 되어 위로를 받게 된다. 일이 일취월장 잘 되어가지 않더라도 지금의 상황은 매우 희망적이다. 당장 이득이 나오진 않았지만 이대로 가면 좋은 결실이 있을 것 같은 예감이 든다.

2가 상징하는 의미

하나가 아니고 둘이어서 좋다. 오랜 비바람을 이겨내고 험난한 밭갈이가 끝난 후에 드디어 작은 밭을 마련해서 농사를 지어본다는 뜻이다. 2는 오행 중에서 土, 즉 흙을 상징한다. 작은 밭이지만 여기에 심어서 나온 소출을 가지고 가족이 먹고 살아갈 수 있는 기반이 되니 삶에서 이보다 더 고맙고 중요한 것도 없다. 특히 농경사회였던 고대인들은 더했을 것이다. 수렵 채집의 시기를 끝내고 한군데 정착을 하게 되었던 옛날 사람들은 자신과 함께하는 사람들과 공동체를 이루며 강력한 연대의식을 느꼈을 것이다. 열심히 노동을 하지만 희망이 있기에 얼굴이 밝다. 동료가 있거나 가족이 있어 거들어 주니 외롭지 않다. 성실하게 차곡차곡 일하는 보람이 쏠쏠하다. 농사를 짓거나 일할 수 있도록 환경이 허락이 되니 몸은 조금 고되더라도 마음은 평안하리라. 급진전 되지 않기에 조금 답답하지만 대기만성형이니 기다림이 좋다. 사람의 성향은 매우 부지런하고 현실적이라고 봐야한다. 나이가 같은 사람일지라도 손윗사람같이 푸근하게 받아주는 사람이며 오랜만에 만나더라도 늘 같은 모습의 온화함을 안겨준다. 신체 건강에서는 위장을 포함한 소화기를 주의해야 한다. 환경적으로는 살만한 여건이 주어지니 큰 욕심 없으면 무탈하다. 방위는 서남쪽으로 본다.

엽전 3

Ancient Korean Coin 3

76. 엽전 3

잘 차려입은 남자 둘이서 비밀을 공유하는 듯 귓속말을 하며 즐거운 표정이다. 건너 마을의 여자가 이쁘다는 정보를 전해 주는 것 같기도 하다. 발 아래 꽃들이 피어있어 처지가 여유로움을 알 수 있고 이들의 시선이 저 멀리를 향하고 있으니 곧 일어날 일에 대한 기대감을 느낄 수 있다.

Keyword

구설수, 남에게 말을 전달함에 있어 신중해야 할 것이다. 또는 내 소문이 모르는 사이에 남들에게 알려지고 있는 중이다. 이해관계에 얽힌 일일 수도 있고 단순한 남녀 간의 일일 수도 있다. 자신은 심각하지 않다고 여기며 한 행동이 어떤 결과를 불러올지 전혀 알지 못한다.

3이 상징하는 의미

3은 오행 중에 木, 즉 나무를 의미한다. 그런데 숫자에 들어있는 의미로는 천둥과 벼락을 상징하는 것도 있는데, 하늘에서 큰 소리가 들려오지만 실체가 없으니 그야말로 뜬구름 잡기나 허풍이 될 소지도 충분하다. 큰 벼락 후에 비가 내려주면 작은 묘목이 자라나니 참 좋기도 하지만 세상구경 처음 하는 철부지로 생각될 수도 있겠다. 열정은 가득하지만 세심하거나 원숙한 이미지로 보기 어려우니 신중함이 아쉽다. 소리 내기도 좋은 의미가 있고(음악이나 예술) 남의 말 잘하는 뒷담화도 소리로 본다. 소곤소곤 남의 이야기는 발 없는 말이라 천리를 간다. 시샘하고 질투하는 마음이 있으니 남에게 지고는 못 살며 자기 자리를 보전하는 것이 쉽지 않다. 속으로 삭이고 다시 되새김질하는 것이 어려우니 일단 뱉고 본다. 사람의 성향으로는 말하기를 즐겨한다. 장점으로 발전되면 좋은 정보를 늘 퍼나르는 역할을 하게 되지만 단점이 되면 소문내기를 즐겨하는 사람이 된다. 3은 뇌와 관련되어 있으니 정신적인 질병과 함께 관절 건강에 유의해야 할 것이다. 환경으로는 조용하지 않고 소리 나고 시끄러운 곳과 연관이 있다. 방위로는 동쪽이다.

77 엽전 4 ⋮ Ancient Korean Coin 4

77. 엽전 4

풍류를 상징하는 모습들이다. 기생들을 불러서 놀고 있는, 선비들의 한가로운 유희. 그러나 형편이 어려운 사람들이 볼 때는 부럽기도 하고, 철없이 보이기도 하는 장면이며 때에 따라서는 분노를 불러일으킬 수도 있겠다.

Keyword

유흥과 관련된 일이다. 성실하게 생활하던 사람이 갑자기 주변의 사람들에게 휘말려 어떤 화려한 자리에 안내되기도 하고, 자신도 모르게 거기에 휩쓸릴 수가 있다. 한동안은 이러한 시간 속에서 정신차리지 못하고 지내다가 바람이 멎은 후에야 제정신으로 돌아올 수 있다. 여기에 관련되었던 사람들은 언제 그랬냐는 듯이 안면을 몰수할 수도 있다.

4가 상징하는 의미

많이 자란 나무 木에 해당이 된다. 그러면서도 바람이 수없이 불어오는 자리에 앉아있으니 그러한 환경에서 성장하여 꽤나 단단한 나무로 볼 수 있다. 세상의 갖은 일을 다 겪어보았고 나름 즐길 줄도 안다. 사교적이며 대인관계가 꽤나 원만하다고 볼 수 있다. 사람 간의 일을 잘 해결하니 조금 더 확대하면 국가 외교적인 화해나 합리적 결과를 이끌어내는 데 탁월한 재능이 있다. 한 곳에 머물지 않고 이동하려는 경향이 강하여 풍류 자체를 뜻하기도 한다. 모든 것이 그렇듯이 지나치면 모자람만 못한데 지나치게 향락적으로 흐르게 되면 누구도 막기 힘드니 스스로 절제하는 힘이 매우 필요하다. 사람의 성향으로는 나이가 어리더라도 어른스럽게 처세하는 것이 타고 나서 애어른이라는 소리를 듣기 쉬우나 가끔 전혀 예상하지 못하는 일을 저지르고도 태연할 수가 있다. 4는 팔 디리와 관련된 질병 및 간과 관련된 질병을 조심해야 한다. 환경적으로는 원래 거주하던 곳을 떠나 먼 곳에서 행운이 함께한다. 방위로는 동남쪽이다.

천하를 손에 쥔 왕과 그 앞에서 머리를 조아리고 있는 신하들. 왕은 이미 모든 것을 장악했고 자신의 권력에 대한 확신에 찬 눈빛으로 정면을 응시하고 있다. 신하들은 이에 복종하고 있다.

Keyword

약간 욕심을 부릴 만한 일이 생긴다. 또는 그런 사람과 엮이게 되거나 거래를 해야 한다. 기가 센 사람을 만나서 질질 끌려가는 상황이 된다. 아무리 이겨보려 하지만 잘 안된다. 반면에 내가 이러한 사람으로 남에게 보여지는 것일 수도 있다. 양보란 없다.

5가 상징하는 의미

오행으로는 土, 흙이다. 남 위에 서려고 하는 기질이 강하여 리더격이고 그렇게 될 때 더 많은 재능을 꽃피우게 된다. 남 밑에서 무엇인가를 하지 못하는 성향 때문에 아랫사람으로서 의무를 태만히 하는 이미지로 인식되기도 한다. 자신의 아집이 대단하기 때문에 도전해 본 후에 스스로 물러서야 되지 남에게서 견제를 받거나 지시를 받아서는 좀체로 물러섬이 없다. 하지만 자기를 따르는 아랫사람을 보호하는 등의 의리와 멋을 가지고 있기도 하다. 욕심이 과하지 않다는 것을 증명하려면 자신이 원하는 바를 이루고 그것을 주변에 잘 나누는 등의 후속 조처가 따라야지 비로소 영웅적인 면모로 칭송을 받는다. 그러나 욕심만 많지 행위가 따라주지 않으면 남들에게 감당하기 힘든 사람으로 여겨지기 십상이다. 사람의 성향으로는 나이가 어리더라도 손윗사람으로 따를 만한 근성을 지니고 있고, 신체의 건강으로는 위장 계통을 조심하여야 할 것이며 순환이 되지 않아 정체되는 질병을 조심해야 한다. 환경적으로는 자신이 처한 곳에서 승부수를 띄우려는 게 강해서 좀처럼 이동하거나 큰 변화를 주지 않으려 한다. 방위로는 중앙으로 본다. 즉 방위 이동이 없다.

79 엽전 6 ⋮ Ancient Korean Coin 6

79. 엽전 6

나무 그루터기에 도끼가 놓여있다. 나무꾼이 잠시 자리를 비운 것으로 보인다. 뒤로 보이는 많은 나무들 중에서 어느 것을 베어야 할지 아직 생각 중일 수도 있다.

Keyword

재물이나 사람이나 넉넉한 편이다. 다만 그것을 어떻게 할 것인가는 아직 결정되지 않았다. 그렇다고 해서 결론이 나는데 그리 오랜 시간이 걸리는 것은 아니다. 다만 잠시 지체될 뿐이다. 결과는 유리한 쪽으로 나올 확률이 높다.

6이 상징하는 의미

6은 金, 즉 쇠붙이의 성질을 갖고 있다. 목적이 분명하니 흐트러짐이 없고 그것을 달성하기 위해 매진한다. 자기 소신이 분명하기 때문에 주변의 영향에 분별심이 흐려지지 않는다. 매우 현실적이기도 해서 어떤 면에서는 비인간적이라는 평가를 받기도 한다. 하지만 조직의 보스나 최고위직에는 이 숫자를 가진 사람이 많으며 스스로도 생각의 수준이 높기 때문에 일반적으로 삶을 바라보지 않고 깊이 있게 연구하여 종교적인 지도자 또한 이와 비슷하다. 가장으로서의 위엄을 나타내는 글자이기도 하고 하늘을 상징하기 때문에 모든 것을 자신의 통제 하에 두려는 경향은 가장 강하다고 볼 수 있으며 한 나라를 다스리는데 필요한 법칙과 규율 등을 연관시켜 생각해 볼 수 있다. 사람의 성향으로는 자신의 신념을 지나치게 믿는지라 타협을 모르는 난공불락의 요새와 같고 6은 폐와 기관지 척추 계통을 생각해 볼 수 있고 환경적으로는 있는 자리에서 모든 것을 만들어내고 수확하는 데 탁월한 재능을 보여준다. 큰 건물을 지어 올리거나 중장비를 이용하기도 한다. 방위로는 서북간이다.

80 엽전 7 : Ancient Korean Coin 7

80. 엽전 7

가을이 와서 나뭇잎은 붉게 물들었고 과일이 알차게 열린 모습이다. 사계절 중에서 결실을 볼 수 있는 계절이며 지난 시간 동안 성실하게 일해 온 누군가의 땀이 느껴진다. 이 곳의 주인이 누구인지 궁금해진다.

Keyword

재물이나 사람이 매우 넉넉한 편이니 남에게 과시하지 않아도 좋은 소문이 난다. 보는 사람마다 부유함을 알게 되니 이미지가 상승되고 명예도 함께 따른다. 먼 곳에서 이러한 소식을 듣고 찾아오는 사람들이 생기게 되니 내가 처신을 어떻게 할지 미리 생각해 두어야 할 것이다. 결론이 눈앞에 있다. 예정된 행운과 행복.

7이 상징하는 의미

정교한 금속 金에 해당된다. 생활 속에 필요한 모든 금속과 장신구 일절을 상징하니 매우 정교하고 세심하기 그지없다. 호기심이 많으니 여기저기에 관심사를 두게 되고 한가할 새가 없으니 게으른 것과는 거리가 멀다. 경제력을 갖추게 되면 이것저것을 쓰면서 향락적으로 생활하고 매우 외향적으로 즐기게 되니 스트레스를 덜 받는다고 봐도 된다. 경제에 있어서도 거시적인 안목으로 보자면 개인이 소비하고 지출하는 것이 없다면 세상이 돌아가지 않을 것이니 적당히 돈이 들어오고 나가는 것은 활력을 가져다준다고 봐야 한다. 깊고 심오한 생각과는 거리가 멀고 현실적인 즐거움과 기쁨을 추구하고 이루어가는 맛이 있다. 사람의 성향으로는 합리적이고 즐겁게 사는 게 인생의 목표인지라 자잘한 근심은 없어 보이는 일면도 있고 우울함이 오더라도 주변에서 눈치를 채기가 어렵다. 건강으로는 만성피로를 조심해야 하며 역시 金의 기운은 기관지와 연관이 있다. 환경적으로는 작고 섬세한 것들이 가득 차 있는 공간, 질서정연하게 갖추어진 곳에서 발전이 있다. 방위로는 서쪽이다.

81 엽전 8 : Ancient Korean Coin 8

81. 엽전 8

즐거운 기분으로 자신들의 수확물을 거두고 있는 사람들. 풍요로움과 번영을 상징하고 보람찬 시간을 뜻한다. 대체 불가능한 기쁨이기도 하다. 그러나 일한 사람과 거두는 사람과 그것을 소유하는 사람은 다 다를 수도 있다.

Keyword

오랜 시간 공들인 일의 결과가 나타난다. 누구도 부정할 수 없는 좋은 결실이다. 긴 시간 동안 애정을 쏟은 사람과도 좋은 결실이 있고, 장기간 투자한 사업도 좋은 결실이다. 단지 그 모든 것을 소유하지 못한다고 해도 그것에 참여한 기쁨이 있고 대가를 지불받는다.

8이 상징하는 의미

8은 큰 土, 산을 상징한다. 장기적인 계획과 근면성실함 그 자체이다. 오래 걸리는 일에 적합하고 그만한 힘과 지속력을 나타낸다. 하지만 인내심이 모자라면 막막하기 그지 없을 것이고 빨리 결과를 얻기 위해 조바심을 낸다면 진퇴양난이 될 수도 있다. 기다림의 미학이라고 할 수 있는 상징수이다. 불교와 중국, 기독교, 유대교 거의 모든 문화에서는 8을 완전수로 생각하여 물건이나 형태를 잡을 때 8각을 도입한 것을 볼 수 있다. 그것은 어떤 의미에서는 생명이 시작되어 자라나서 성인의 형태를 온전히 갖추는 것, 식물이 성장해 열매를 맺는 것 등으로 많은 것에 대입하여 생각해 볼 수 있을 것이다. 이러한 목표점에 도달하게 되기까지는 많은 고난이 있지만 결국에는 이루어지게 된다고 보았다. 사람의 성향으로는 느려 보이지만 결국에 최후의 이익을 보는 편에 속하고 자신의 의견을 적극 피력하기보다는 있는 둥 없는 둥 하다가 대세를 쥐고 흔드는 강자로 부상한다. 건강으로는 비만이나 저체중, 코와 소화기 질환이 예상되며 환경적으로는 자신에게 영감을 주는 자신만의 상소를 잘 찾는 것이 포인트이다. 방위는 동북쪽이다.

82 엽전 9 ⋮ Ancient Korean Coin 9

모닥불을 피우며 수확이 끝난 뒤 담소를 나누고 있는 사람들. 지나간 시간들을 회상하면서 다음 해에는 어떻게 해야겠다는 결심을 다지기도 한다. 그 중에는 더 좋은 아이디어를 내놓는 사람들도 있다. 각자 속으로 생각하는 바들이 다양하다.

Keyword

지금은 행동보다는 생각 속에서 자신의 처지를 정리하고 그 다음의 일을 도모해야 할 시기다. 실행에 옮겨야 할 시기는 지나갔으며 수확의 시기도 지나갔으니 다시 다가올 시간은 어떤지를 계획함이 좋겠다. 부정적인 해석에서는 타이밍을 놓쳤다고 해석하기도 한다.

82. 엽전 9

9가 상징하는 의미

9는 火 즉 타오르는 불로 묘사될 수 있다. 또한 이것은 사고력과 더불어 높은 정신력, 문명과 교육의 수준 등 매우 고차원적인 두뇌활동, 정신의 영역에 속한다. 혼자 조용히 은거하는 것과는 거리가 멀며, 여러 사람들이 쳐다볼 만한 일이나 상황을 연출하는 것에 지대한 관심이 있다. 맹렬하게 타오르는 불길은 중간의 타협이 없고, 지나치게 가속되는 경향이 있기에 일이나 성격이 급하게 몰아가는 상황이 벌어진다. 매우 외향적으로 보일 수도 있어 사람들 사이에 인기가 있고 캐릭터가 확실하다는 인상을 주므로 사람들의 이목을 끈다. 본인 또한 이러한 관심받기를 즐겨하게 된다. 그러다 보니 뜻하지 않은 관재구설을 불러일으킬 수 있다. 사람의 성향으로는 뒤끝이 없고 쿨한 면모를 보이지만 정작 집에 돌아가서 자신을 되돌아보며 지나친 반성을 하게 되는 면이 농후하여 남보다 자기 스스로에게 관대하지 못한 일면이 있다. 건강으로는 심장 관련과 시력을 대표적으로 주의해야 할 것이며 환경적으로는 화려하고 사람들의 이동이 빈번한 곳에 기회가 있을 것이다. 방위는 남쪽이다.

83 엽전 10

Ancient Korean Coin 10

83. 엽전 10

모여 있던 사람들이 다 떠나간 자리에 발자국만 무성하다. 다들 각자의 길로 떠나간 흔적들이다. 휴식의 시간, 소강상태이다. 땅도 사람도 쉬어야 하는 시기임을 알려준다.

Keyword

지금은 어떠한 것도 진행되지 않는다. 무리하게 추진하는 것은 어리석다. 재물이건 사람이건 모여들지 않고 오히려 내 곁을 떠나기 바쁘게 느껴진다. 다시 모여드는 운을 기다리고 준비하는 시기로 봐야한다. 시기를 아는 것이 중요하다.

0이 상징하는 의미

궁극적으로는 0을 상징한다. 오행으로 논하기보다는 0이 가진 신비함과 효율에 대해서 설명하려 한다. 0은 無, 실제로는 존재하지 않는 것을 나타내는데 아이러니 하게도 숫자 뒤에 0을 붙이게 되면 무한하게 많은 수를 나타내는데 유용하게 된다. 없는 것이 무한하게 많은 것을 나타내게 한다니 매우 철학적이다. 한 해가 마무리되고 대자연이 겨울을 맞이해서 쉬게 되면 모든 것이 얼어붙어서 아무것도 살아남은 것이 없어 보인다. 無이다. 그런데 사실은 그 동토 아래에 만물들이 잠시 쉬어가고 잠들어 있을 뿐 진정 사라진 것이 아닌 것이다. 숫자 0에 내포되어 있는 것들도 이러한 의미가 있다고 생각된다. 무한한 가능성이 잠재되어 있는 것들을 표현하며 그렇기에 좌절하고 속단할 필요가 없다.

100 가지 문제 풀이

질문과 적합한 카드를 골라보고
힌트를 찾아보면서 실력을 기릅니다

100 가지
문제 풀이

정답은 259p에 있습니다.

단식 감정이므로 실제 감정에서는
다른 카드들과의 연관성을 유추해 봅니다.

객관식으로 차곡차곡 실력을 쌓아가 보자!

질문에 적합한 카드를 골라 봅시다!

1. 여러 가지 일을 한꺼번에 소화할 것 같은 팔방미인을 고르시오.

① 업적   ② 삼불제석   ③ 구미호   ④ 길 떠나는 사람

2. 갑작스런 사고와 연관이 없는 카드를 고르시오.

① 업적   ② 벼락장군   ③ 저주인형   ④ 백마장군

3. 결과가 금방 나지 않고 한동안 힘겨운 싸움을 할 것 같은 카드를 고르시오.

① 치우   ② 파경   ③ 엽전 9   ④ 초상

4. 새로운 사람(귀인)을 만날 확률이 희박한 카드를 고르시오.

① 마고   ② 칠성신   ③ 제사   ④ 엽전 2

5. 시험합격, 승진 등 관운과 관련이 있는 카드를 모두 고르시오.

① 엽전 4   ② 파경   ③ 업적   ④ 남방증장천왕

6. 건강운에서 순환계의 질병과 관련이 있는 카드를 고르시오.

① 무당   ② 관아   ③ 정표   ④ 탑돌이

7. 이유를 알 수 없는 스트레스성 질병과 관련이 있는 카드를 고르시오.

① 저주인형 　　② 선녀 　　③ 혼례 　　④ 주막

8. 건강운에서 호전과 악화가 번갈아 진행되는 카드를 고르시오.

① 널뛰기 　　② 난파선 　　③ 출산 　　④ 파경

9. 주도권을 쥐고 있는 가장 강력한 인물 카드를 고르시오.

① 귀부인 　　② 제석천 　　③ 조왕신 　　④ 밀회

10. 그다지 영향력이 없는 인물 카드를 고르시오.

① 동자 　　② 남산신 　　③ 할머니 　　④ 조왕신

11. 서비스업에 적합한 인물 카드를 고르시오.

① 여산신 　　② 팔선녀 　　③ 금강역사 　　④ 비미호

12. 행복한 순간을 나타내는 카드를 고르시오.

① 초상 　　② 혼례 　　③ 엽전 10 　　④ 치우

13. 손실을 보는 카드를 전부 고르시오.

① 난파선 　　② 여산신 　　③ 엽전 4 　　④ 도둑

14. 자신의 의지보다 운의 개입으로 일이 진행되는 카드를 고르시오.

① 마패 　　② 물동이 　　③ 삼두천 　　④ 연 날리기

15. 재회의 굳은 의지와 관련된 카드를 고르시오.

① 엽전 1 　　② 혼례 　　③ 정표 　　④ 꿩사냥

16. 남이 모르는 비밀을 간직한 카드를 고르시오.

① 업신   ② 귀부인   ③ 당산나무   ④ 엽전 2

17. 악의적인 소문이나 망신살이 들 것 같은 카드를 고르시오.

① 도둑   ② 엽전 3   ③ 훼손된 무덤   ④ 사냥꾼들

18. 집착이 심한 경우를 나타내는 카드를 고르시오.

① 널뛰기   ② 총각귀신   ③ 서왕모   ④ 모내기

19. 책임감이 있고 성실한 성향의 카드를 고르시오.

① 관우장군   ② 선녀   ③ 동자   ④ 그네타기

20. 남에게 자신의 계획을 쉽사리 드러내 보이지 않는 인물을 고르시오.

① 벼락장군   ② 초립동   ③ 동자   ④ 마고

21. 재회가 불가능한 결과의 카드를 모두 고르시오.

① 외국의 무녀   ② 팔선녀   ③ 난파선   ④ 파경

22. 의사소통에 문제가 있는 카드를 고르시오.

① 엽전 5   ② 작두타기   ③ 동자   ④ 여산신

23. 동업이 적합한 카드를 고르시오.

① 초립동   ② 밤길 나그네   ③ 마고   ④ 엽전2

24. 끊임없이 노력을 쏟아 부어야 하는 카드를 고르시오.

① 사냥꾼들   ② 엽전 10   ③ 이국의 신   ④ 엽전 1

25. 이동수와 행동력을 나타내는 카드를 고르시오.

① 금강역사   ② 당산나무   ③ 옥황상제   ④ 엽전 7

26. 리더의 역할을 해야 하는 사람을 상징하는 카드를 고르시오.

① 행복한 가족   ② 북방다문천왕   ③ 작두타기   ④ 호랑이

27. 한 때를 즐겁게 보낼 가벼운 인연을 상징하는 카드를 고르시오.

① 업적   ② 정표   ③ 남방증장천왕   ④ 팔선녀

28. 구설수에 오르는 카드를 모두 고르시오.

① 초립동   ② 엽전 3   ③ 관아   ④ 엽전 7

29. 매우 고위직을 상징하는 사람의 카드를 고르시오.

① 옥황상제   ② 길 떠나는 나그네   ③ 팔선녀   ④ 관아

30. 계약이 성사되는 카드를 고르시오.

① 구비호   ② 혼례   ③ 정화수 기도   ④ 엽전 1

31. 팀원끼리 협업이 잘 되지 않는 카드를 고르시오.

① 엽전 10   ② 행복한 가족   ③ 모내기   ④ 엽전 2

32. 자격증을 취득할 수 있는 가능성이 보이는 카드를 고르시오.

① 팔선녀   ② 마패   ③ 폭포수련   ④ 초립동

33. 시험 합격운을 나타내는 카드를 고르시오.

① 삼도천   ② 당산나무   ③ 금의환향   ④ 초상

34. 권선징악을 나타내는 카드를 고르시오.

① 삼불제석   ② 마고   ③ 난파선   ④ 서방광목천왕

35. 봄을 나타내는 카드를 고르시오.

① 저주인형   ② 길 떠나는 나그네   ③ 엽전 3   ④ 정표

36. 변덕을 부릴 수 있는 카드를 고르시오.

① 금강역사   ② 출산   ③ 그네타기   ④ 주막

37. 임신을 나타내는 카드를 고르시오.

① 삼불제석   ② 서왕모   ③ 업적   ④ 비미호

38. 주변 지인을 재점검해야 되는 카드를 모두 고르시오.

① 무당   ② 밀회   ③ 도둑   ④ 폭포수련

39. 오래도록 공들인 일이 좋은 결과가 나오는 카드를 고르시오.

① 선녀   ② 짝사랑   ③ 엽전8   ④ 도깨비

40. 생활이 불안하고 위험이 곧 닥칠 것 같은 카드를 고르시오.

① 연 날리기   ② 구미호   ③ 엽전 9   ④ 정표

41. 먼 훗날을 기약해야 하는 카드를 고르시오.

① 호랑이   ② 모내기   ③ 용   ④ 엽전 8

42. 인정을 베풀어야 하는 카드를 고르시오.

① 할머니   ② 금강역사   ③ 관아   ④ 점사

43. 공적인 일에 해당되는 카드를 고르시오.

① 비미호   ② 조왕신   ③ 팔선녀   ④ 동자

44. 갑자기 결론이 나는 카드를 고르시오.

① 초립동   ② 명부판관   ③ 선비   ④ 밀회

45. 고집을 꺾지 않고 일을 했으나 그다지 실익이 없는 카드를 고르시오.

① 주막   ② 폭포수련   ③ 엽전 1   ④ 치우

46. 해외로 가거나 먼 곳으로 떠나는 카드를 고르시오.

① 외국의 무녀들 ② 엽전 3   ③ 금강역사   ④ 비미호

47. 유흥과 관련된 카드를 모두 고르시오.

① 엽전 4   ② 할아버지   ③ 총각귀신   ④ 도깨비

48. 궁지에 몰려 선택지가 없는 상황의 카드를 고르시오.

① 마고   ② 사냥꾼들   ③ 훼손된 무덤   ④ 짝사랑

49. 극단적인 성격을 나타내는 카드를 고르시오.

① 점사   ② 초립동   ③ 업신   ④ 꿩사냥

50. 실익보다는 명분과 상식을 찾아야 하는 카드를 고르시오.

① 널뛰기   ② 훼손된 무덤   ③ 작두타기   ④ 처녀귀신

51. 현실과 이상의 괴리를 느낄 수 있는 카드를 고르시오.

① 짝사랑   ② 이국의 신   ③ 밤길 나그네   ④ 삼도천

52. 이전의 것은 버리고, 새로운 것을 수용해야 하는 카드를 고르시오.

① 엽전 2　　　② 이국의 신　　③ 물동이　　　④ 도깨비

53. 집중하지 못하고 있는 상태의 카드를 고르시오.

① 명부판관　　　② 동자　　　③ 초립동　　　④ 관우장군

54. 서로 이해관계가 다른 카드를 고르시오.

① 치우　　　　② 이국의 신　　③ 제석천　　　④ 주막

55. 고집이 세서 다른 이의 의견을 수용하는 것이 어려운 카드를 고르시오.

① 파경　　　　② 폭포수련　　③ 팔선녀　　　④ 치우

56. 사적인 일에 해당되는 카드를 고르시오.

① 옥황상제　　② 명부판관　　③ 제사　　　④ 금강역사

57. 겸손해야 하는 조언을 줄 수 있는 카드를 고르시오.

① 엽전 7　　　② 마고　　　③ 치우　　　④ 당산나무

58. 휴식이 필요한 상황의 카드를 고르시오.

① 엽전 1　　　② 구미호　　③ 엽전 10　　④ 엽전 8

59. 특이한 행동을 하면서 시선을 끄는 사람과 관련된 카드를 고르시오.

① 서왕모　　　② 도깨비　　③ 마고　　　④ 비미호

60. 잠시 숨을 돌리고 진행해도 되는 카드를 고르시오.

① 엽전 6　　　② 총각귀신　　③ 꿩사냥　　　④ 무당

61. 선뜻 행동하지 못하고 망설이는 카드를 고르시오.

① 구미호　　　② 제사　　　③ 선비　　　④ 짝사랑

62. 비밀스러운 일을 상징하지 않는 카드를 고르시오.

① 정표　　　② 밀회　　　③ 귀부인　　　④ 연 날리기

63. 협업하기보다 독자적으로 활동하는 카드를 고르시오.

① 용　　　② 엽전 2　　　③ 점사　　　④ 초상

64. 제 3자의 도움이 필요한 카드를 고르시오.

① 그네뛰기　　　② 당산나무　　　③ 점사　　　④ 삼불제석

65. 분위기에 쉽게 휘둘릴 수 있는 카드를 고르시오.

① 명부판관　　　② 엽전 4　　　③ 마패　　　④ 엽전 6

66. 오래도록 일한 직원을 상징하는 카드를 고르시오.

① 점사　　　② 엽전 8　　　③ 업신　　　④ 밀회

67. 나보다 손윗사람을 상징하는 카드를 고르시오.

① 할머니　　　② 모내기　　　③ 업적　　　④ 귀부인

68. 트라우마를 나타내는 카드를 고르시오.

① 선녀　　　② 밤길 나그네　　　③ 무당　　　④ 처녀귀신

69. 이동을 나타내는 카드를 모두 고르시오.

① 제석천　　　② 주막　　　③ 길 떠나는 나그네　　　④ 백마장군

70. 잘못한 것에 대해서 성의 있는 사과를 하면 용서받는 카드를 고르시오.

① 출산   ② 짝사랑   ③ 귀부인   ④ 남산신 혹은 여산신

71. 일탈을 나타내는 카드를 고르시오.

① 엽전 1   ② 널뛰기   ③ 벼락장군   ④ 동자

72. 자기주장을 굽히지 않는 카드를 고르시오.

① 할아버지   ② 마패   ③ 선비   ④ 훼손된 무덤

73. 행동력이 먼저 앞서는 카드를 고르시오.

① 무구   ② 옥황상제   ③ 외국의 무녀들   ④ 금강역사

74. 가족운에 길한 카드를 고르시오.

① 외국의 무녀들   ② 비미호   ③ 용   ④ 업신

75. 이동을 방금 마친 상황의 카드를 고르시오.

① 금의환향   ② 마고   ③ 마패   ④ 모내기

76. 부동산과 관련 거래 시에 불길한 카드를 고르시오.

① 팔선녀   ② 난파선   ③ 훼손된 무덤   ④ 엽전 1

77. 건강운에 관하여 셋과 다른 한 가지를 고르시오.

① 도둑   ② 꿩사냥   ③ 훼손된 무덤   ④ 파경

78. 문서운과 관련이 없는 카드를 고르시오.

① 엽전 4   ② 서왕모   ③ 비미호   ④ 옥황상제

79. 이사할 시기를 상징하는 카드를 고르시오.

① 백마장군   ② 업신   ③ 할머니   ④ 출산

80. 하던 일을 축소해야 하는 카드를 고르시오.

① 동자   ② 남방증장천왕   ③ 엽전 1   ④ 마고

81. 근신해야 하는 카드를 고르시오.

① 행복한 가족   ② 호랑이   ③ 출산   ④ 용

82. 미련을 버리고 그 다음으로 나아가야 하는 카드를 고르시오.

① 주막   ② 짝사랑   ③ 선녀   ④ 초상

83. 동업이 적합하지 않은 카드를 고르시오.

① 엽전 2   ② 칠성신   ③ 관우장군   ④ 마고

84. 다음 중 가택신을 고르시오.

① 제석천   ② 삼불제석   ③ 팔선녀   ④ 조왕신

85. 갑작스러운 차량 사고를 상징하는 카드를 고르시오.

① 벼락장군   ② 도깨비   ③ 구미호   ④ 비미호

86. 빌려준 돈이나 물건을 되돌려 받기 힘든 카드를 고르시오.

① 서왕모   ② 주막   ③ 남방증장천왕   ④ 물동이

87. 옳고 그름을 관장하는 신을 고르시오.

① 구미호   ② 용   ③ 명부판관   ④ 옥황상제

88. 다음 중 천신이 아닌 신을 고르시오.

① 구미호   ② 마고   ③ 동방지국천왕   ④ 서왕모

89. 금기사항을 지켜야하는 카드를 고르시오.

① 조왕신   ② 선비   ③ 행복한 가족   ④ 출산

90. 금방 화해하기가 어렵고 서서히 인연이 끝나는 카드를 고르시오.

① 길 떠나는 사람   ② 벼락장군   ③ 옥황상제   ④ 도둑

91. 시작은 하지만 결말이 제대로 나오지 않는 카드를 고르시오.

① 짝사랑   ② 꿩사냥   ③ 작두타기   ④ 밀회

92. 다수의 의견을 따라야하는 카드를 고르시오.

① 당산나무   ② 난파선   ③ 여산신   ④ 할머니

93. 신을 믿지 않고 영적인 세계와 거리가 먼 카드를 고르시오.

① 정화수 기도   ② 탑돌이   ③ 칠성신   ④ 업적

94. 제 3의 인물이 나타나서 관여를 하게 될 가능성이 높은 카드를 고르시오.

① 널뛰기   ② 무구   ③ 호랑이   ④ 명부판관

95. 재회가 성사되는 카드를 고르시오.

① 총각귀신   ② 정화수기도   ③ 정표   ④ 엽전 10

96. 어려운 일 끝에 특이하게도 극적인 타결이 가능한 카드를 고르시오.

① 동자   ② 용   ③ 이국의 신   ④ 주막

97. 인연법을 설명하는 신을 고르시오.

① 동방지국천왕   ② 제석천   ③ 조왕신   ④ 마고

98. 금전운이 잘 풀리는 카드를 고르시오.

① 제사   ② 무구   ③ 초립동   ④ 엽전8

99. 믿을 만한 사람을 상징하는 카드를 고르시오.

① 그네타기   ② 밀회   ③ 저주인형   ④ 물동이

100. 만신들의 우두머리 신을 상징하는 카드를 고르시오.

① 옥황상제   ② 비미호   ③ 서왕모   ④ 마고

One 카드 리딩

카드 한 장에 담긴 의미를 충실하게
익혀가며 기본기를 늘려갑니다.

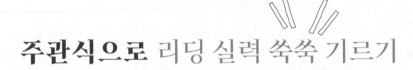

One 카드 리딩

주관식으로 리딩 실력 쑥쑥 기르기

• • • • • • • • •

주관식에 정확한 해답을 달기보다는 자신만의 색깔을 찾고
리딩하는 훈련이 더욱 중요합니다.
자신감을 갖고 답을 적어나가 봅시다. 하나의 카드만으로 원카드 리딩을 해봅시다.

다음의 질문에 이러한 카드가 나온다면 나만의 리딩을 글로 써봅시다.

Q 교제 중인 사람이 있습니다. 상대방은 나에게 어떤 이미지를 느끼고 있을까요?

A ① 폭포수련

② 팔선녀

③ 마패

④ 내가 뽑은 카드로 작성해 봅니다

⑤ 내가 뽑은 카드로 작성해 봅니다

Q 중요한 계약을 앞두고 있습니다. 성사가 잘 될 수 있을까요?

A

① 파경

② 마패

③ 널뛰기

④ 내가 뽑은 카드로 작성해 봅니다

⑤ 내가 뽑은 카드로 작성해 봅니다

Q 아이가 원하는 학교에 진학할 수 있을지 궁금합니다.

A

① 금의환향

② 외국의 무녀들

③ 금강역사

④ 내가 뽑은 카드로 작성해 봅니다

⑤ 내가 뽑은 카드로 작성해 봅니다

Q 동창을 20년 만에 만났습니다. 자주 연락이 오고 친하게 지내자고 하는데 혹시 내가 주의해야 할 점이라도 있을까요?

A ① 서왕모

② 도둑

③ 밤길 나그네

④ 내가 뽑은 카드로 작성해 봅니다

⑤ 내가 뽑은 카드로 작성해 봅니다

Q 늘 관심을 가져오던 땅이 매물로 나와서 구입하려 합니다. 별 이상은 없을까요?

A ① 귀부인

② 훼손된 무덤

③ 물동이

④ 내가 뽑은 카드로 작성해 봅니다

⑤ 내가 뽑은 카드로 작성해 봅니다

Q 회사 내의 인간관계가 점점 힘들어지고 있습니다. 이유를 모르겠습니다. 뭘까요?

A

① 구미호

② 밀회

③ 엽전 3

④ 내가 뽑은 카드로 작성해 봅니다

⑤ 내가 뽑은 카드로 작성해 봅니다

Q 이직을 하고 싶은데 운이 있는지? 움직이는 게 좋은지 알고 싶습니다.

A

① 동방지국천왕

② 백마장군

③ 초상

④ 내가 뽑은 카드로 작성해 봅니다

⑤ 내가 뽑은 카드로 작성해 봅니다

친구와 별것 아닌 걸로 다투었는데 쉽게 화해할 수 있을까요?

① 주막

② 길 떠나는 사람

③ 벼락장군

④ 내가 뽑은 카드로 작성해 봅니다

⑤ 내가 뽑은 카드로 작성해 봅니다

아끼던 지갑을 잃어버렸는데 찾을 수가 없습니다. 되찾을 수 있을까요?

① 마패

② 그네타기

③ 정화수 기도

④ 내가 뽑은 카드로 작성해 봅니다

⑤ 내가 뽑은 카드로 작성해 봅니다

Q 애인과 다투고 난 뒤 연락이 잠시 안 되고 있습니다. 무슨 생각을 하고 있을까요?

A

① 혼례

② 삼도천

③ 폭포 수련

④ 내가 뽑은 카드로 작성해 봅니다

⑤ 내가 뽑은 카드로 작성해 봅니다

Q 믿고 중책을 맡길 직원을 한 명 생각 중입니다. 그의 됨됨이와 능력이 궁금합니다.

A

① 업적

② 동자

③ 호랑이

④ 내가 뽑은 카드로 작성해 봅니다

⑤ 내가 뽑은 카드로 작성해 봅니다

Q 작은 다툼이 생겨서 서로 구두로 합의를 보았습니다. 혹시 조심해야 할 것이 있을까요?

A 1 명부판관

2 연 날리기

3 행복한 가족

4 내가 뽑은 카드로 작성해 봅니다

5 내가 뽑은 카드로 작성해 봅니다

Q 지인이 어려운 처지여서 제게 도움을 구하고 있습니다. 어떻게 처신해야 할까요?

A 1 정표

2 짝사랑

3 작두타기

4 내가 뽑은 카드로 작성해 봅니다

5 내가 뽑은 카드로 작성해 봅니다

Q 지인이 갑자기 저에게 관심을 보이는 게 부담스럽습니다. 무슨 이유라도 있을까요?

A
1 엽전 10

2 도깨비

3 초립동

4 내가 뽑은 카드로 작성해 봅니다

5 내가 뽑은 카드로 작성해 봅니다

Q 너무 말이 없는 동료와 함께 일하게 되었습니다. 어떤 사람인지 궁금합니다.

A
1 관우장군

2 엽전 4

3 당산나무

4 내가 뽑은 카드로 작성해 봅니다

5 내가 뽑은 카드로 작성해 봅니다

Q 오랫동안 일했던 곳을 떠나서 새로운 일을 배워볼까 합니다. 잘 헤쳐갈 수 있을까요?

A
1 출산

2 삼불제석

3 초상

4 내가 뽑은 카드로 작성해 봅니다

5 내가 뽑은 카드로 작성해 봅니다

Q 꿈에 돌아가신 조상님(부모님)이 자주 보입니다. 그 뜻을 알고 싶습니다.

A
1 제사

2 난파선

3 할머니

4 내가 뽑은 카드로 작성해 봅니다

5 내가 뽑은 카드로 작성해 봅니다

Q 작은 식당을 운영하고 있는데, 길 건너에 조금 큰 데로 옮기려 합니다. 괜찮을까요?

 A

1 남방증장천왕

2 업신

3 엽전 10

4 내가 뽑은 카드로 작성해 봅니다

5 내가 뽑은 카드로 작성해 봅니다

 Q 친동생의 낭비벽 때문에 가족이 너무 힘이 듭니다. 어디에다 돈을 쓰는 것일까요?

 A

1 엽전 2

2 그네타기

3 주막

4 내가 뽑은 카드로 작성해 봅니다

5 내가 뽑은 카드로 작성해 봅니다

Q 요즘 갑자기 집안에 좋지 않은 일이 생깁니다. 무슨 원인일까요?

 A
① 이국의 신

② 엽전 9

③ 작두타기

④ 내가 뽑은 카드로 작성해 봅니다

⑤ 내가 뽑은 카드로 작성해 봅니다

 Q 가족끼리 운영하는 가게를 합니다. 언제부터인가 마음이 심란합니다. 어떻게 할까요?

 A
① 백마장군

② 정표

③ 선비

④ 내가 뽑은 카드로 작성해 봅니다

⑤ 내가 뽑은 카드로 작성해 봅니다

Q 자녀가 성인이 되었는데도 자립할 기미가 보이지 않습니다. 속마음이 궁금합니다.

A

① 초립동

② 엽전 1

③ 팔선녀

④ 내가 뽑은 카드로 작성해 봅니다

⑤ 내가 뽑은 카드로 작성해 봅니다

실전 리딩 하기
[기본편]

실제 상담에 임하여
가장 기초적인 리딩을 시작해 봅니다.

실전 리딩 하기

기본편

시간의 흐름대로 카드를 선택하고 리딩하는 방법입니다.
과거, 현재, 미래를 한 장씩 선택한 후 결과를 한 장 더 선택하여 총 4장입니다.
시간의 순서대로 리딩을 해보면서 최종적으로는 결과가 어떻게 나올지 추측해 봅니다.
나머지 카드들은 정리하여 한쪽에 둡니다.

| 과거 | 현재 | 미래 | ➕ | 결과 |

질문 :
같이 사업을 해 보자고 하는 이가 있습니다. 해도 될까요?

리 딩 과거(관우장군)에 두 사람은 서로 믿을 만한 사람들이라고 생각하고 인간관계를 맺어 온 것 같습니다. 현재(엽전 2) 같이 힘을 모아서 뭔가 일을 해보려는 마음과 열의는 매우 강한 상태이군요. 미래(동자)는 그러나 용두사미가 되던지 하나의 목표를 향해 집중을 못하게 될 가능성이 높습니다. 결과(엽전5)를 보건대 누군가 리더를 해야 하는 문제가 난관이 되겠습니다. 서로 일을 하고자 하는 마음만 강할 뿐 나서서 시작과 끝을 주도하고 결정하는 사람이 지금 필요합니다. 두 사람의 마음만 가지고는 모자란 출발이 되겠습니다.

관우장군

엽전 2

동자

➕

엽전 5

내가 생각하는 리딩

【참고】 결과의 엽전5는 때로 이들 두 사람의 사업에 전문 경영인이 등장하는 것도 암시합니다. 또는 두 사람 중에서 누군가는 주도권을 쥐고 싶어하는 것을 말해줍니다. 하지만 미래에 동자카드가 나옴으로써 미성숙한 견해만 드러낼 가능성이 매우 높아 보입니다.

질문 :

재회하고 싶은데 그의 속마음은 지금 어떨까요? 재회가 가능할까요?

과거(정표)에는 서로가 다시 재회할 수 있다는 작은 희망을 가지고 헤어졌을 것 같습니다. 언젠가 다시 만날 수 있다고 생각했겠고 현재(널뛰기)는 자신의 생활이 불만족스러운 것 같기도 하고 다시 만나자니 선뜻 연락할 용기가 없기도 합니다. 하루에도 마음이 여러 번 변하니 갈피를 잡을 수가 없네요. 하지만 미래(마패)에는 결론을 내려서 행동에 옮기려고 합니다. 연락을 먼저 취하든지 찾아오든지 할 것입니다. 그러나 결과 카드를 보면 그것이 좋다고만 볼 수는 없는데 결과(주막)는 서로 다른 생각을 하고 있다고 나오므로 두 사람이 풀어야 할 오해가 있다든지, 다시 만난다면 예전의 실수는 되풀이하지 않도록 조심을 해야 할 것입니다. 다시 만나게 되긴 하겠으나 전혀 뜻밖의 말을 전해들을 소지도 많습니다.

   ➕

정표　　　　　널뛰기　　　　　마패　　　　　　　　주막

내가 생각하는 리딩

【참고】 재회라는 것이 꼭 좋은 경우만 있는 것은 아니며, 세상 모든 연인들이 로미오와 줄리엣은 아니라는 점을 상기합시다. 때로는 재회를 원하는 것이 다른 이해관계를 청산하기 위해서, 또는 자신의 목적을 해소하기 위한 방편일 수도 있으니 미리부터 김칫국을 마시는 것은 곤란하겠지요.

질문 :

새로운 직장으로 옮기고 싶습니다. 맞는 결정인지 궁금합니다.

과거(구미호)에는 현재 계신 직장에서 여러 가지 업무를 담당하면서 그래도 유능하다는 평을 듣고 본인 또한 잘 적응을 해 온 듯합니다. 현재(밤길 나그네) 어떤 계기로 옮기고 싶은 것인지 이유를 좀 더 확실히 해야 하겠습니다. 판단력 결핍이나 어디에 현혹된 것은 아닌가 걱정이 되는군요. 미래(동방지국천왕)에 만일 옮기게 된다고 한다면 그 자리에서 제대로 업무를 익히게 되기까지 많은 노력을 기울여야 할 것입니다. 결과(치우)적으로 볼 때는 옮겨서 적응하고 뿌리를 내리기까지 뭔가 투철한 경쟁이나 자기와의 싸움에서 이겨야 하는 등 순탄치 않은 기간을 보내야 할 것으로 보입니다.

   ➕

구미호　　　　밤길 나그네　　　동방지국천왕　　　　　치우

내가 생각하는 리딩

【참고】 흔한 변덕이나 가벼운 스트레스 때문에 직장을 옮기려 하는 경우도 많으니 이렇게 상담을 받는 것만 해도 위로가 되는 손님들도 많이 계십니다. 반면 사표를 먼저 제출하고 나서 상담을 오시는 분들도 있게 마련이니 그 때에 맞는 적절한 조언과 위로를 건네주도록 합시다. 설사 안 좋은 결과가 나왔다고 하더라도 이미 옮긴 경우에는 잘 대처할 수 있도록 용기를 건넵시다.

질문 :

남에게 중요한 일을 부탁해야 합니다. 믿을 만한 사람일까요?

리 딩 과거(사냥꾼들)에 불리한 상황에 처해서 힘든 시간을 보냈을 가능성이 보입니다(만일 그 누군가를 추격하는 입장이었을 수도 있습니다.). 현재(귀부인)는 비밀스러운 부탁을 하거나 어떤 일을 행함에 있어서 남들이 눈치채지 못하게 진행해야 하는 난국에 처했습니다. 그러나 미래(저주인형)를 짐작해보니 그렇게 썩 좋은 수라고 여겨지지 않습니다. 그 사람이 감당할 만한 일이 아니게도 보이고 일의 결과가 본인에게 꼭 이득이 된다고 보여지지도 않습니다. 감정적인 부분이라면 더욱 그러합니다. 남에게 이 일이 알려진다고 했을 때 떳떳하지 무하다면 지금 잘 생각하는 것이 좋습니다. 킹슬하게 행동하면 보복이 따를 수도 있습니다. 결과(관아)에서 관재가 예상되니 결국 일의 결말이 좋지는 않아 보입니다.

사냥꾼들   귀부인   저주인형   관아

내가 생각하는 리딩

【참고】 불길한 카드나 비밀스런 카드 등, 같은 성질의 카드들이 연달아서 나오는 것은 강조의 의미가 있으니 질문자에게 조금 더 세밀한 질문을 하시기를 요청해도 됩니다. 질문이 자세할 때에 조금 더 섬세한 리딩이 가능합니다.

질문 :

동생의 학비를 오랫동안 지원해왔는데 독립할 생각이 없어 보입니다. 어떻게 할까요?

리 딩 과거(서왕모)에 부모를 대신하는 심정으로 알뜰살뜰 보살펴 온 것이 보입니다. 혼자 모든 책임을 지고 여기까지 온 것 같군요. 현재(탑돌이)에도 그다지 변화는 보이지 않아서 그냥 예전에 하던 대로 본인은 그 역할을 그대로 하고 있고, 동생 또한 고마운 마음이나 다급한 미래 걱정은 없어 보입니다. 생활로 굳어져 버린 것 같네요. 미래(백마장군)에는 변동이 보입니다. 갑작스럽게 변화가 온다고 보아도 됩니다. 그러나 급하게 하다 보니 자세하게 무엇을 살펴볼 겨를이 없는 것 같습니다. 결과(이국의 신)는 집을 떠나 멀리 가는 것이 답이라고 나오는데 객지로 가든지, 더 먼 외국으로 나가든지 하게 될 것입니다. 애틋한 마음을 접고 기회가 오면 그렇게 하도록 합시다.

서왕모   탑돌이   백마장군   이국의 신

내가 생각하는 리딩

【참고】 달리는 말의 백마장군은 미리미리 준비하고 예정에 있던 움직임이라고 보기는 힘듭니다. 그리고 결과 카드에서 이국의 신이 나왔으니 기존에 알던 일이나 계기가 아니고 전혀 다른 것일 수도 있다는 것을 참고로 합시다. 탑돌이는 부정적인 카드는 아니지만 다람쥐 쳇바퀴 돌듯이 계속해서 한 가지 행위나 역할을 되풀이할 때에도 나옵니다.

질문 :

같이 일하는 동료인데 저에게 사적인 이야기를 자꾸 늘어놓습니다. 무슨 속셈일까요?
(둘 다 여성)

리 딩 과거(난파선)에 개인적인 삶이 순탄치 않고 매우 힘들었거나 대인관계에서 많은 좌절이 있었을 것으로 추측됩니다. 현재(밤길 나그네)에도 그러한 흐름은 계속 이어지고 있으며 본인이나 상대방에 대한 것이나 정보가 부족한 가운데 어디라도 의지하려는 성향만 강할 뿐입니다. 제대로 알아보지도 않고 경솔하게 사람을 대하는 것 같습니다. 미래(파경)도 역시 좋지 않은 인상을 남기고 서로 데면데면하게 될 가능성이 매우 높습니다. 결과(선녀) 카드를 보건대 기본적인 성향이 심오하거나 신중하지 않고 자기 마음 가는대로 행동하는 철부지일 가능성이 높으니 책임지고 싶지 않다면 언행을 확실히 해서 선을 그어야 할 것입니다. 기대감을 주게 되면 점점 더 기대려고만 할 것입니다.

난파선   밤길 나그네   파경   선녀

내가 생각하는 리딩

【참고】 늘 자기 이야기를 들어주고 감정적으로 해소를 할 만한 대상을 찾아다니는 사람들이 간혹 있습니다. 동정심을 사고 싶어서 습관적으로 개인사를 늘어놓는 사람일수록 대인관계에 깊이가 없겠지요. 진정 연민을 느낄만한 사람들은 반대로 자신의 이야기를 잘 드러내지 않는답니다.

질문 :

최근 몸이 나른하고 무력합니다. 건강이 걱정입니다. 큰 병은 아닐까요?

리 딩 과거(출산) 행동반경에 제약이 있었다든가 어딘가에 매여 있어야 하는 상황이 한동안 지속되었던 것 같습니다. 계속 앉아만 있어야 하는 일을 한다거나 말이죠. 현재(도둑)는 갑자기 몸살이 난다든지, 체력에 무리가 되는 일을 한 것 같습니다. 저항력이 떨어져서 생기는 질환인 듯 보입니다. 미래(그네타기)에도 체력을 기르지 않는 한은 계속해서 무기력해지는 것을 반복할 것 같으니 매일 꾸준한 운동을 해서 기초를 다져야 하겠습니다. 결과(팔선녀)를 보건대 즐거운 취미생활이나 여러 사람들과 함께하는 신체활동을 해보기를 권해 드립니다. 기분전환을 할 수 있는 것을 찾아보세요.

출산   도둑   그네타기   팔선녀

니가 생각하는 리딩

【참고】 건강운은 매우 조심스럽습니다. 병원에 가야하는데 카드 리딩만 믿고 안심할 수 있으니 이 부분은 실문하시는 분께 충분히 설명하셔야겠습니다. 보다 건강해질 수 있는 심리요법과 안내 정도로 여길 수 있게 잘 리딩합시다.

리 딩 과거(옥황상제)에 마련한 집이 좋고 든든한 삶의 터전이었던 것은 확실하네요. 그 자리에서 이룬 것도 많은데 이사를 하고 싶은 이유가 있으신가요? 현재(초상)에는 이사를 가고자 마음을 확실히 굳힌 것 같아 보입니다. 하지만 본의가 아니고 타의에 의해서 옮겨가는 것처럼 보이기도 합니다. 미래(제사)에는 마음에 드는 곳으로 이사를 하지 못했거나, 옮겨간 곳에서 예전처럼 좋은 기운을 얻지 못해서 마음의 안정을 찾고자 부단히 노력해야 하네요. 결과(서방광목천왕)를 보건대 쫓기듯한 마음으로 급하게 갈 것이 아니라 분별심을 가지고 그중에서도 나에게 맞는 자리를 찾기 위해 매우 노력해야 할 듯 보여집니다.

옥황상제　　　　초상　　　　제사　　　　서방광목천왕

내가 생각하는 리딩

【참고】 단순한 이동이 아니라 빚에 쪼들리거나 가족 간에 문제가 생겨서 어쩔 수 없이 이동해야만 하는 상황이라서 어려운 시기라면 더욱 도움이 될 수 있는 방법을 찾아서 조언하도록 합시다.

리 딩 과거(길 떠나는 사람)에 큰 마음을 먹고 취업 준비를 해 온 듯합니다. 고향을 떠나서 객지로 가서 근무할 수도 있었겠네요. 현재(사냥꾼들)는 취업이 되었어도 무엇인가 쫓기듯한 심정이어서 하루하루가 편하지 않겠습니다. 일을 가르쳐 주는 사수나 상사가 재촉하듯이 업무를 시키는 바람에 제대로 업무파악이 안되서 곤경에 처할 수도 있으니 어딘가 의지할 사람이 필요해 보이기도 합니다. 미래(북방다문천왕)에는 이 문제에 대해서 어느 정도 귀를 기울여 주거나 도와줄 만한 윗사람이 나타나서 일을 해결해 주기에 근심이 한결 해결되겠습니다. 결과(엽전 4)적으로 볼 때는 신입사원 환영파티라고 할지 회사 내에서 놀기 좋아하는 사람들과 지나치게 어울리는 바람에 내 이미지를 실추하는 일이 없도록 각별히 노력해야겠습니다.

길 떠나는 사람　　　사냥꾼들　　　북방다문천왕　　　엽전 4

내가 생각하는 리딩

【참고】 새로운 곳에서 적응을 하는 것은 누구에게나 힘든 일입니다. 그렇다고 변화가 두려워서 작은 시도도 하지 않고 살 수는 없는 노릇입니다. 최대한 잘 적응해갈 수 있는 팁이 무엇일지 면밀하게 살펴서 상담 시에 조언해 드리도록 합시다.

질문 :

마음에 두고 있는
사람이 있는데 고
백해도 될까요?
거절당할까 봐 두
렵습니다.

리 딩 과거(짝사랑)부터 상대방에게 많이 공을 들이면서 먼발치에서 지켜본 시간이 꽤나 흘러온 것
으로 보여집니다. 현재(업신)에도 그 주변을 벗어나지 않고 근거리에서 뭔가를 어필하고자 노
력 중이신데요. 미래(비미호)에는 조금 더 자신의 개성과 장점을 드러내는 것이 좋습니다. 그런 계기도 생길
것 같고요. 상대방도 본인을 주목하게 될 그런 순간이 오겠습니다. 자기 자신을 믿고 자존감을 높이는 것도
한 방법이 될 수 있을 것입니다. 결과(선비)는 또다시 신중하고 망설이는 상황이 반복될 수도 있습니다. 조심
해서 나쁠 것은 없지만 애정문제에 있어서는 한 번은 큰 결단을 내려야 합니다. 상대가 내 마음을 모른 채 연
애가 이루어질 수는 없기 때문입니다.

짝사랑   업신   비미호   선비

내가 생각하는 리딩

【참고】자기 자신에게 장점이 있다는
것을 모른 채 상대방에게 맞춰주기
급급한 연애는 설사 시작이 되더라도
오래가지 못합니다. 내가 존재하기에
상대방도 존재하는 것이죠. 자신감과
긍정적인 면을 키운다면 굳이 이 상
대방이 아니더라도 빛나는 모습을 보
고 많은 이들이 다가올 것이니 연애
운의 흐름이 더 좋아질 것은 당연합
니다.

리 딩 하루의 운세(일진)를 보는 방법은 아침, 점심, 저녁으로 봅니다. 아침(도깨비)에 뜻하지 않은 소
식을 듣거나, 그런 사람과 맞닥뜨리거나 황당한 일을 겪을 가능성이 높습니다. 딱히 손실이 있
는 것은 아니지만 정신이 산만하고 중요한 결정을 내리기가 어렵습니다. 점심(작두타기)에는 첨예한 문제로
실랑이를 하던지 내면과의 싸움을 해야하는 상황에 놓이게 됩니다. 매우 긴장된 상태로 시간을 보내게 됩니
다. 저녁(제사)이 되어서는 지나간 시간을 되돌아보며 무엇이 모자란 건지 곰곰이 생각하고 나와 연관된 모
든 것을 원점에서 다시 짚어봅니다. 거기에는 매우 오래된 일들까지 포함됩니다. 결과(혼례)를 보았을 때는
사람과의 인연과 가족 간의 일이라는 것을 예상해 볼 수 있습니다. 하나의 해답은 얻을 수 있는 하루가 될 것
입니다.

도깨비   작두타기   제사   혼례

내가 생각하는 리딩

【참고】저녁 카드가 제사이고 결과
카드가 혼례라고 하는 것은 첫째는
가족 간의 일이라는 것을 추측할 수
있고, 두 번째는 어떻게 되었던 늦게
라도 실마리를 찾아서 어려운 일을
해결하는 합의를 본다고 할 수 있겠
습니다. 제사는 오래된 전통이고 혼
례는 합의를 보는 것입니다. 조상이
지혜를 주실 수도 있겠고 겸손한 마
음(제사, 윗사람을 섬김)이 해답을
찾는다고도 봅니다.

질문 :

최근 반복해서 꾸게 되는 꿈의 의미를 알고 싶습니다. 신변에 변화가 있을까요?

리 딩

과거(초립동)나 최근까지도 윗사람의 도움이나 조언 없이 자기 고집대로 일을 추진했거나 낭패를 본 경험이 있어 보입니다. 현재(훼손된 무덤)에도 그다지 귀인의 도움을 받지 못하는 상황입니다. 미래(엽전1)에는 현실적인 해결방안을 찾기 위해서 동분서주하지만 그다지 보람은 없는 상황이라 힘든 고난을 그대로 견디느라 매우 힘겨울 것입니다. 결과(행복한 가족)로 꿈을 풀이해 보자면 최악으로 가지는 않으나 현상유지를 하기 위해서 치러야 하는 대가는 만만치 않겠습니다. 인내력을 시험받을 수 있겠네요.

초립동

훼손된 무덤

엽전 1

➕

행복한 가족

내가 생각하는 리딩

【참고】 초립동은 철이 없고 남의 말을 귀담아 듣지 않습니다. 보이는 것에 현혹되기 쉬운 상태라서 진정한 조언자가 있다고 하더라고 그다지 효과가 없으며 귀인이 다가온다고 해도 알지 못합니다. 이미 기회를 놓쳤을 가능성도 말해줍니다.

실전 리딩 하기

[심화편]

보다 심도 있는 상담을 위해서
다양한 방법으로 리딩을 시도합니다.

실전
리딩 하기 심화편

앞서 기본편의 카드에서 깊이 있게 다루지 못한 점을
연관 카드를 더 나열하면서 집중적으로 풀어보도록 합니다.
카드를 스프레드한 후에 기본 카드와 함께 추가 카드를 더 선택하게 되는데
이때 각각의 의미는 아래와 같이 해보도록 합니다.
과거, 현재, 미래를 한 장씩 선택한 후 결과를 한 장 선택하여 총 4장입니다.
장애물, 나의 의지, 기운의 흐름 이렇게 총 3장을 더 선택하여 모두 7장이 됩니다.
심화에서는 기본편과 리딩의 느낌이나 결이 달라질 수 있다는 점을 참고하세요.

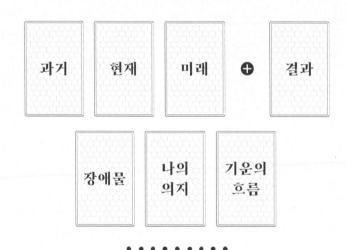

【장애물 카드】

말 그대로 질문하는 내용을 가로막고 있는 것으로 일을 그르치게 만드는 부정적인 요소가 무엇인지를 나타내 줍니다.

【나의 의지 카드】

이 카드는 그럼에도 불구하고 어떻게 하고자 하는 강력한 의지의 표현입니다. 겉으로는 아니라고 할 수 있으나 내면에서 결정을 내리는 것으로 봅니다.

【기운의 흐름 카드】

위의 카드들 중에서 결과와 장애물과 나의 의지와 더불어서 비슷한 카드가 나올 수도 있고 전혀 뜻밖의 카드가 나오기도 합니다. 어느 카드와 유사한 카드가 나왔는지 다른 카드가 나왔는지를 염두에 둔다면 현재 기운이 어느 쪽으로 흐르고 있는지를 알 수 있습니다. 이 기운의 흐름은 만신카드의 특징과 장점을 잘 살려서 리딩할 수 있는 포인트가 되기도 합니다. 앞서 나열한 카드를 총체적으로 하나로 모아주는 역할을 하는 카드의 자리가 되겠습니다. 아무리 앞서 좋은 카드가 나왔다고 하더라고 이 카드가 불길하다면 조심해야 할 것을 더 찾아보고 대비를 해야 한다는 경고로 볼 수 있습니다.

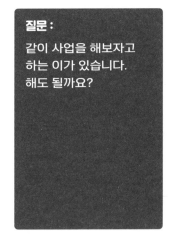

질문:

같이 사업을 해보자고
하는 이가 있습니다.
해도 될까요?

관우장군

엽전 2

동자

➕

엽전 5

정화수기도

호랑이

금의환향

과거(관우장군)에 두 사람은 서로 믿을 만한 사람들이라고 생각하고 인간관계를 맺어온 것 같습니다. 현재(엽전2) 같이 힘을 모아서 뭔가 일을 해보려는 마음과 열의는 매우 강한 상태이군요. 미래(동자)는 그러나 용두사미가 되던지 하나의 목표를 향해 집중을 못하게 될 가능성이 높습니다. 결과(엽전5)를 보건대 누군가 리더를 해야 하는 문제가 난관이 되겠습니다. 서로 일을 하고자 하는 마음만 강할 뿐 나서서 시작과 끝을 주도하고 결정하는 사람이 지금 필요합니다. 두 사람의 마음만 가지고는 모자란 출발이 되겠습니다.

• • • • •

장애물(정화수기도)이 있다면 진행이 더디고 수동적으로 움직이는 점이라고 볼 수 있습니다. 누가 먼저 나서야 할지 결정이 안 되어 보이기도 합니다. 책임의 소재가 정해지지 않았을까요? 나의 의지(호랑이)는 그러나 이 또한 돌파하고 열심히 해보려는 굳은 결의가 강해 보입니다. 결국은 내 쪽에서 나서주어야 하지 않을까 하는 생각도 하고 계신 듯합니다. 다행히 기운의 흐름(금의환향)은 매우 좋은 쪽으로 흘러가고 있습니다. 한동안은 이 기운을 타고 보다 적극적인 진행을 추천드리겠습니다.

• • • • •

내가 생각하는 리딩

【참고】 호랑이와 동자 카드에서 보여지는 종합적인 판단은 아직 원숙하지 못하기 때문에 사업을 시작해도 처음에는 좌충우돌 실수가 많을 것을 암시하기도 합니다. 호랑이 역시도 백수의 제왕이지만 산신의 호위역을 하는지라 단독으로 출현하였을 때는 역할이 어중간하다는 점을 생각해 둡시다.

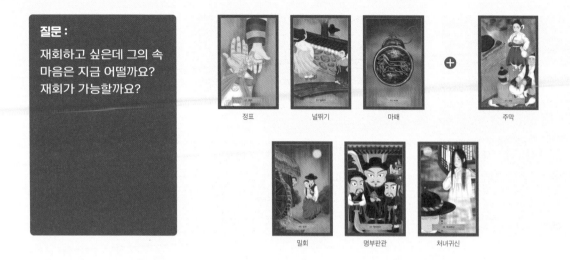

정표   널뛰기   마패   주막

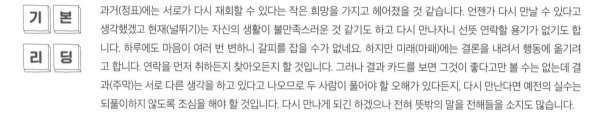

밀회   명부판관   처녀귀신

기 본 리 딩

과거(정표)에는 서로가 다시 재회할 수 있다는 작은 희망을 가지고 헤어졌을 것 같습니다. 언젠가 다시 만날 수 있다고 생각했겠고 현재(널뛰기)는 자신의 생활이 불만족스러운 것 같기도 하고 다시 만나자니 선뜻 연락할 용기가 없기도 합니다. 하루에도 마음이 여러 번 변하니 갈피를 잡을 수가 없네요. 하지만 미래(마패)에는 결론을 내려서 행동에 옮기려고 합니다. 연락을 먼저 취하든지 찾아오든지 할 것입니다. 그러나 결과 카드를 보면 그것이 좋다고만 볼 수는 없는데 결과(주막)는 서로 다른 생각을 하고 있다고 나오므로 두 사람이 풀어야 할 오해가 있다든지, 다시 만난다면 예전의 실수는 되풀이하지 않도록 조심을 해야 할 것입니다. 다시 만나게 되긴 하겠으나 전혀 뜻밖의 말을 전해들을 소지도 많습니다.

• • • • •

심 화 리 딩

장애물(밀회)을 보건대 헤어져 있는 동안 각자에게 말 못할 사정이 생겼거나 새로운 사람과 잠깐의 만남을 예상해볼 수도 있습니다. 그 비밀을 유지한 채 재회를 하더라도 하게 되겠네요. 나의 의지(명부판관)는 이번에 다시 재회를 한다면 결판을 내려는 뜻이 있습니다. 어떻게 결판을 내려는지 궁금하군요. 사랑에도 사생결단이 있나요? 아니면 다른 목표가 있나요? 기운의 흐름(처녀귀신)을 보니 그리 좋아보이진 않습니다. 예전에 헤어지게 된 계기로 다시 헤어지게 될 기미가 보입니다. 재회를 하게 되더라도 결론을 다 지어놓고 만나게 되겠습니다.

• • • • •

내가 생각하는 리딩

_____

_____

_____

_____

_____

_____

_____

_____

_____

【참고】 처녀귀신이 기운 카드로 나온다는 것은 어떤 형태로든지 재회는 하더라도 성사가 힘들다는 뜻을 내포합니다. 둘의 노력이 문제가 아니라는 것이지요. 처녀귀신만큼 끈질기게 연애에 훼방을 놓는 귀신도 없을 겁니다. 다시 만나게 되지만 핑크빛 무드는 힘들 것입니다. 또한 결과인 주막 카드도 이와 마찬가지입니다. 특히 나의 의지가 명부판관 카드에서 재회를 하려는 목적이 오로지 연애만은 아닌 다른 것을 논하기 위함이라는 점에서 주막과도 일치하니 질문자 자신이 엉뚱한 목적을 갖고 있다는 것도 추측할 수 있습니다.

구미호

밤길 나그네

동방지국천왕

➕

치우

엽전3

금강역사

벼락장군

과거(구미호)에는 현재 계신 직장에서 여러 가지 업무를 담당하면서 그래도 유능하다는 평을 듣고 본인 또한 잘 적응을 해 온 듯합니다. 현재(밤길 나그네) 어떤 계기로 옮기고 싶은 것인지 이유를 좀 더 확실히 해야 하겠습니다. 판단력 결핍이나 어디에 현혹된 것은 아닌가 걱정이 되는군요. 미래(동방지국천왕)에 만일 옮기게 된다고 한다면 그 자리에서 제대로 업무를 익히게 되기까지 많은 노력을 기울여야 할 것입니다. 결과(치우)적으로 볼 때는 옮겨서 적응하고 뿌리를 내리기까지 뭔가 투철한 경쟁이나 자기와의 싸움에서 이겨야 하는 등 순탄치 않은 기간을 보내야 할 것으로 보입니다.

• • • • •

장애물(엽전3)로 남들에게서 얻어들은 정보나 정확하지 않은 이야기 등이 대두됩니다. 물론 이것은 현재 일하고 있는 곳에서의 소문으로 인해 마음이 편치 않은 상태로도 보여집니다. 나의 의지(금강역사)로는 이러한 불합리한 것을 뿌리 뽑고 외부에 휘둘리게 되는 것을 바로잡으려는 뜻이 매우 강합니다. 내지는 헛소문을 내고 다니는 사람들을 혼내주고 싶은 마음도 강합니다. 기운의 흐름(벼락장군)을 보니 갑자기 일어난 상황들이라 본인이 홀로 수습하기는 어려울 것이며 순리대로 따라 가는 것이 더 맞을 듯합니다. 고민이 갑자기 정리가 되거나 힘들게 하는 사건들이 의외의 상황 속에 급마무리될 가능성도 있습니다.

• • • • •

내가 생각하는 리딩

【참고】치우와 금강역사와 벼락장군이 뜻하는 것은 본인의 뜻과는 무관하게 일이 흘러가게 되고 사건의 성격이 매우 강하다는 뜻도 내포합니다. 그렇게 된다면 무척이나 소모전이 될 것이니 나의 의지(금강역사)가 굳건하다고 하더라도 꾀를 발휘하는 게 낫다는 결론입니다. 더욱이 구미호처럼 다재다능한 사람이므로 현재의 순간이 힘든 것을 참지 못해서 무리한 해결을 보려는 것은 현명한 계산법이 아니며 벼락장군은 갑작스러운 싸움이나 소란을 뜻하기도 하니 순간적인 감정 조절을 못하게 될 가능성도 염두에 두도록 합시다.

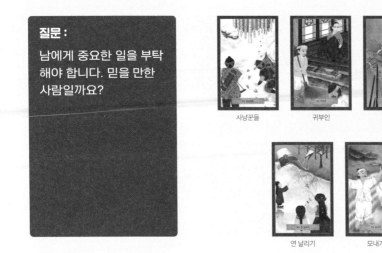

질문 :

남에게 중요한 일을 부탁해야 합니다. 믿을 만한 사람일까요?

사냥꾼들   귀부인   저주인형   관아

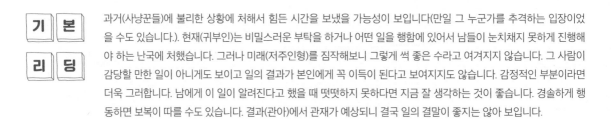

연 날리기   모내기   점사

기 본 리 딩

과거(사냥꾼들)에 불리한 상황에 처해서 힘든 시간을 보냈을 가능성이 보입니다(만일 그 누군가를 추격하는 입장이었을 수도 있습니다.). 현재(귀부인)는 비밀스러운 부탁을 하거나 어떤 일을 행함에 있어서 남들이 눈치채지 못하게 진행해야 하는 난국에 처했습니다. 그러나 미래(저주인형)를 짐작해보니 그렇게 썩 좋은 수라고 여겨지지 않습니다. 그 사람이 감당할 만한 일이 아니게도 보이고 일의 결과가 본인에게 꼭 이득이 된다고 보여지지도 않습니다. 감정적인 부분이라면 더욱 그러합니다. 남에게 이 일이 알려진다고 했을 때 떳떳하지 못하다면 지금 잘 생각하는 것이 좋습니다. 경솔하게 행동하면 보복이 따를 수도 있습니다. 결과(관아)에서 관재가 예상되니 결국 일의 결말이 좋지는 않아 보입니다.

● ● ● ● ●

심 화 리 딩

장애물(연 날리기)을 보니 외부에 보여지는 일에 매우 신경을 써야 하는 게 문제입니다. 지금 디디고 있는 기초가 부실한데 한눈을 팔고 있는 것이기도 하고 시간적 공간적 제약 때문에 알면서도 어쩔 수 없이 요행을 바라는 것으로도 보여집니다. 얼음이 언제 깨어질지 모르는 불안함을 감추고 있는 것이지요. 나의 의지(모내기)는 매우 절박합니다. 언제 이 일을 마무리 지어야 할지 까마득하기도 합니다. 이제 시작이네요. 희망은 갖고 있지만 결말까지가 너무 오래 걸린다는 것을 알고 있습니다. 기운의 흐름(점사)에서 볼 때는 이 일에 대해 부탁을 하려는 사람을 더 잘 고르는 것이 관건입니다. 부탁할 인재를 더 비교해서 신중히 정하는 것이 좋겠습니다.

● ● ● ● ●

―――――――――――――――――――――――――――――――――
내가 생각하는 리딩

【참고】 기운 카드가 점사로 나왔다는 것은 이미 여러 군데에 문의를 했고 그럼에도 한군데 정하지를 못하고 방황하는 것을 알려줍니다. 즉 이 질문을 여러 곳에 했을 수도 있고 귀부인 카드를 보건대 이것을 본인의 카드라고 한다면 의심이 많아서 잘 믿지 않는 사람이라고도 보겠습니다.

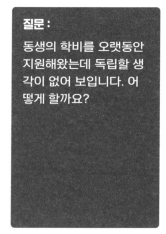

서왕모　　탑돌이　　백마장군　　이국의 신

총각귀신　　물동이　　꿩사냥

과거(서왕모)에 부모를 대신하는 심정으로 알뜰살뜰 보살펴 온 것이 보입니다. 혼자 모든 책임을 지고 여기까지 온 것 같군요. 현재(탑돌이)에도 그다지 변화는 보이지 않아서 그냥 예전에 하던 대로 본인은 그 역할을 그대로 하고 있고, 동생 또한 고마운 마음이나 다급한 미래 걱정은 없어 보입니다. 생활로 굳어져 버린 것 같네요. 미래(백마장군)에는 변동이 보입니다. 갑작스럽게 변화가 온다고 보아도 됩니다. 그러나 급하게 하다 보니 자세하게 무엇을 살펴볼 겨를이 없는 것 같습니다. 결과(이국의 신)는 집을 떠나 멀리 가는 것이 답이라고 나오는데 객지로 가든지, 더 먼 외국으로 나가든지 하게 될 것입니다. 애틋한 마음을 접고 기회가 오면 그렇게 하도록 합시다.

• • • • •

장애물(총각귀신)을 보건대 지원을 쉽사리 끝낼 수 있는 상황이 아니고 어떻게든 이러한 일방적인 희생은 계속되게 하려는 조짐이 강합니다. 동생이 스스로 정신을 차리고 독립을 하는 것은 기대하기 어렵습니다. 나의 의지(물동이)는 언젠가는 이 상황이 나아지겠지 하면서 계속해서 책임을 지려고 하는 뜻이 강하게 보입니다. 기운의 흐름(꿩사냥)에서는 충격요법이나 갑작스러운 결말을 이끌어내야 하리라고 봅니다. 지금껏 수도 없이 독립에 대해서는 분위기를 조성만 했을 뿐 아무리 그래도 형이 행동으로 변화를 줄 것이라고는 예상을 못 하고 있는데 이 부분을 과감히 깨뜨려 주어야 할 것입니다.

• • • • •

내가 생각하는 리딩

【참고】탑돌이와 물동이는 비슷한 맥락을 갖고 있습니다. 쉽사리 변화를 주지 않고 정성을 들이려는 모습이므로 참고 인내하는 사람의 특징이지요. 그러나 이러한 면모를 이용하려는 가족 때문에 괴로움을 겪고 있다면 적절한 조언이 필요합니다. 백마장군, 이국의 신, 꿩사냥을 종합적으로 판단했을 때는 먼 곳으로 이동을 하든지, 갑일을 만들든지, 갑작스러운 변화를 이끌어 내야 하고 그 기회를 놓쳐서는 안 된다고 봐야합니다. 꿩사냥은 과감하게 해결을 본다는 의미도 있습니다.

질문 :
같이 일하는 동료인데 저에게 사적인 이야기를 자꾸 늘어놓습니다. 무슨 속셈일까요?
(둘 다 여성)

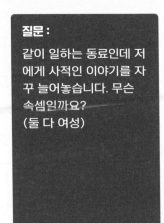
난파선

밤길 나그네

파경

＋

선녀

당산나무

삼도천

남방증장천왕

기본 리딩

과거(난파선)에 개인적인 삶이 순탄치 않고 매우 힘들었거나 대인관계에서 많은 좌절이 있었을 것으로 추측됩니다. 현재(밤길 나그네)에도 그러한 흐름은 계속 이어지고 있으며 본인이나 상대방에 대한 것이나 정보가 부족한 가운데 어디라도 의지하려는 성향만 강할 뿐입니다. 제대로 알아보지도 않고 경솔하게 사람을 대하는 것 같습니다. 미래(파경)도 역시 좋지 않은 인상을 남기고 서로 데면데면하게 될 가능성이 매우 높습니다. 결과(선녀) 카드를 보건대 기본적인 성향이 심오하거나 신중하지 않고 자기 마음 가는대로 행동하는 철부지일 가능성이 높으니 책임지고 싶지 않다면 언행을 확실히 해서 선을 그어야 할 것입니다. 기대감을 주게 되면 점점 더 기대려고만 할 것입니다.

• • • • •

심화 리딩

장애물(당산나무)을 보아하니 회사 내에서의 입지가 두 사람이 관련되어 있어서 그렇게 쉽게 벗어날 수 있는 거리가 아닌 듯합니다. 업무적으로 연관이 있거나 매일 얼굴을 보지 않으면 안 되겠네요. 나의 의지(삼도천)는 빨리 이 관계를 청산하고 싶고 갈수록 더 힘이 든다는 것은 알지만 내가 끊어 낼 수 있는 상황도 못 되고 있습니다. 기운의 흐름(남방증장천왕)을 보건대 계속해서 한동안은 받아주게 되겠습니다. 오히려 예전보다 더 시달리게 될 수도 있는데 웬만하면 일 이외에는 한 공간에서 머무르는 시간을 줄인다든지 해서 방법을 찾아야겠습니다. 자연스러운 상태에서는 쉽사리 이러한 하소연 들어주기에서 해방될 것 같지 않아 보입니다.

• • • • •

내가 생각하는 리딩

_____

_____

_____

_____

_____

_____

_____

_____

_____

_____

【참고】 질문이 구체적이지 않은 점도 있지만 카드의 배열을 보건대 일방적으로 하소연을 들어주면서도 거기에서 취하는 이익이 질문자에게 전혀 없어 보이지는 않습니다. 즉 질문자와 상대방의 관계가 일방적이지는 않다는 뜻입니다. 당산나무와 남방증장천왕의 경우 함께할 때 이익이 더 늘어나고 좋은 것을 의미하기 때문입니다. 그럼에도 삼도천 카드가 나오는 것은 질문자가 오히려 과민하게 반응하는 것일 수도 있다는 것을 염두에 두도록 합시다.

질문 :

최근 몸이 나른하고 무력
합니다. 건강이 걱정입니
다. 큰 병은 아닐까요?

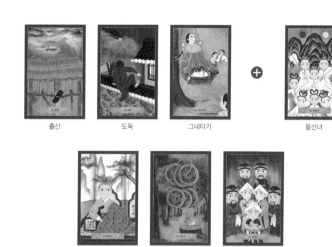

출산　　　　도둑　　　　그네타기　　＋　　팔선녀

할머니　　　엽전6　　　칠성신

과거(출산) 행동반경에 제약이 있었다든가 어딘가에 매여 있어야 하는 상황이 한동안 지속되었던 것 같습니다. 계속 앉아만 있어야 하는 일을 한다거나 말이죠. 현재(도둑)는 갑자기 몸살이 난다든지, 체력에 무리가 되는 일을 한 것 같습니다. 저항력이 떨어져서 생기는 질환인 듯 보입니다. 미래(그네타기)에도 체력을 기르지 않는 한은 계속해서 무기력해지는 것을 반복할 것 같으니 매일 꾸준한 운동을 해서 기초를 다져야 하겠습니다. 결과(팔선녀)를 보건대 즐거운 취미생활이나 여러 사람들과 함께하는 신체활동을 해보기를 권해 드립니다. 기분전환을 할 수 있는 것을 찾아보세요.

● ● ● ● ●

장애물(할머니)을 보아하니 집안 내력이나 유전적 문제도 무시할 수 없어 보입니다. 오랜 습관이나 가족 내의 식습관이 굳어져서 생기는 체질로도 생각해 볼 수 있습니다. 이렇게 되면 심각하지는 않으나 지병으로 달고 살아야 하는 것일 수도 있습니다. 나의 의지(엽전6)는 이럴 때에 좀 쉬어야 할 타이밍이란 것을 알고 있습니다. 휴가를 내든가 쉴 수 있는 여건을 적극적으로 마련하도록 합시다. 기운의 흐름(칠성신)은 나쁘지 않으니 얼마든지 원래의 체력으로 회복될 수 있고 다시금 활기를 찾을 수 있겠습니다.

● ● ● ● ●

내가 생각하는 리딩

【참고】 도둑 카드에서 급성적인 질병을 예측해 볼 수도 있지만 장기적으로 볼 때에는 수명을 이어주는 칠성신이 기운 카드의 자리에 나옴으로써 그다지 심각하지 않다는 것을 알 수 있습니다. 하지만 할머니가 장애물에서 나오므로 집안에서 체질적으로 전해져 오는 질병을 생각해 본다면 근근히 살아가면서 다스려야 하는 질환일 수도 있겠으며 현재 그 강도는 심하지 않습니다(건강운은 조언으로 하고 직접적인 상담과 확인은 병원을 방문하도록 권합니다.).

질문 :

집을 팔고 새로운 곳으로 옮기고 싶습니다. 이사 운이 있는지 궁금합니다.

옥황상제

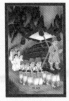

초상

제사

✚

서방광목천왕

업적

용

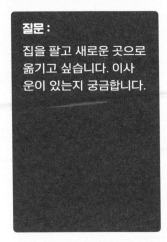

엽전 10

기본 리딩

과거(옥황상제)에 마련한 집이 좋고 든든한 삶의 터전이었던 것은 확실하네요. 그 자리에서 이룬 것도 많은데 이사를 하고 싶은 이유가 있으신가요? 현재(초상)에는 이사를 가고자 마음을 확실히 굳힌 것 같아 보입니다. 하지만 본의가 아니고 타의에 의해서 옮겨가는 것처럼 보이기도 합니다. 미래(제사)에는 마음에 드는 곳으로 이사를 하지 못했거나, 옮겨간 곳에서 예전처럼 좋은 기운을 얻지 못해서 마음의 안정을 찾고자 부단히 노력해야 하네요. 결과(서방광목천왕)를 보건대 쫓기듯한 마음으로 급하게 갈 것이 아니라 분별심을 가지고 그중에서도 나에게 맞는 자리를 찾기 위해 매우 노력해야 할 듯 보여집니다.

• • • • •

심화 리딩

장애물(업적)이 있다면 난관을 만나서 이것을 헤쳐갈 수가 없기에 이사를 부득불 해야 하는 상황으로 보여집니다. 아니면 손해 본다든가 섣부른 계약을 해버린 나머지 정해진 날짜에 집을 비워주어야 하는 것으로도 보여집니다. 나의 의지(용)는 여기에서 굴복하지 않고 옮기더라도 전화위복의 기회를 기다리던지 타개책을 다시금 세워 보겠다는 용기가 돋보입니다. 기운의 흐름(엽전 10)은 지금 모든 것이 흩어지고 휴식을 취해야 하는 것으로 보여집니다. 이사 후에 새로운 힘을 받아서 준비를 하는 것도 어느 정도 심신의 안정을 취한 후에 해도 될 것입니다.

• • • • •

내가 생각하는 리딩

【참고】 장애물인데 업적이 나오는 것은 문서로 인한 고난이 있다는 것을 말해줍니다. 현재를 상징하는 자리에 초상이 나온 것으로 연관 지어 생각해 볼 수 있습니다. 좋은 문서였다면 굳이 초상 카드가 나와 있을 리가 없기 때문입니다. 집을 옮겨야 하는 통보를 일방적으로 받았을 상황도 추측해 볼 수 있습니다. 이동수가 들어온 것은 맞으나 마음에 드는 이동이 되지는 않습니다.

질문 :

새 직장에 출근을 하게 되
어서 무척 긴장됩니다. 별
다른 문제는 없을까요?

   ➕

길 떠나는 사람 　　사냥꾼들 　　북방다문천왕 　　　　　엽전 4

무당 　　삼불제석 　　엽전 8

기 본 리 딩

과거(길 떠나는 사람)에 큰 마음을 먹고 취업 준비를 해 온 듯합니다. 고향을 떠나서 객지로 가서 근무할 수도 있었겠네요. 현재(사냥꾼들)는 취업이 되었어도 무엇인가 쫓기듯한 심정이어서 하루하루가 편하지 않겠습니다. 일을 가르쳐 주는 사수나 상사가 재촉하듯이 업무를 시키는 바람에 제대로 업무파악이 안되서 곤경에 처할 수도 있으니 어딘가 의지할 사람이 필요해 보이기도 합니다. 미래(북방다문천왕)에는 이 문제에 대해서 어느 정도 귀를 기울여 주거나 도와줄 만한 윗사람이 나타나서 일을 해결해 주기에 근심이 한결 해결되겠습니다. 결과(엽전4)적으로 볼 때는 신입사원 환영파티라고 할지 회사 내에서 놀기 좋아하는 사람들과 지나치게 어울리는 바람에 내 이미지를 실추하는 일이 없도록 각별히 노력해야겠습니다.

● ● ● ● ●

심 화 리 딩

장애물(무당)이 있다면 스스로 파악하지 못하는 업무가 많아서 초반에 많은 스트레스를 받고 윗사람의 눈치를 보는 일이 한동안 지속되니 생각보다 그 점이 심적으로 매우 힘들게 됩니다. 나의 의지(삼불제석)는 매우 긍정적이고 언제 어디서나 필요한 인재가 되겠다는 각오와 다짐이 좋아 보입니다. 또한 여러 사람에게 좋은 이미지를 심어주고자 스스로도 매우 노력할 것이며 능력에 대해서도 인정을 받고자 남다른 애를 씁니다. 기운의 흐름(엽전8)에서도 매우 좋으니 스스로를 믿고 매진한다면 반드시 좋은 결과를 얻게 되리라고 봅니다.

● ● ● ● ●

내가 생각하는 리딩

【참고】 장애물 카드 무당은 신의 뜻을 받아서 공수를 내려야 하는 상황이므로 지켜보는 입장에서는 안타깝고 기다려야만 하는 시간을 나타냅니다. 어떤 말이 내려올지 모르기 때문에 그렇기도 하고 신의 공수가 내려지면 거기에 따라야 하기 때문에 마음이 조마조마합니다. 이를 회사의 상사로 비유할 수 있을 것입니다. 이는 사냥꾼들 카드에서도 같이 보여지는데 쫓기듯 하고 막막한 심정에서 비슷하게 표현될 수 있습니다.

질문 :
마음에 두고 있는 사람이 있는데 고백해도 될까요? 거절당할까 봐 두렵습니다

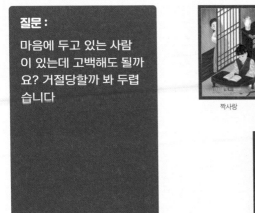

짝사랑   업신   비미호   ➕   선비

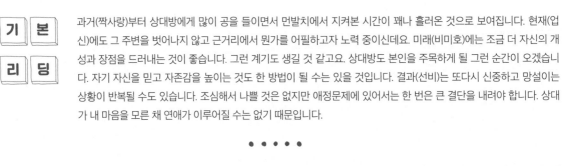

외국의 무녀들   할아버지   엽전 7

기 본 리 딩

과거(짝사랑)부터 상대방에게 많이 공을 들이면서 먼발치에서 지켜본 시간이 꽤나 흘러온 것으로 보여집니다. 현재(업신)에도 그 주변을 벗어나지 않고 근거리에서 뭔가를 어필하고자 노력 중이신데요. 미래(비미호)에는 조금 더 자신의 개성과 장점을 드러내는 것이 좋습니다. 그런 계기도 생길 것 같고요. 상대방도 본인을 주목하게 될 그런 순간이 오겠습니다. 자기 자신을 믿고 자존감을 높이는 것도 한 방법이 될 수는 있을 것입니다. 결과(선비)는 또다시 신중하고 망설이는 상황이 반복될 수도 있습니다. 조심해서 나쁠 것은 없지만 애정문제에 있어서는 한 번은 큰 결단을 내려야 합니다. 상대가 내 마음을 모른 채 연애가 이루어질 수는 없기 때문입니다.

●　●　●　●　●

심 화 리 딩

장애물(외국의 무녀들)은 제대로 파악하기 힘든 여건이나 인물을 나타냅니다. 새롭고 신선하지만 정보가 없기 때문에 나에게 유리한 것을 알아내기가 힘이 듭니다. 상대방이 무엇을 좋아하는지 어디에 주로 가는지 이러한 사소한 것들을 본인이 전혀 알지 못할 가능성이 높아 보입니다. 나의 의지(할아버지)는 의외로 보수적이고 상대가 먼저 움직여줄 때까지 행동하지 않으려는 게 강합니다. 또한 상대방에 대한 정보를 적극적으로 수집하고 있지 않기도 합니다. 기운의 흐름(엽전7)은 매우 좋아서 제대로 어필하고 서로 시작만 한다면 의외로 커플이 되는 것은 어렵지 않아 보입니다.

●　●　●　●　●

내가 생각하는 리딩

【참고】 업신과 할아버지 카드는 서로 닮았습니다. 늘 그 자리에 같은 모습으로 있어주는 것은 좋은데 상대방이 존재를 알지도 못하는데 그렇게만 있다는 것은 연애운에서 문제가 있습니다. 선비 카드도 마찬가지인데 적극적으로 행하지 못하고 재보고만 있는 성격을 말해줍니다.

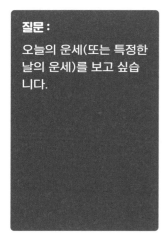

질문:
오늘의 운세(또는 특정한 날의 운세)를 보고 싶습니다.

도깨비

작두타기

제사

혼례

조왕신

마고

엽전 9

하루의 운세(일진)를 보는 방법은 아침, 점심, 저녁으로 봅니다. 아침(도깨비)에 뜻하지 않은 소식을 듣거나, 그런 사람과 맞닥뜨리거나 황당한 일을 겪을 가능성이 높습니다. 딱히 손실이 있는 것은 아니지만 정신이 산만하고 중요한 결정을 내리기가 어렵습니다. 점심(작두타기)에는 첨예한 문제로 실랑이를 하던지 내면과의 싸움을 해야 하는 상황에 놓이게 됩니다. 매우 긴장된 상태로 시간을 보내게 됩니다. 저녁(제사)이 되어서는 지나간 시간을 되돌아보며 무엇이 모자란 건지 곰곰이 생각하고 나와 연관된 모든 것을 원점에서 다시 짚어봅니다. 거기에는 매우 오래된 일들까지 포함됩니다. 결과(혼례)를 보았을 때는 사람과의 인연과 가족 간의 일이라는 것을 예상해 볼 수 있습니다. 하나의 해답은 얻을 수 있는 하루가 될 것입니다.

• • • • •

장애물(조왕신) 역시도 집안이나 가정 내의 문제일 것으로 추측됩니다. 예전 같으면 동일한 문제에 대해서 그다지 스트레스도 받지 않았고 충분히 해결할 수 있는 간단한 일이었을 것입니다. 그러나 내가 힘을 받아야 하는 기초가 되려 나를 힘들게 하는 상황이 되었습니다. 나의 의지(마고)는 이것을 투철하게 해결하려는 의지가 있습니다. 강한 모습을 되찾기 위해서 할 수 있는 모든 노력을 기울일 것입니다. 기운의 흐름(엽전 9)은 조금 아쉽게도 내 편이 아닙니다. 한 고비가 꺾인다든지 숙이고 들어가야 하는 상태가 될 수 있습니다. 미래를 위해서 힘을 비축하고 오늘의 사태가 된 인과관계를 찾도록 노력합시다.

• • • • •

내가 생각하는 리딩

【참고】 조왕신이나 제사 혼례 등을 종합적으로 판단해 볼 때 역시 가족 내의 일이라는 것을 짐작할 수 있습니다. 그러나 현대에는 예를 들면 내가 살아가는 목적이자 이상이 될 수도 있는 종교적, 이념적 공동체, 이익을 같이 추구하는 집단으로도 볼 수 있습니다. 예전과는 달리 시대가 변화하면서 밀접한 인간관계를 가족민으로 한정할 수 없기 때문입니다.

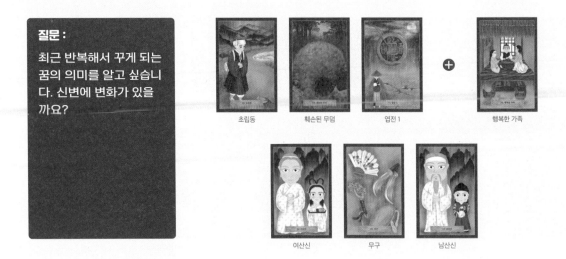

질문 :

최근 반복해서 꾸게 되는 꿈의 의미를 알고 싶습니다. 신변에 변화가 있을까요?

초립동 　훼손된 무덤 　엽전 1 ＋ 행복한 가족

여산신 　무구 　남산신

기 본 리 딩

과거(초립동)나 최근까지도 윗사람의 도움이나 조언 없이 자기 고집대로 일을 추진했거나 낭패를 본 경험이 있어 보입니다. 현재(훼손된 무덤)에도 그다지 귀인의 도움을 받지 못하는 상황입니다. 미래(엽전1)에는 현실적인 해결방안을 찾기 위해서 동분서주하지만 그다지 보람은 없는 상황이라 힘든 고난을 그대로 견디느라 매우 힘겨울 것입니다. 결과(행복한 가족)로 꿈을 풀이해 보자면 최악으로 가지는 않으나 현상유지를 하기 위해서 치러야 하는 대가는 만만치 않겠습니다. 인내력을 시험받을 수 있겠네요.

• • • • •

심 화 리 딩

장애물(여산신)에서 힌트를 얻어 보자면 평소에 내가 알게 모르게 의지하고 도움을 받았던 분들이 더 이상의 원조를 하지 않으려는 듯이 보여집니다. 윗사람일 수도 있습니다. 갑자기 이렇게 된 원인을 찾아야 합니다. 나의 의지(무구)는 그 원인을 찾기 위해서 마음이 혼란스럽고 바쁘기만 합니다. 그러나 당장은 해결할 방법이나 힌트가 부족해 보입니다. 기운의 흐름(남산신)에서는 역시 해답이 한 가지라는 확신이 듭니다. 조금만 주변을 둘러보고 자신의 행적에 대해서 찬찬히 생각해 보면 알 수도 있습니다. 겸손한 마음으로 돌이켜 생각하는 시간을 가져봅시다.

• • • • •

내가 생각하는 리딩

【참고】장애물과 기운의 흐름이 여산신 남산신이 나온 것은 사실 문제와 그 해답이 하나이며 그것은 그다지 어렵지 않은 곳에서 얻을 수 있다는 것을 암시합니다. 산신은 늘 인간들의 애환과 삶에 대해 많은 관심을 가지고 보살펴 주시는 역할을 하시는데 이러한 분들이 주변에 있었고 지금은 오히려 그분들로 인해서 막히기도 하고 뚫리기도 한다고 보는 것입니다. 물론 그동안 지극정성으로 자신이 믿던 신에게 정성을 올리다가 변덕이나 욕심이 나서 제멋대로 외면하는 경우라고 짐작해 보기도 합니다. 저마다 다른 종교를 믿는 분들에게도 적용해볼 만합니다. 사람마다 자신이 믿고 있는 종교가 있다면 소중하게 여기고 감사하는 마음이 필요합니다.

※ 지금까지는 본인 스스로의 점을 보았고 상대방을 향한 점을 보고 싶다면 응용해서 더 카드를 선택해서 보도록 합니다. 더 자세한 스터디를 원하시면 프라임 뮤즈 아카데미로 문의해 주세요.

내가 만드는 나만의 리딩

창의적인 생각으로 자기 자신만의
리딩 방법을 구상해서 적용합니다.

내가 만드는 나만의 리딩

다양하게 나만의 방식으로 배열을 만들어 봅시다.
질문에 가장 적합한 대답을 얻기 위해서는 자기만의 배열을 만들 줄 알아야 합니다.

질문 정하기

궁금한 질문을 적습니다

. . . .

배열 정하기

예)

과거	현재	미래

결과

질문 정하기

궁금한 질문을 적습니다

. . . .

배열 정하기

예)

긍정적 부분	부정적 부분	해결 방법

장애물

질문 정하기

<u>궁금한 질문을 적습니다</u>

● ● ● ● ● ● ● ● ●

배열 정하기

예)

현실	이상 (희망)	도움을 받을 수 있는 곳

| | 잠재 의식 | |

질문 정하기

<u>궁금한 질문을 적습니다</u>

● ● ● ● ● ● ● ● ●

배열 정하기

예)

너의 마음	나의 마음	결과

| | 방해꾼 | |

스프레드하고 질문을 생각한 다음 카드를 뽑은 후에 배열에 해당하는 자리에 카드 이름을 적어줍니다. 이후 리딩을 글로 적어보면서 정리를 합니다. 나중에 말로 설명할 때 많은 도움이 됩니다. 카드 아래에는 내가 어떤 배열의 의미를 두었는지 적어놓으면 나중에 찾아보기도 쉽습니다. 카드는 여러 장 빈칸을 만들어 두었으니 충분히 자기만의 배열을 만들어가면서 풍부한 리딩을 연습해 봅시다.

예)

질문하기

【   】　　【   】　　【   】

【   】

• • • • • • • • •

질문하기

[ ]　　[ ]　　[ ]

[ ]

리딩하기

질문하기

리딩하기

질문하기

【　　　】　　　【　　　】　　　【　　　】

【　　　】

리딩하기

질문하기

리딩하기

질문하기

리딩하기

질문하기

［　　　］　［　　　］　［　　　］

［　　　］

리딩하기

질문하기

【　　　】　　【　　　】　　【　　　】

【　　　】

리딩하기

질문하기

리딩하기

질문하기

〖   〗   〖   〗   〖   〗

〖   〗

리딩하기

질문하기

[   ]   [   ]   [   ]

[   ]

리딩하기

질문하기

【   】   【   】   【   】

【   】

리딩하기

다양한 방법으로 배열을 늘려 가 봅시다.

질문하기

예)

과거	현재	미래

원인	결과

나의 선택

질문하기

예)

외부적 환경	내면의 소리	결과

영적인 토대	현실적인 요구사항

해결책

질문하기

〖   〗   〖   〗   〖   〗

〖   〗   〖   〗

〖   〗

리딩하기

【   】   【   】   【   】

【   】   【   】

【   】

리딩하기

질문하기

【　　　】　　【　　　】　　【　　　】

【　　　】　　【　　　】

【　　　】

리딩하기

질문하기

【   】 【   】 【   】

【   】 【   】

【   】

리딩하기

질문하기

【　　　】　【　　　】　【　　　】

【　　　】　【　　　】

【　　　】

리딩하기

질문하기

【　　　】　　【　　　】　　【　　　】

【　　　】　　【　　　】

【　　　】

리딩하기

238

질문하기

【　　】　【　　】　【　　】

【　　】　【　　】

【　　】

리딩하기

질문하기

【   】   【   】   【   】

【   】   【   】

【   】

리딩하기

질문하기

【　　】 【　　】 【　　】

【　　】 【　　】

【　　】

리딩하기

질문하기

[   ]   [   ]   [   ]

[   ]   [   ]

[   ]

리딩하기

질문하기

[   ]   [   ]   [   ]

[   ]   [   ]

[   ]

리딩하기

질문하기

【　　　】　　　【　　　】　　　【　　　】

【　　　】　　　【　　　】

【　　　】

리딩하기

메모리 리딩

하루의 일진이나 나의 소소한 생활을
리딩하고 기록해 봅니다.

날짜와 확인하고 싶은 일(질문)을 적고, 그 질문에 나온 카드를 기록하며 리딩합니다.
카드대로 일이 진행되었는지 결과에 적어보고 메모리에 나만의 키워드와 리딩비법을 쌓아갑니다.
※ 카드의 배열 의미는 나 스스로 만들어 보도록 합니다.

● ● ● ● ● ● ● ● ●

예)

날짜   2021. 5. 24

질문

헤어진 그 사람과 오늘 오후에 다시 만나기로 했다. 예전과
같은 사이로 돌아갈 수 있을까?

상대방 마음	상대방이 생각하는 내모습	결과

앞으로 이루어질 상황	서로 기대하는 부분

리딩하기

실제결과

메모리

날짜

질문

리딩하기

실제결과

메모리

날짜

질문

리딩하기

실제결과

메모리

날짜

질문

리딩하기

실제결과

메모리

날짜

질문

리딩하기

실제결과

메모리

날짜

질문

리딩하기

실제결과

메모리

날짜

질문

리딩하기

실제결과

메모리

날짜

질문

리딩하기

실제결과

메모리

날짜

질문

리딩하기

실제결과

메모리

날짜

질문

리딩하기

실제결과

메모리

날짜

질문

리딩하기

실제결과

메모리

날짜

질문

실제결과

메모리

날짜

질문

리딩하기

실제결과

메모리

100 가지 문제 풀이

[정답과 힌트]

1. 해답 : ③ (재주가 많은 구미호)

2. 해답 : ① (고생의 결과이므로 사고와는 거리가 멀다.)

3. 해답 : ① (안 좋은 결과조차 빨리 나지 않고 대결구도로 가게 된다.)

4. 해답 : ③ (조상을 추모해야 하니 정적인 상태이므로 비활동적이다.)

5. 해답 : ③, ④ (인정을 받게 되고 증장시키니 현재보다 나아지는 과정을 말해준다.)

6. 해답 : ④ (계속해도 사람들이 연달아 도는 모습에서 순환을 느낄 수 있다.)

7. 해답 : ① (타인의 집착이나 서수로 인한 것이라는 뜻이니 원인 불명이다.)

8. 해답 : ① (올라갔다 내려갔다 하는 널뛰기처럼 병세가 고르지 못하다.)

9. 해답 : ② (질문지 내에서 가장 급이 높은 신을 고르도록 한다.)

10. 해답 : ① (질문지 내에서 가장 급이 낮은 신을 고르도록 한다.)

11. 해답 : ② (즐겁고 쾌활하며 누구와도 잘 어울릴 것 같은 이미지이다.)

12. 해답 : ② (마음에 드는 짝과 결혼하게 되니 말 그대로 행복한 순간이다)

13. 해답 : ①, ④ (배가 침몰하고 도둑이 드니 매우 흉하다.)

14. 해답 : ③ (죽음에 이르러 강을 건너야하니 자신의 뜻과는 거리가 멀다.)

15. 해답 : ③ (정표를 나누어 가졌으니 다시 만나고자 하는 강력한 의지다.)

16. 해답 : ② (시선을 돌려서 다른 사람의 눈치를 보고 있다.)

17. 해답 : ② (귓속말을 옮기는 중이니 당연히 소문으로 볼 수 있다.)

18. 해답 : ② (죽은 뒤에도 근처를 서성이는 혼령이다.)

19. 해답 : ① (신의와 충정의 화신은 관우장군이 최고이다.)

20. 해답 : ④ (질문지 내에서 최고 지위의 신을 고른다. 하급신들이 알기 어렵다.)

21. 해답 : ③, ④ (파국을 맞이하는 카드 뿐이다. 미련을 버리라고 조언해야 한다.)

22. 해답 : ① (임금에게서 무언가를 하사를 받는 신하이므로 일방적일 수 있다.)

23. 해답 : ④ (기왓장을 마주 잡은 두 사람이 좋은 시점을 맞이하여 인연이 된 것으로 보인다.)

24. 해답 : ④ (괴로운 상황에도 굴하지 않고 때를 기다린다.)

25. 해답 : ① (매우 활동적으로 악한들을 심판하는 상황이다.)

26. 해답 : ② (북방다문천왕은 비사문천으로 사천왕 중에서도 으뜸이다.)

27. 해답 : ④ (즐겁고 화려한 것에 관심이 있는 선녀들이라서 심오한 관계형성은 어렵다.)

28. 해답 : ②, ③ (귓속말과 관아를 같이 두고 본다면 언행으로 인해 공적으로 책임을 질 수도 있어 보인다.)

29. 해답 : ① (신들의 왕이니 아주 고위직을 나타낸다.)

30. 해답 : ② (두 사람이 뜻을 같이 하여 결혼하게 되었으니 성사됨으로 본다.)

31. 해답 : ① (모두 헤어지고 난 빈 발자국 밖에 없으니 협업이 될 리가 없다.)

32. 해답 : ② (손에 거머쥐는 것으로 마패와 자격증을 동일하게 볼 수 있다.)

33. 해답 : ③ (영광스럽게 귀향한 모습은 당연히 합격이다.)

34. 해답 : ④ (눈을 매우 크게 뜨고 계시니 감출 비밀이 없고 다 밝혀진다.)

35. 해답 : ③ (배경 그림을 살펴보면 봄이 온 것을 알 수 있다.)

36. 해답 : ③ (올라갔다 내려갔다 하는 모양이 이랬다저랬다 한다. 악의는 없지만 짜증이 난다.)

37. 해답 : ① (삼신의 의미도 있는 삼불제석을 생각해 보자.)

38. 해답 : ②, ③ (누군가 다른 의도를 가지고 나 몰래 만나고 있을 수도 있으며, 도둑은 두말할 필요 없이 점검 사항이다.)

39. 해답 : ③ (일 년 동안 공들여 이제 열매를 얻는 모습이다.)

40. 해답 : ① (발아래 얼음 연못이 금이 가 있으니 위험하다.)

41. 해답 : ② (이제 모내기를 하였으니 아직 수확하려면 멀었다.)

42. 해답 : ① (너그럽고 인자한 할머니는 작은 실수는 용서해 주신다.)

43. 해답 : ① (급이 가장 높은 신을 고른다.)

44. 해답 : ② (말 그대로 때가 되었으니 저승길을 거부할 수 없을 만큼 확실한 결론이다.)

45. 해답 : ② (시끄러운 폭포소리는 고집을 상징한다. 그 뒤의 결과를 잘 알기 어렵다.)

46. 해답 : ① (카드만 보아도 알 수 있는 해답이다.)

47. 해답 : ①, ④ (충동적인 도깨비 역시도 환락으로 사람을 이끈다.)

48. 해답 : ② (막다른 길에 서 있는 동물을 참고하자.)

49. 해답 : ④ (끝을 보아야 직성이 풀리는 상황이다.)

50. 해답 : ② (조상의 산소를 돌보지 않는 것은 사람됨의 가장 기본이다.)

51. 해답 : ① (몰래 훔쳐보는 여종은 끝내 자신의 현실을 뛰어넘지 못할 것이다.)
52. 해답 : ② (먼 곳에서 온 새로운 존재나 정보가 분위기를 쇄신한다. 좋은 뜻이다.)
53. 해답 : ③ (생애 처음 길을 떠나서 한눈 팔 것이 너무 많다.)
54. 해답 : ④ (외상값에 개의치 않는 술꾼들과 짜증난 주모의 눈빛)
55. 해답 : ② (엄청난 고집쟁이다. 폭포소리 요란하니 남의 말이 귀에 안 들어온다.)
56. 해답 : ③ (나머지 카드들은 공적인 일을 암시한다. 집안 제사이니 당연히 사적인 일이다.)
57. 해답 : ① (내 과수원에 과실이 주렁주렁 달린 것은 자랑하지 않아도 사람들이 안다. 겸손하자.)
58. 해답 : ③ (모든 이들이 돌아가고 난 후의 상황이다. 일단락되었다.)
59. 해답 : ② (도깨비는 자기 내키는 대로 다 해버리는 성격이다.)
60. 해답 : ① (나무꾼도 망중한을 즐기러 갔으니 잠깐의 휴식이 주어진 셈이다.)
61. 해답 : ③ (강물을 건너며 옷을 적실지 어떨지 작은 갈등이 보인다.)
62. 해답 : ④ (넓은 곳에서 여러 사람이 연을 날리는 모습을 보니 비밀이랄 것이 없다.)
63. 해답 : ① (한 마리의 용이 승천하는데 다른 도움은 그다지 필요가 없다.)
64. 해답 : ③ (점을 보고 거기에 합당한 조언을 들어야 한다.)
65. 해답 : ② (유흥과 즐거움이 가득한 곳이니 이성을 지키기 쉽지 않다.)
66. 해답 : ③ (오래도록 집안의 가신 역할을 한 업신이다.)
67. 해답 : ① (당연히 연세 높으신 할머니가 연장자를 나타낸다.)
68. 해답 : ④ (자신의 감정에서 벗어나지 못하는 점에서 트라우마로 본다.)
69. 해답 : ③, ④ (모두 이동하고 있는 그림들이다.)
70. 해답 : ④ (정성어린 기도를 올리면 늘 응답을 주시는 산신이다.)
71. 해답 : ② (담장 밖을 보고 싶은 마음을 널뛰기로 교묘하게 대신하고 있다.)
72. 해답 : ② (왕명으로 정해진 마패이므로 타협을 보기 힘들다.)
73. 해답 : ④ (인물이 앉아있는 카드의 경우 당장은 실행에 옮기는 것이 늦다.)
74. 해답 : ④ (내 가정을 든든히 지켜주는 업신이다.)
75. 해답 : ① (어려운 난관을 헤치고 장원급제 후에 고향에 돌아왔다.)
76. 해답 : ③ (땅을 거래할 때 근처에 주인을 모르는 산소가 있다든가 잘 살펴봐야 한다.)
77. 해답 : ① (나머지 셋에 비하여 급성 감기나 짧은 병을 나타낸다.)
78. 해답 : ① (풍류와 주색에 빠져있는 시간이니 문서를 관리할 정신이 없을 듯하다.)
79. 해답 : ① (말을 타고 있으니 당연히 이동하기에 적기이다.)
80. 해답 : ① (어린이에 걸맞은 일을 해야 한다. 적어도 어른스럽지 않은 일이 적합하다.)
81. 해답 : ③ (자녀가 태어났으니 가족 모두 조심해야 함은 당연하다.)
82. 해답 : ④ (상여가 나가고 있으니 이제 모든 것이 일단락되었고 그 다음을 생각해야 한다.)
83. 해답 : ④ (오직 한 사람의 주인을 상징하므로 동업은 불가하다.)
84. 해답 : ④ (부엌에서 가정 내의 살림을 돌보아주는 가택신의 대표이다.)
85. 해답 : ① (예고가 없이 내려치는 벼락처럼 작더라도 놀랄 일이 생긴다.)
86. 해답 : ② (서로 다른 입장 생각만 가득하니 성사되기 힘들다.)
87. 해답 : ④ (하늘의 신들을 다스리시니 하급 신들에 비해서 최고의 정의를 갖고 계신다.)
88. 해답 : ① (구미호는 동물, 즉 여우가 신격으로 높아진 것을 뜻할 뿐 원래 천신은 아니다.)
89. 해답 : ④ (자녀가 태어났으니 지켜야 할 사항이 매우 많아졌다.)
90. 해답 : ① (다시 보기를 희망하지만 지금으로선 기약 없는 이별이다.)
91. 해답 : ① (평생 넘보지 못할 신분의 벽에 가로막힌 사람들이다.)
92. 해답 : ① (마을의 일에 관여하는 당산나무이므로 독불장군보다는 여럿의 의견을 모아야 힌다.)
93. 해답 : ④ (공식적으로 드러나는 행사와 인정받는 가치를 더 좋아한다.)
94. 해답 : ④ (죽음이 임박해서 저승에서 사자가 도착하니 제3의 인물로 본다.)
95. 해답 : ③ (헤어졌던 정표들이 다시 만나게 되니 재회가 이루어진다.)
96. 해답 : ③ (전혀 예상하지 못한 곳에서 해결의 실마리가 나온다.)
97. 해답 : ② (제석은 인연의 그물을 가지고 세상을 다스리신다고 전해져 온다.)
98. 해답 : ④ (수확을 하고 있으니 큰 근심 없이 재물을 거두어들인다.)
99. 해답 : ④ (물동이는 깊이 있는 생명력을 상징한다.)
100. 해답 : ④ (마고는 태초부터 지금에 이르기까지 등장한 모든 신들의 모체이다.)

출처와 참고

1. 마고
01. 1665년 6명이 Stralsund에서 본 공중에서의 해전 모습
- Erasmus Francisci, 1680(https://www.misteriored.com)
02. 지리산 노고단 - 구례군 홈페이지(https://www.gurye.go.kr/tour)
03. 할미산성(마고할미가 하룻밤에 쌓았다고 전해진다.)
- 문화재청 오픈소스(https://www.cha.go.kr)
[전래이야기] 출처 - 박제상 '부도지' 중에서

2. 비미호
01. 솟대 - 위키백과(https://ko.wikipedia.org/)
02. 시메나와 - 오픈소스 이미지
03. 도리이 - 오픈소스 이미지
04. 허리띠 - 국립중앙박물관(https://www.museum.go.kr)
05. 아마테라스 - 위키백과(https://ko.wikipedia.org/)
06. 동상 - 위키백과(https://ko.wikipedia.org/)
07. 비미호가 다스리던 야먀타이국의 유적(요시노가리 유적)
- 위키백과(https://ko.wikipedia.org/)
[전래이야기] 출처 - https://ko.wikipedia.org

3. 서왕모
01. 복숭아밭 - 오픈소스 이미지
02. 무릉도원 - 오픈소스 이미지
03. 요지연도 - 국립중앙박물관 오픈소스(https://www.museum.go.kr)
04. 안평대군 <몽유도원도> - 퍼블릭 도메인
05. 해학반도도 - 문화재청 오픈소스(https://www.cha.go.kr)
[전래이야기] 출처 - http://www.asiacenews.com

4. 옥황상제
01. 태백산 천제단 - 한국학중앙연구원 오픈소스(http://encykorea.aks.ac.kr)
02. 마니산 참성단 - 문화재청 오픈소스(https://www.cha.go.kr)
03. 소격서터 - 서울역사편찬원(https://history.seoul.go.kr)
04. 산굼부리 전경 - 오픈소스 이미지
[전래이야기] 출처 - 제주일보(http://www.jejunews.com)

5. 제석천
[전래이야기] 출처 - https://ko.wikipedia.org

6. 조왕신
01. 조왕중발 - 한국학중앙연구원 오픈소스(http://encykorea.aks.ac.kr)
02. 부뚜막모양 명기 - 국립중앙박물관 오픈소스(https://www.museum.go.kr)
03. 흥천사 조왕도 - 문화재청 오픈소스(https://www.cha.go.kr)
[돋보기] 출처 - http://www.ohmynews.com

7. 치우
01. 와당 - 국립중앙박물관 오픈소스(https://www.museum.go.kr)
02. 붉은악마 - 위키백과(https://ko.wikipedia.org/)
03. 처용관복 - 1493년 <악학궤범>
04. 벽사부적 - 한국학중앙연구원 오픈소스(http://encykorea.aks.ac.kr)

8. 금강역사
01. 석굴암 - 문화재청(https://www.cha.go.kr)
02. 인왕상(1) - 문화재청(https://www.cha.go.kr)
03. 인왕상(2) - 문화재청(https://www.cha.go.kr)
04. 직지사 - 김천시 문화관광(https://gcart.gc.go.kr/culture)
[돋보기] 출처 - http://encykorea.aks.ac.kr

9. 벼락장군
01. 뇌룡정 - 문화재청 오픈소스(http://www.heritage.go.kr)

10. 백마장군
01. 천마총 천마도 - 퍼블릭 도메인
02. 윷놀이 - 위키백과(https://ko.wikipedia.org/)

11. 관우장군
01. 초상화 - 국립중앙박물관 오픈소스(https://www.museum.go.kr)
02. 관성묘 내부 - 한국학중앙연구원 오픈소스(http://encykorea.aks.ac.kr)
[참고하기] 출처 - https://ko.wikipedia.org

12. 칠성신

13. 남산신
01. 함양 용추사 산신도 - 한국학중앙연구원 오픈소스(http://encykorea.aks.ac.kr)
02. 산신도 - 국립중앙박물관 오픈소스(https://www.museum.go.kr)

14. 여산신
01. 지리산 성모상 - 한국학중앙연구원 오픈소스(http://encykorea.aks.ac.kr)
[전래이야기] 출처 - http://news.imaeil.com

15. 삼불제석
01. 신줏단지 - 한국학중앙연구원 오픈소스(http://encykorea.aks.ac.kr)
[전래이야기] 출처 - https://ncms.nculture.org

16. 팔선녀
01. 금강산 문주담 연못 엽서 - 국립민속박물관 오픈소스
(https://www.nfm.go.kr)

02. 금강산 상팔담 연못 사진 - 국립민속박물관 오픈소스
(https://www.nfm.go.kr)
[전래이야기] 출처 - 한국민족문화대백과사전(나무꾼과 선녀)

17. 도깨비
[전래이야기] 출처 - https://ncms.nculture.org

18. 구미호
01. 달기 - 가쓰시카 호쿠사이, 에도 시대
02. 아베노 세이메이 - 키쿠치 요사이, 메이지 시대
(https://commons.wikimedia.org)

19. 이국의 신
01. 처용무 - 한국학중앙연구원 오픈소스(http://encykorea.aks.ac.kr)
02. 쿠시나메(중세 이란 서사시) 삽화
[참고하기] 출처 - https://ko.wikipedia.org
[전래이야기] 출처 - http://ksilbo.co.kr

20. 외국의 무녀들
01. 일본무녀(1) - 퍼블릭 도메인
02. 일본무녀(2) - 오픈소스 이미지
03. 일본무녀(3) - 위키백과 (https://ko.wikipedia.org)
04. 일본무녀(4) - (https://www.asahi.com/articles)
05. 당산나무 앞의 오방기 - 국립민속박물관 오픈소스(https://www.nfm.go.kr)
06. 점집 앞의 오방기 - 국립민속박물관 오픈소스(https://www.nfm.go.kr)
[참고하기] 출처 - https://ko.wikipedia.org

21. 선녀
[전래이야기] 출처 - http://rca.open.ed.jp

22. 동자
01. 오세암 - 위키백과(https://ko.wikipedia.org/)

23. 동방지국천왕
01. 영광 불갑사 - 한국학중앙연구원 오픈소스(http://encykorea.aks.ac.kr)
02. 사천왕사시 건룡터 - 한국힉종앙언구원 오픈소스
(http://encykorea.aks.ac.kr)
03. 선덕여왕릉(1) - 문화재청 오픈소스(https://www.cha.go.kr)
04. 선덕여왕릉(2) - 문화재청 오픈소스(https://www.cha.go.kr)
[토막상식] 출처 - 불광미디어(http://www.bulkwang.co.kr)
[참고하기] 출처 - https://ko.wikipedia.org, 한국민족문화대백과사전
(사천왕(四天王))

24. 남방증장천왕
01. 영광 불갑사 - 한국학중앙연구원 오픈소스(http://encykorea.aks.ac.kr)
[토막상식] 출처 - https://ko.wikipedia.org
[전래이야기] 출처 - http://dgbul.net

25. 서방광목천왕
01. 영광 불갑사 - 한국학중앙연구원 오픈소스(http://encykorea.aks.ac.kr)
[토막상식] 출처 - https://www.beopbo.com
[참고하기] 출처 - https://ko.wikipedia.org
[전래이야기] 출처 - https://ko.wikipedia.org

26. 북방다문천왕
01. 영광 불갑사 - 한국학중앙연구원 오픈소스(http://encykorea.aks.ac.kr)
[돋보기] 출처 - https://ko.wikipedia.org
[참고하기] 출처 - https://ko.wikipedia.org
[전래이야기] 출처 - https://ncms.nculture.org

27. 명부판관
01. 직부사자 - 국립중앙박물관 오픈소스(https://www.museum.go.kr)
02. 감재사자 - 국립중앙박물관 오픈소스(https://www.museum.go.kr)
03. 사자상 - 국립민속박물관 오픈소스(https://www.nfm.go.kr)
[돋보기] 출처 - https://ko.wikipedia.org
[전래이야기] 출처 - https://www.jeju.go.kr

28. 삼도천
01. 지옥도(1) - 국립중앙박물관 오픈소스(https://www.museum.go.kr)
02. 지옥도(2) - 국립중앙박물관 오픈소스(https://www.museum.go.kr)
03. 판화 - 브리태니커 백과사전(https://www.britannica.com)
[돋보기] 출처 - https://ko.wikipedia.org
[참고하기] 출처 - https://ko.wikipedia.org

29. 용
01. 용왕제 - 한국학중앙연구원 오픈소스(http://encykorea.aks.ac.kr)
02. 용추계곡 - 함양군 문화관광(https://www.hygn.go.kr)
[돋보기] 출처 - https://folkency.nfm.go.kr
[전래이야기] 출처 - 세종포스트(http://www.sjpost.co.kr)

30. 호랑이
01. 연화사 산신도 - 문화재청 오픈소스(http://www.heritage.go.kr)
02. 인왕산 - 위키백과(https://ko.wikipedia.org/)
03. 민화 - 국립중앙박물관 오픈소스(https://www.museum.go.kr)
[돋보기] 출처 - https://folkency.nfm.go.kr
[전래이야기] 출처 - 일간경기(http://www.1gan.co.kr)

31. 업신
01. 업가리 엽서 - 국립민속박물관 오픈소스(https://www.nfm.go.kr)
02. 업신 - 한국학중앙연구원 오픈소스(http://encykorea.aks.ac.kr)
[참고하기] 출처 - https://ko.wikipedia.org https://folkency.nfm.go.kr
[전래이야기] 출처 - 한국민족문화대백과사전(구렁덩덩신선비)

32. 당산나무
01. 당산나무 - 한국학중앙연구원 오픈소스(http://encykorea.aks.ac.kr)
02. 단군 - 한국학중앙연구원 오픈소스(http://encykorea.aks.ac.kr)
[참고하기] 출처 - 한국민족문화대백과사전(신단수(神壇樹))
[전래이야기] 출처 - https://ko.wikipedia.org

33. 혼례
01. 전통혼례 - 한국학중앙연구원 오픈소스(http://encykorea.aks.ac.kr)
[참고하기] 출처 - https://ko.wikipedia.org
[전래이야기] 출처 - https://ko.wikipedia.org

34. 출산
01. 삼신상 - 국립민속박물관 오픈소스(https://www.nfm.go.kr)
02. 제주칠머리당영등굿 中 구삼신할망놀이 - 문화재청 오픈소스
(https://www.cha.go.kr)
[전래이야기] 출처 - http://www.ecumenian.com

35. 행복한 가족
01. 청주 방서동 고가 안채 상량 - 문화재청 오픈소스(https://www.cha.go.kr)
02. 합천 해인사 - 오픈소스 이미지
[전래이야기] 출처 - https://ncms.nculture.org

36. 그네타기
01. 강릉단오제 - 한국학중앙연구원 오픈소스(http://encykorea.aks.ac.kr)
02. 화전놀이 - [Koera.net / 해외문화홍보원(전한)]
[참고하기] 출처 - https://ncms.nculture.org
[전래이야기] 출처 - 한국민족문화대백과사전(그네)

37. 널뛰기
01. 영조 어진 - 문화재청 오픈소스(https://www.heritage.go.kr)
02. 정조 표준 어진(http://dh.aks.ac.kr/Encyves/wiki)
[돋보기] 출처 - https://ko.wikipedia.org
[참고하기] 출처 - https://ko.wikipedia.org
[전래이야기] 출처 - https://www.chosun.com

38. 귀부인
01. 황희정승 초상 - 국립중앙박물관 오픈소스(https://www.museum.go.kr)
[참고하기] 출처 - 고교생이 알아야 할 한국사 스페셜,
2009. 2. 5. (주)신원문화사
[전래이야기] 출처 - http://www.kookje.co.kr

39. 초립동
01. 초립 - 국립중앙박물관 오픈소스(https://www.museum.go.kr)
02. 지운영 <장송낙일> - 국립중앙박물관(https://www.museum.go.kr)
03. 초립겻는모양 - 국립중앙박물관 오픈소스(https://www.museum.go.kr/)
[돋보기] 출처 - https://artsandculture.google.com
[참고하기] 출처 - 충청투데이(http://www.cctoday.co.kr)
[전래이야기] 출처 - https://ncms.nculture.org

40. 선비
01. 두루마기 - 국립중앙박물관 오픈소스(https://www.museum.go.kr)
[돋보기] 출처 - https://ko.wikipedia.org
[참고하기] 출처 - https://ko.wikipedia.org
[전래이야기] 출처 - https://www.jeju.go.kr

41. 금의환향
01. 과거 답안지, 합격증, 어사화 - 국립민속박물관 오픈소스
(https://www.nfm.go.kr)
02. 김홍도 <삼일유가> - 국립중앙박물관 오픈소스
(https://www.museum.go.kr)
[돋보기] 출처 - https://artsandculture.google.com
[참고하기] 출처 - https://www.hangyo.com
[전래이야기] 출처 - 시니어신문(http://www.seniorsinmun.com)

42. 정표
01 동명왕릉 - 국립중앙박물관 오픈소스(https://www.museum.go.kr)

43. 도둑
01 홍길동전 - 국립중앙박물관 오픈소스(https://www.museum.go.kr)
[전래이야기] 출처 - http://busan.grandculture.net

44. 파경
01. 명두(1) - 국립중앙박물관 오픈소스(https://www.museum.go.kr)
02. 명두(2) - 국립중앙박물관 오픈소스(https://www.museum.go.kr)
03. 청동거울 - 국립중앙박물관 오픈소스(https://www.museum.go.kr)
[전래이야기] 출처 - 한국민족문화대백과사전(거울을 처음 본 사람들)

45. 처녀귀신
01. 밀양 영남루 - 오픈소스 이미지
02. 아랑각 - 문화재청 오픈소스(http://www.heritage.go.kr)
03. 밀양아랑제 시가행진 - 한국학중앙연구원 오픈소스
(http://encykorea.aks.ac.kr)
04. 밀양아랑제 밀양아리랑 - 한국학중앙연구원 오픈소스
(http://encykorea.aks.ac.kr)
[전래이야기] 출처 - https://ko.wikipedia.org

46. 길 떠나는 사람
[전래이야기] 출처 - http://digitalchosun.dizzo.com

47. 주막
01. 풍속엽서(1) (주막, 일제강점기) - 국립민속박물관 오픈소스
(https://www.nfm.go.kr)
02. 풍속엽서(2) (주막, 일제강점기) - 국립민속박물관 오픈소스
(https://www.nfm.go.kr)
[참고하기] 출처 - https://ko.wikipedia.org
[전래이야기] 출처 - https://www.hygn.go.kr

48. 밀회
01. 신윤복 <월야밀회> - 국립중앙박물관 오픈소스
(https://www.museum.go.kr)
[전래이야기] 출처 - http://www.ohmynews.com

49. 저주인형
01. 허수아비 - 오픈소스 이미지
[전래이야기] 출처 - 경북매일(http://www.kbmaeil.com)

50. 폭포수련
01. 천지연 폭포 - 오픈소스 이미지
[전래이야기] 출처 - https://www.jeju.go.kr

51. 총각귀신
[전래이야기] 출처 - https://ncms.nculture.org

52. 점사
01. 오방기 - 국립민속박물관 오픈소스(https://www.nfm.go.kr)
02. 아차산 - 위키백과(https://ko.wikipedia.org/)
[전래이야기] 출처 - https://folkency.nfm.go.kr

53. 사냥꾼들
01. 백록담 - 위키백과(https://ko.wikipedia.org/)
[전래이야기] 출처 - https://folkency.nfm.go.kr

54. 관아
01. 거제 기성관 - 한국학중앙연구원 오픈소스(http://encykorea.aks.ac.kr)
02. 강릉 대도호부 - 한국학중앙연구원 오픈소스(http://encykorea.aks.ac.kr)
[전래이야기] 출처 - 국립국어원 https://www.korean.go.kr/

55. 정화수 기도
01. 역고드름 - 진안군 문화관광(https://jinan.go.kr/tour)
02. 마이산 탑사 - 한국학중앙연구원 오픈소스(http://encykorea.aks.ac.kr)

56. 난파선
01. 영등굿(1) - 한국학중앙연구원 오픈소스(http://encykorea.aks.ac.kr)
02. 영등굿(2) - 한국학중앙연구원 오픈소스(http://encykorea.aks.ac.kr)
[전래이야기] 출처 - 시사위크(http://www.sisaweek.com)

57. 작두타기
01. 작두장군 - 서울역사박물관(https://museum.seoul.go.kr)
[전래이야기] 출처 - https://folkency.nfm.go.kr

58. 상여
[참고하기] 출처 - 한국민족문화대백과사전(상문풀이(喪門―))
[전래이야기] 출처 - 경산문화유적총람

59. 훼손된 무덤
[전래이야기] 출처 - https://www.sj.go.kr

60. 탑돌이
01. 오누이탑 - 위키백과(https://ko.wikipedia.org/wiki)
[전래이야기] 출처 - 한국민족문화대백과사전(오누이탑설화(―塔說話))

61. 무구
[참고하기] 출처 - https://folkency.nfm.go.kr
[전래이야기] 출처 - https://ncms.nculture.org

62. 연 날리기
01. 하나비 - 오픈소스 이미지
[전래이야기] 참고 - https://www.choiws.kr[최운식의 우리이야기 한마당]

63. 제사
01. 제사상 – 국립민속박물관 오픈소스(https://www.nfm.go.kr)
02. 성묘 – 국립민속박물관 오픈소스(https://www.nfm.go.kr)
[전래이야기] 출처 – https://ncms.nculture.org

64. 짝사랑
01. 김제 벽골제 수문 – 문화재청 오픈소스(https://www.cha.go.kr)
[전래이야기] 출처 – https://ncms.nculture.org

65. 물동이
[참고하기] 출처 – 한국민족문화대백과사전(수신신앙(水神信仰))
[전래이야기] 출처 – https://www.ycg.kr

66. 밤길 나그네
[전래이야기] 출처 – https://ncms.nculture.org

67. 꿩사냥
01. 상원사 대웅전 – 문화재청 오픈소스(https://www.cha.go.kr)
[전래이야기] 출처 – https://folkency.nfm.go.kr

68. 업적
01. 궤장 – 국립민속박물관 오픈소스(https://www.nfm.go.kr)
02. 정철 묘 – 한국학중앙연구원 오픈소스(http://encykorea.aks.ac.kr)
[전래이야기] 출처 – K스피릿(http://www.ikoreanspirit.com)

69. 할머니
[돋보기] 출처 – https://folkency.nfm.go.kr
[전래이야기] 출처 – https://ncms.nculture.org

70. 할아버지
01. 오죽헌 사랑채 – 한국학중앙연구원 오픈소스(http://encykorea.aks.ac.kr)
[전래이야기] 출처 – https://ncms.nculture.org

71. 무당
[전래이야기] 출처 – https://ko.wikipedia.org

72. 모내기
01. 강릉 좀상날 행사 – 국립민속박물관 오픈소스(https://www.nfm.go.kr)
[돋보기] 출처 – https://folkency.nfm.go.kr
[참고하기] 출처 – 한국민족문화대백과사전(농점(農占))
[전래이야기] 출처 – 한국학중앙연구원 – 향토문화전자대전

73. 마패
01. 마패 – 한국학중앙연구원 오픈소스(http://encykorea.aks.ac.kr)
02. 박문수 – 문화재청 오픈소스(http://www.heritage.go.kr)
[전래이야기] 출처 – https://www.sj.go.kr

프라임뮤즈 아카데미 소개

프라임뮤즈 아카데미란?

프라임뮤즈 아카데미는 자체 제작된 다양한 타로카드와 실제 크리스탈(원석)을 기반으로 교육시스템이 짜여있는 국내 유일한 교육 아카데미입니다.

프라임뮤즈는 사주/역학/타로/풍수지리/차크라/심리/관상 등을 연구하며 많은 마스터분들과 선생님들이 실전에 사용하실 수 있도록 다양한 점술도구를 개발하고 있습니다. 또한 실전 상담에 사용할 수 있는 점술 도구로써 다양한 타로카드를 세상에 선보이고 있습니다. 그 이념처럼, 프라임뮤즈 아카데미에서는 원저자의 의도를 알 수 있고, 파악할 수 있으며, 그 의미를 누구보다 정확하게 전달받을 수 있습니다.

배움에 있어 종착지는 없습니다. 끊임없이 배우고 습득하여 내것으로 만드는 것이 중요합니다. 프라임뮤즈 아카데미에서 계속해서 출시되는 다양한 타로카드를 내것으로 만들어 보세요.

아카데미 수료 후 혜택

1급 지격증을 수료하시면, 강사 자격이 주어집니다.
강사 자격이란? 프라임뮤즈 교육시스템으로 직접 수강생을 배출할 수 있으며, 수강생들에게 프라임뮤즈 제품을 판매할 수 있는 리셀러 권한을 얻으실 수 있으며, 수강생들에게 자격증 발급도 가능합니다. 이외 다양한 지원을 받으실 수 있습니다(자세한 내용은 유선 문의).

모든 자격증을 수료하신 분들은 프라임뮤즈에서 발행된 타로카드를 평생 할인된 금액으로 구매가 가능합니다.

자격증 소개

타로심리상담사

타로카드와 상담을 활용하여 피상담자의 현상 또는 심리상태에 대해 파악하고 구체적인 해결방안을 제시하여 피상담자의 문제해결을 도우며, 교육 대상자에 대하여 타로카드를 활용한 소통, 심리안정, 잠재능력의 발현 등 체계적이고 전문적인 교육 서비스를 제공하는 직무를 수행합니다.

자격증 특징

타로심리상담사는 프라임뮤즈에서 발행된 타로카드 기반으로 이루어진 자격증입니다. 만신/궁궐비사 등 앞으로 계속해서 출시될 많은 타로카드를 비롯하여, 내가 원하는 카드를 배울 수 있고, 원저작자의 의도를 한눈에 파악하여 누구보다 쉽게 이해함으로써 실전상담에 바로 적용하실 수 있습니다. 또한 필요에 따라 유니버셜웨이트/올드잉글리쉬와 같은 가장 기본이 되는 타로카드 교육도 받으실 수 있습니다.

타로심리상담사 1급

전문가 수준의 타로이론과 실무적 경험을 바탕으로 다양한 타로카드를 활용하여 전문적인 타로 상담 및 타로 교육프로그램을 운영할 수 있는 최고급 수준

- 2급-3급 내용 포함
- 고급 카드 이론 및 스프레드, 해석방법
- 종합 및 실전 상담, 상담사례 분석기법
- 실전적용방법
- 타로상담 교수법 및 교수안 작성법

타로심리상담사 2급

준전문가 수준의 타로이론과 실무적 경험을 바탕으로 다양한 타로카드를 활용하여 전문적인 타로 상담 및 타로 교육프로그램을 운영할 수 있는 고급 수준

- 3급 내용 포함
- 타로중급이론
- 베이직 카드와 추가 카드 비교 어레인지
- 중급 스프레드 해석 및 리딩방법

타로심리상담사 3급

일반 수준의 타로이론과 실무적 경험을 바탕으로 다양한 타로카드를 활용하여 전문적인 타로 상담 및 타로 교육프로그램을 운영할 수 있는 수준

- 타로기본 이론
- 타로마스터 적성 검사
- 메이저/마이너 카드 이론
- 기본/실전 스프레드
- 주제별 해석 및 리딩 방법
- 실전 적용 방법

크리스탈힐러심리상담사

크리스탈카드를 활용하여 피상담자의 심리상태를 이해하고 정서적 힐링과 안정을 위한 상담 및 크리스탈카드 상담 프로그램을 교육 및 기획하는 직무를 수행합니다.

자격증 특징

크리스탈힐러심리상담사 자격증은 크리스탈과 차크라에 대해 더욱 깊이 배울 수 있으며 프라임뮤즈에서 제작한 크리스탈 힐링 카드를 이용하여 사용할 수 있습니다. 48가지의 원석과, 12가지의 행성카드로 이루어진 [크리스탈 힐링] 카드는 인체상응도와 감각수용도를 포함하고 있어 차크라의 형태, 내담자의 감정/감각에 대한 것까지 파악할 수 있습니다. 실제 원석을 겸비하여 보다 높은 수준의 상담을 이어갈 수 있는 매개체로써 적극 활용하시길 바랍니다.

Advanced Curriculum

전문가 수준의 크리스탈 이론과 경험을 갖추고 크리스탈힐러 상담 및 교육프로그램을 할 수 있는 최고급 수준

- 고급 크리스탈 이론 및 해석방법
- 종합 및 실전 상담, 상담사례 분석기법
- 펜둘럼 해석 및 실전적용 방법
- 크리스탈 힐러 교수안 및 교수법

Intermediate Curriculum

준전문가 수준의 크리스탈 이론과 경험을 갖추고 크리스탈힐러 상담 및 교육프로그램을 할 수 있는 고급 수준

- 크리스탈 힐러 중급이론
- 베이직과 추가 크리스탈의 비교 어레인지
- 크리스탈 차트와 크리스탈 배열 리딩

Beginner Curriculum

일반 수준의 크리스탈 이론과 실무경험을 갖추고 기본적인 방법의 심리상담 및 리딩훈련 등이 가능한 기본 수준

- 크리스탈 힐러 적성 파악
- 기본 크리스탈 이론
- 기본 크리스탈의 명칭과 특징
- 크리스탈별 활용법